法律热点问题研究丛书

物权法

刘广明 著

河北出版传媒集团
河北人民出版社

图书在版编目（CIP）数据

物权法 / 刘广明著. —石家庄：河北人民出版社，2013.7
（法律热点问题研究丛书）
ISBN 978-7-202-06990-5

Ⅰ. ①物… Ⅱ. ①刘… Ⅲ. ①物权法-研究-中国
Ⅳ. ①D923.24

中国版本图书馆 CIP 数据核字（2013）第 074156 号

丛书名　法律热点问题研究
书　名　物权法
著　者　刘广明

责任编辑　贺秀红
美术编辑　李　欣
封面设计　欣　艺
责任校对　付敬华

出版发行　河北出版传媒集团　河北人民出版社
（石家庄市友谊北大街 330 号）
印　刷　昌黎太阳红彩色印刷有限公司
开　本　787 毫米×1092 毫米　1/16
印　张　21
字　数　299 000
版　次　2013 年 7 月第 1 版　　2013 年 7 月第 1 次印刷
书　号　ISBN 978-7-202-06990-5/D·700
定　价　45.00 元

序　言

改革开放三十多年来，我国的民主法制事业取得了令人瞩目的成就。特别是随着依法治国，建设社会主义法治国家基本方略的实施，各项法治发展突飞猛进。今天，我们的法律体系日趋完备，司法运行机制基本健全，公民法律意识普遍加强。截至2011年12月底，我国制定了现行有效的法律240件，行政法规714件，地方性法规、自治条例、单行条例8921件。以宪法、刑法、民法、商法等多个法律部门的法律为主干，由法律、行政法规、地方性法规等多个层次的法律规范构成的法律体系已经形成。国家经济建设、政治建设、文化建设、社会建设以及生态文明建设等各个方面总体上做到了有法可依。

法治发展的每一步进展都离不开理论研究的支撑。我国的法学研究在不断探索中，逐渐走出了计划经济时代的低迷，市场经济的不断发展和完善为我国法学研究提供了广阔的舞台，大批学者参与国家立法、司法实践，为社会主义法制建设事业做出了重要贡献。不断关注法律在现实生活中的具体适用，总结司法实践的经验，解决司法实践中的具体问题，是未来法律体系完备的必由之路，也是法学研究工作者不可推卸的责任。近年来，中国的社会经济发生了很大的变化。随着体制改革的进一步深化，经济发展方式的转变，社会结构调整加快，社会关系更加复杂，社会矛盾凸显。一些社会问题成为大众关注的热点，如人权保障、司法公正、惩治腐败等。这些社会热点问题也正是法学理论重点关注和研究的问题。作为对热点问题的回应，学者们也从各个不同的角度对这些问题进行了深入研究，提出了自己的观点，有些观点甚至完全相反。这些争论，不仅繁荣了我国法学研究，出现了百花争鸣的局面，同时也推动了我国社会经济的发展。

本套丛书的作者在查阅了大量的相关文献的基础上，对近几年来在法学理论界和司法实践中的热点及焦点问题进行了追踪，全面了解一些法律问题的观点及形成过程，并进行系统地梳理和归纳，从而为相关人员从事研究和实务提供权威、全面的素材。

本套丛书由一批来自西南政法大学、河北省社科院、河北经贸大学、河北大学等科研院校的中青年学者，以及河北省高级人民法院等实务部门的法官参与撰写。他们借鉴理论界和实务界既有的研究成果，结合对实践中具体问题的思考，从多个视角全方位分析每个专题的理论焦点。本套丛书具有系统性强、实践性强和实用性强的鲜明特点，对于理论研究和司法实践均有一定的参考价值。本丛书适合于各级政府决策人员，公检法司等部门从事法律的工作者，高等院校、科研机构研究人员，企事业单位领导，媒体记者，以及关注法学的各界人士阅读，并适合各大图书馆、学术单位、资料室收藏。

马怀德

2013年4月

目　　录

农地所有权主体缺位

【法理】

一、农地所有权主体缺位及其负面影响

土地是农村最为重要的财产，农民集体所有正是以农村土地集体所有为基础的；尽管国家规定农村土地集体所有，但《物权法》《土地管理法》《农村土地承包经营法》等相关法律并没有落实好土地集体所有权。①现行制度下，农地（本文所称“农地”系指农村集体土地）所有权存在的最大缺陷就在于农地所有权的主体缺位。所谓农地所有权主体缺位，又称农地所有权主体缺失、虚置，是指因作为农地所有权应然主体的农民集体高度抽象，而导致在农地所有权行使的实践过程中缺乏一个适格的人格化代表，进而造成农地所有权被其他主体所实际行使的现象。《宪法》《民法通则》《土地管理法》等诸多法律并没有为农地勾勒出一个清晰的所有权主体制度。农地到底属于谁所有？这些主体之间是一个什么样的关系？同时，由于现行法律对于农地所有权的规定深受过去“三级所有、队为基础”体制的影响，更加重了对于农地所有权主体的模糊性认识。而对于农地所有权的行使，即农地所有者如何实现其所有权的问题，现行法律则基本没有涉及。由于现行法律对农地所有权主体制度的规定过于空泛、模糊，不具有操作性，由此导致在实践中村民委员会以及某些农村经济组织（甚至是作为基层政权组织的乡镇政府）代行了农地所有权，成为了农地所有权的实际主体。

农地所有权主体缺位，已经影响到整个农地法律制度的运转，进而成为了农村深化改革或农业市场化的障碍，甚至成为农民利益受损的根

①李昌平：《怎样实现和保护农民的产权》，《南方周末》2004年12月2日。

本原因。[1]农地所有权主体缺位对于农地法律制度产生了直接的影响，具体而言，主要体现在以下几个方面：（1）农地所有权主体缺位直接影响到农地承包制度的正常运转。一方面，农地所有权主体缺位阻碍了农地的正常发包、承包。在许多农村地区，在农村集体所有土地资源的配置、利用过程中，农地的处分权往往掌控在少数乡村干部手中，以权谋私成为一种普遍现象，这严重地阻碍了农地承包工作的顺利开展。另一方面，农地所有权主体缺位不利于农地承包权的合理流转。现行《农村土地承包法》赋予了作为农地所有权主体的发包方对于农地承包权流转的一定的监督权、干预权。由于农地所有权主体缺位，村民委员会以及其他农村集体经济组织就成为了农地承包权流转的实际监督者，其监督权的滥用及不当干预，会导致农地承包权的流转成本增大，进而不利于农地承包权的正常流转。（2）农地所有权主体缺位造成农村建设用地的利用低效、流转混乱。一方面，农地所有权主体缺位造成农村建设用地规划的制定混乱；另一方面，农地所有权主体缺位妨碍了农村建设用地的合理流转，导致农村集体建设用地流转秩序混乱。（3）农地所有权主体缺位使土地征收[2]制度难以从根本上得以完善。土地征收制度涉及国家和农民两方主体，土地征收的结果是农村土地权益在国家与农民之间的重新分配。农村土地征收过程中，征收的补偿标准过低，造成农民权益受到损害，关键是因为没有明确的土地产权所有者身份，土地产权关系不明确。在征地过程中，由于农地所有权主体缺位，农民缺乏“话语权”，农民的土地权利往往为少数村干部所窃取，并可能与当地基层政府串通，从而造成违法征地行为的大量发生。

二、农地所有权主体缺位化解相关理论述评

1. 农地“国有化论”

持农地国有化观点的学者认为，为了防止集体土地尤其是耕地的非

---

①王菊英：《乡镇集体土地所有权的变革路径探析》，《西南政法大学学报》2005年第4期。

②根据现行《宪法》的规定，征收主要是指所有权的改变，而征用只是指使用权的改变。因此，2004年修改后的《土地管理法》将原有条文中的“征用”一律改为“征收”。

法转让，加强对农村土地的有效管理，有计划地开发和利用农村土地，应当将现有的农村集体所有土地全部转为国家所有。[①]其理论依据在于：第一，农地国有化能够为农村土地确立一个明确的人格化代表。实现农地国有化之后，就为农村土地确立了一个明确的人格化代表——国家。并且，在实践中，同现在国有土地一样，农村土地也就具备了一个所有权的实际行使主体——政府。第二，农地国有化维护了生产资料社会主义公有制这一根本制度。农地国有化理论坚持了社会主义公有制这一根本制度，从而使这种改革具有实际可行性。第三，农地国有化能够保障农民的土地权益。实现农地国有化改造之后，通过将现行的农地承包经营制度进一步物权化为农地使用权制度，或者变农地承包经营权为永佃权，赋予农民长期或者无期的农地使用权，不仅可以调动农民的生产积极性，从而促进农业发展；而且，有利于农民对抗包括乡村干部及基层政府部门的低价征用土地、随意调整承包地和租费、以地乱收费等非法干涉。第四，农地国有化有利于国家宏观调控的实施。实行农地国有化改革，使现在国有土地与农地的所有权统一于国家，有利于土地资源宏观调控的顺利运转。

持不同意见者认为，“国有化论”或存在以下几个问题：第一，农地国有化改造方案没有充分考虑农民的意愿，会伤害到农民感情，不会被农民所接受。中央财经领导小组办公室副主任、中央农村工作领导小组办公室主任陈锡文认为，在探讨土地制度（农地制度）创新的思路时，有一点必须明确，即土地是农民的，我们其实是在讨论别人家的财产问题，就像讨论别人家的钱应该怎么花一样，这当然并非不可以，但应从保护财产所有者基本权益的角度出发，这就是参与讨论者所必须具备的基本立场，否则就会让人匪夷所思。[②]农地国有化理论实际上就犯了这样一种错误。从现行法律规定看，以《宪法》为代表的众多法律都已明确规定农地是属于农民的；从历史上看，农村土地的取得是以农民在民主主义革命中流血、流汗为代价的。农地是属于农民的，不属于国家，更不属于包括专家学者在内的任何其他人。既然如此，我们又何以

---

①王利明著：《民商法研究》（第4辑），法律出版社2001年版，第345页。

②龙希成：《宏观中国》，机械工业出版社2002年版，第301页。

在未征求九亿农民意见的前提下，就主张将农地改造为国家所有？这是毫无道理的。第二，农地国有化理论对方案的实现途径考虑不足，不具有实际操作性。农地国有化改造实际上是农村土地所有权由农民集体向国家的一种转移，那么，这一过程应该如何实现？持国有化观点的学者对此考虑不足。具体分析，不外乎有两种方案：一是吸取建国初期对民族资本进行社会主义改造的经验，或者是参照现行的土地征用制度，由国家对农民集体土地进行“赎买”而取得土地所有权。但是，无论以何种标准对农村土地进行定价，其成本都是巨大的，国家根本无力支付这种对价。二是通过国家行政力量，采取无偿或者基本无偿的方式取得农民土地，实现农地的国有化改造。但是，这种方式无疑会极大伤害到农民的感情，并且也极有可能会由此导致农村出现动荡。第三，农地国有化改造使农村土地的经营复杂化，由此可能会降低农村土地的利用效率，并有可能引发土地腐败等问题。在我国这样一个人口众多的国家里，由国家统一经营大面积的土地是不现实的，土地收回国家所有后国家面临大量具体的管理事务，仍然需要建立一个“中介”代表国家经营。[①] 而这个“中介”只能是各级政府，其中，基层政府将成为国家在农村土地经营中的代言人。考虑到基层政府现在的效率以及工作人员的自身素质问题，如何能够保证这个代表人对已经失去产权人身份的农民会比现在的管理者（即乡村干部）更公正？并且，政府的介入必然会使农村土地经营的成本增加。那么，在既不能保证公正的实现，又不能使效率得到显著提高的情况下，实施农地国有化改造的必要性何在？将土地完全集中在政府之手，“无异于把农村中农民的就业压力等社会矛盾，统统由政府包起来，政府将陷入极其被动的处境”。[②]

2. 农地“私有化论”

“把农民的土地还给农民”，这是农地私有化理论最鲜明的特征。农地私有化理论主张将农地集体所有转变为农民个人所有，赋予农民包括所有权在内的完整的土地权利，即取消农地集体所有制，将农村现有

①颜婕：《土地所有制结构与农地产权运行效率问题》，《首都经济贸易大学学报》2005年第2期。
②王琢、许滨：《中国农村土地产权制度论》，经济管理出版社1996年版，第200页。

的土地产权划归农户（民）所有，土地作为私人不动产，可以抵押、赠送、转让等，其转让价格由市场供求和买卖双方协商谈判来决定。在私有化理论的支持者看来，实施农地私有化改造，建立农村土地的农民（户）所有权制度，既有助于解决农村土地因所有权主体缺失而产生的问题，也是社会正义的实现。第一，农地私有化能够极大地激发农民的生产热情。实现农地私有化后，农民成为农村土地的所有者，能够极大激发其热情，从而推动农业生产力和农村经济的发展。第二，农地私有化能够在根本上保障农民的土地权益。实施农地私有改造，将农地所有权赋予个体农民（或者说是农户），能够彻底解决当前农地所有权主体缺位的问题。这将从根本上限制基层政权以及村干部的侵权行为，从而杜绝土地腐败现象的发生。第三，农地私有化是社会正义的实现。农地私有化理论认为，将农地的集体所有变为农户所有谈不上是改革，而只是回归。因为，土地改革以后农地产权原本就是私有的。农业合作社后的集体所有已被历史证明对农业的发展很不利。尊重历史和现实，农地的所有权主体应该明确为个体农民（或者是农户）。①

反对者则认为"私有化论"在制度设计上存在以下"硬伤"：第一，农地私有化的实现存在障碍，将产生历史追索难题。私有化的各种方案，因涉及到要将土地财产分配给个人，就发生了土地产权的历史追索难题。农地不论是以何种时限实行私有化，都会带来农村土地利益格局剧烈变动而导致的社会动荡，风险极大，是不可取的改革模式。②第二，农地私有化方案已经超出公有制"红线"，社会主义制度将成为私有化改革的制约因素。农地制度兼具法律和政治双重属性。农地所有权问题不仅仅是一个法律问题，它首先应该是一个政治问题，其次是一个经济问题，最后才是一个法律问题。农地所有权的完善不得背离我国的根本社会制度，要符合当前的政治、经济环境要求。只有这样，我们所做的探讨才具有实际意义，才能为实践工作提供理论指导。第三，实现农地私有化改造，建立的农民土地私有权制度是否能必然促进农业生产

①余艳琴、查俊华：《产权残缺与委托代理失效——联产承包责任制下农地制度困境的分析》，《求索》2004年第1期。

②周天勇：《农村的土地资源、技术、规模和土地制度》，《理论视野》2005年第2期。

力的发展尚有疑问。作为最重要的资源，土地有别于生产、生活资料，在市场机制作用下，农地私有化可能会导致农地资源的过度集中，从而造成农村两极分化，引发社会动荡。当代社会已经发生重大变化，农民个体在激烈的市场竞争中处于弱势地位，农地农民私有制已经失去了其所存在的传统基础。因此，农地农民私有化并不必然会实现效率的提高，也有可能导致农地更低效率利用。

3. 农地所有权主体“虚化论”

持“虚化”论的学者认为，在整个社会主义初级阶段，农村土地家庭承包经营责任制都不应改变，并以此为基础对现行农地制度进行完善，基本思路就是：弱化土地集体所有权——强化土地家庭承包经营权——搞活土地使用权——实现农户土地承包经营财产权。按这种思路完善农地制度，既巩固了农地集体所有权，又坚持了农村土地家庭承包经营制度长期不变，达到了实现农户土地财产权的目的，最终完成了农村土地集体所有制产权改革的目标，建立了农村土地集体所有权和经营权的分离、变承包经营权为财产权的农村土地制度。①

通过对农地使用权的强化以完善农地法律制度，弥补农地所有权制度的不足，是一种全新的思路。同时，强化农地使用权，赋予农民完善的土地使用权，也是符合农村的现实情况的。但是，反对者则认为，“虚化论”对于农地所有权制度存在一定的认识偏差。其一，农村土地所有权具有特殊性，所有权社会化这一物权发展趋势并不适用于我国农村土地实践，完善农地所有权是我们不能回避的问题。就所有权整个的发展历史来看，所有权社会化确实是当代社会中所有权发展的最重要的特征。但是，在中国农村，土地所有权从没有经历过绝对化的阶段，土地所有权始终受国家的控制。目前，我国的集体公有制既不是一种共有的、合作的私人产权，也不是一种纯粹的国家所有权，它是由国家控制但由集体承受其控制结果的一种农村产权制度安排。② 因此，我们现在所要做的不是虚化、弱化农地所有权，而是要强化农地所有权，这是由农村的实践情况所决定。农地所有权“虚化”论有本末倒置之嫌。其

①曹泽华：《以产权改革为核心完善农村土地制度》，《求实》2005年第3期。
②周其仁：《收入是一连串事件》，中国发展出版社2004年版，第110~111页。

二，农地所有权主体“虚化”论下的农地使用权（或者是永佃权制度）并不能满足农村实践需要，不利于农地的合理调整。在农地所有权主体“虚化”论下，赋予农民长期稳定的农地使用权（或者是永佃权）是其核心内容。但是，从农村的实践情况来看，农地却是始终处于调整状态，特别是小规模的调整时常发生。除个别农村社区由于决策者的偏好，可以凭借调整土地权力谋取私利外，大部分地区其实是由于社区人口不断增长的事实，而被迫做出的无可奈何的选择。对中国的绝大多数农民来说，土地经营一直是他们经济收入的主要甚至是唯一来源，尤其是对中西部缺乏非农就业机会的农民更是如此。因此，与国家的目标相反，农民对承包期的要求并不是越长越好，至少一半以上的农户，希望随人口变化调整土地。[①] 其三，农地所有权主体“虚化”论过分强调农地使用权的稳定，但是，实际上有可能是对农民基本权利的一种侵害。农地所有权主体“虚化”论下的农地使用权制度强调土地利用关系的稳定，尽力避免土地资源的调整，实际上就是“增人不增地，减人不减地”政策。但是，部分地区的实践证明，“增人不增地，减人不减地”的政策实施之后，一些人口多又没有能力取得非农收入的农户就极有可能滑入贫困的泥潭并由此失去任何登上社会分层阶梯的能力。[②]

4. 农地所有权主体“强化论”

持“强化论”的学者认为，由我国社会主义公有制决定，土地所有权任何法律意义的改变都将动摇我国社会经济基础，进而可能造成政治体制的动摇，威胁人民政权的稳固，所以，社会主义的土地所有权制度适宜的变更方法应是完善所有权，提升所有权实现的效率和权益配置的公正性，而不是从根本上变更所有权的归属。[③] 其理论依据在于：（1）农地集体所有制是数亿农民的生存与发展的保障。我国是一个农业大国，农村人口众多，解决农民的生存和发展问题是党和政府的首要任务。继续坚持集体所有，有利于解决农村人口的整体发展问题，消除土地私有导致土地集中和剥削雇农的不公平现象的出现。历史告诫我们，

---

①李胜兰、冯晟：《再论我国农地使用权制度改革》，《学术研究》2004年第12期。

②姚洋：《中国农地制度：一个分析框架》，《中国社会科学》2000年第2期。

③郭洁：《土地资源保护与民事立法研究》，法律出版社2002年版，第62~65页。

彻底的个人所有，必然导致土地的集中，导致大量农民靠出卖劳动力为生。坚持农地集体所有制不变，就为数亿农民提供了生存与发展的有力保障。（2）农地集体所有制符合农村的社区功能性。农地继续实行集体所有也是由农地的特殊性以及农村的实际情况所决定。对于主要依靠土地生存的农民而言，农地是他们祖辈赖以生存和繁衍的物质基础。要保障其“生存权”，必须保障每个家庭具有可赖以生存的土地。而这种土地的获得是通过加入某一社区（农村基本生活单位或共同体）而获得的，居住在某一社区就享有使用土地的“自然权利”，谁也不能剥夺。因此“社员权”或“村民权”的取得即意味着取得该社区土地的利用权。因此，农地具有重要的社区功能。赋予特定农村共同体享有土地所有权是确保该社区内所有家庭生存的唯一保障。因此，农地的社区功能是坚持集体所有的主要理由。①（3）坚持农地集体所有制是改革成本最低的可行性方案，继续坚持农地集体所有制度，也是对各种方案进行客观分析，权衡利弊而得出的结论。无论从历史和现代角度观察，中国一直是农业人口和农业经济占主导地位的国家，土地所有制度不仅是经济关系的中心，也是历次政治变革的导火线。我们不应该、也没有必要为了一个不确定的预期而去对现有制度进行颠覆性的变革，特别是这种变革的成本是我们任何人都无法预料的时候。在目前中国政治、经济、人文背景下坚持土地的集体所有制，仍然是构建我国农地产权制度的前提和基础。②

持“强化论”的学者主张，应在坚持集体所有制的基础上，强化农地集体所有。中国农地制度改革的方向是在坚持农地集体所有制的前提下，通过制度创新，进一步理顺乡镇政府、村集体经济组织与农户的关系。具体来说，通过农地权利的界定，解决乡镇政府对农民承包权随意侵犯问题，确保农民拥有农地统一的承包经营权；通过村集体经济组织权利结构和决策制度的创新，解决村干部对农地的“内部人”控制问题，确保农民土地权利的实现和农地的优化配置。③保留所有权（哪怕

①高富平：《物权法原论》，中国法制出版社2001年版，第307页。
②赵淑华：《关于农地产权制度的理性思考》，《学习与探索》2004年第6期。
③袁铖：《二元经济结构与农村土地制度创新》，《贵州财经学院学报》2004年第4期。

是不完整的所有权或非真正意义上的所有权），实行自愿前提下的适度统一经营，走上股份制或股份合作制的农场模式，可能是中国农业土地产权制度和农业经营组织形式的理想而可行的变革方向。[①]

持不同意见者则认为，“强化论”存在的最大缺陷在于，在当前实践中，很难找到一个适格的农地集体所有的人格化代表。农民权益之所以在某些方面得不到保护，农民利益之所以存在丧失和被侵蚀的现象，其中主要原因之一是农民利益代表主体缺失。单个分散的农民在市场经济的汪洋大海中无力维护自己的权益，在利益冲突中永远处于弱势地位。[②] 确立在市场经济条件下能够全面代表农民利益的人格化代表已经成为解决“三农”问题的关键。[③] 农地所有权问题也是如此，农村集体所有土地恰恰就是缺乏这样一个人格化代表。我国农地所有权主体不明确，其问题的症结在于，真正的土地所有权人——农民集体没有实现自己的权利，缺乏实现其权利的组织机制和途径，也就是说，真正的集体土地所有权主体不到位、缺位。所以，解决问题的基本思路，是如何构造作为集体土地所有权主体的农民集体的组织形式，从而使农民集体真正有效地实现其土地所有权。保障农村集体产权的稳定性就是要确定“谁”真正拥有土地，并明确界定土地所有者的权利和义务，保证所有者能充分行使有关土地的权利。这也是“强化论”的立基所在。但是，从目前农村的实际情况和农村民主发展的程度来看，很难找到这一个适格的人格化代表。

【相关法律法规及司法解释】

《物权法》

第五十八条　集体所有的不动产和动产包括：（一）法律规定属于集体所有的土地和森林、山岭、草原、荒地、滩涂；（二）集体所有的

---

①黄少安、孙圣民、宫明波：《中国土地产权制度对农业经济增长的影响——对1949~1978年中国大陆农业生产效率的实证分析》，《中国社会科学》2005年第3期。

②李长健：《论农民权益的经济法保护——以利益与利益机制作为视角》，《中国法学》2005年第3期。

③周林彬：《物权法新论——一种法律经济分析的观点》，北京大学出版社2002年版，第600~601页。

建筑物、生产设施、农田水利设施；（三）集体所有的教育、科学、文化、卫生、体育等设施；（四）集体所有的其他不动产和动产。

第五十九条第一款　农民集体所有的不动产和动产，属于本集体成员集体所有。

第六十条　对于集体所有的土地和森林、山岭、草原、荒地、滩涂等，依照下列规定行使所有权：（一）属于村农民集体所有的，由村集体经济组织或者村民委员会代表集体行使所有权；（二）分别属于村内两个以上农民集体所有的，由村内各该集体经济组织或者村民小组代表集体行使所有权；（三）属于乡镇农民集体所有的，由乡镇集体经济组织代表集体行使所有权。

《土地管理法》

第八条第二款　农村和城市郊区的土地，除由法律规定属于国家所有的以外，属于农民集体所有；宅基地和自留地、自留山，属于农民集体所有。

第十条　农民集体所有的土地依法属于村农民集体所有的，由村集体经济组织或者村民委员会经营、管理；已经分别属于村内两个以上农村集体经济组织的农民集体所有的，由村内各该农村集体经济组织或者村民小组经营、管理；已经属于乡（镇）农民集体所有的，由乡（镇）农村集体经济组织经营、管理。

《农村土地承包法》

第十二条　农民集体所有的土地依法属于村农民集体所有的，由村集体经济组织或者村民委员会发包；已经分别属于村内两个以上农村集体经济组织的农民集体所有的，由村内各该农村集体经济组织或者村民小组发包。村集体经济组织或者村民委员会发包的，不得改变村内各集体经济组织农民集体所有的土地的所有权。

【案例】

案情简介

1998年6月6日，某村农工商经济联合社（以下简称“经联社”，本案被告）与牛某（本案原告）签订了荒山承包（租赁）合同书，约定：

“经联社将集体所有的荒山100亩土地承包（租赁）给牛某开发经营；（承包）租赁期限为1998年6月6日至2068年6月5日止，共七十年；承包费（租金）每年每亩5元，共计3.5万元。”合同签订后，牛某交付了全部的承包费3.5万元，经联社将荒山交给牛某经营管理。2009年7月，原告牛某所开发的荒山已经基本绿化完毕，且树木已经长大成林，原告欲为其林木申办林权证，但经向北京市房山区林业局咨询，必须得到被告的意见和协助才能办理，为此，原告多次找到被告请求给予协助，但被告不予理睬。原告认为，其与被告签订了荒山承包合同，并在该土地上进行了辛辛苦苦的开发经营，出巨资种植了各种树木，现该林木已长大成林，符合办理林权证的条件。而被告作为该土地的出租方，是有义务协助原告办理林权证的，这也是上述荒山承包合同延伸出来的必然义务。现被告的这种拒绝协助原告办理林权证的行为严重损害了原告的合法权益，为维护原告的合法权益，原告起诉至法院要求判令被告全面履行荒山承包合同、协助原告办理林权证。被告经联社辩称：第一，被告没有义务协助原告办理林权证，合同上对该项义务没有作出约定；第二，被告不是村委会而是经联社，没有能力办这个证，林业局对此也不认可；第三，这些树是铁道部出资、区绿化办组织种植的，不应该把这些树的权利办到个人名下；第四，针对原告所讲的引申义务，被告方认为不合理。因此，请求法院驳回原告诉讼请求。

审理及判决

法院在审理中查明，原告方主张因林业主管部门要求办理林权登记需要林地所有权人同意办理的意见，而其所承包的集体土地所有权属于被告经联社，故诉讼要求被告经联社在林权登记申请表上签字盖章予以认可。但是，由于原告主张相关林木的所有权属于原告，而被告主张相关林木的所有权属于村民委员会，且双方均未向本院提交有效证据予以证明。因此，由于申请登记的林木权属现尚未能明确，故被告经联社不同意在林权登记申请表上签字盖章予以认可应为合理。据此，依据《中华人民共和国土地管理法》第十条，《中华人民共和国物权法》第六十条，《中华人民共和国森林法》第十七条第二款、第三款及《中华人民共和国合同法》第六十条之规定，判决驳回原告的诉讼请求。

分析

本案是关于农村集体土地所有权主体界定的典型案例。

本案原告牛某之所以败诉，是因为其无法证明承包土地上的林木归其所有，如果原告能够找到有力的证据，证明该林木归其所有，那么作为被告的某工经联就有义务协助原告办理林木所有权凭证。在本案中，被告不同意原告方诉讼请求，同时认为原告所承包的土地所有权属于村民委员会，从现行法律规定来看，被告的这种主张是不成立的。《中华人民共和国土地管理法》第10条规定，“农民集体所有的土地依法属于村农民集体所有的，由村集体经济组织或者村民委员会经营、管理”；《中华人民共和国物权法》第60条则规定，“对于集体所有的土地和森林、山岭、草原、荒地、滩涂等，依照下列规定行使所有权：属于村农民集体所有的，由村集体经济组织或者村民委员会代表集体行使所有权”。由上述规定可知，被告经联社和该村村民委员会均可代表集体行使所有权。同时，根据双方约定，“经联社协助牛某解决荒山开发经营中遇到的困难”，结合本案原告牛某承包荒山的主要用途为种植树木考虑，依法协助原告牛某办理林权证应为被告经联社应尽的义务。

从合法性角度来看，法院的判决是符合现行法律规定的，但该案例也恰恰揭示了现行法律对于农地所有权问题所规定的不足，依据《宪法》规定，农地所有权的真正主体应该是“农民集体”，而由于“农民集体”系一高度抽象的概念，因此，《物权法》《土地管理法》等法律又不得不对农地所有权的实际行使主体进行规定，即将农地所有权授予“集体经济组织”、“村民小组”或“村民委员会”代为行使。如此规定的负面效应是非常明显的，由于“集体经济组织”、“村民小组”或“村民委员会”是并列主体，从而导致在农地所有权行使上存在“悖论”：争夺权利，而推卸责任。正如本案中，作为被告的某工经联所主张的那样，被告没有能力协助原告办理相关权证，而应由所在的村委会进行协助。

不动产登记错误的赔偿

【法理】

一、不动产登记错误的理解

我国现行《物权法》规定了不动产登记错误赔偿制度，但是对于不动产登记错误的概念却并未给予明确解释。在理论界，对于不动产登记错误，有三种不同的理解：

1. 广义说

“广义说”认为，所谓不动产登记错误，就是指登记簿上记载的事项与原始事实状态不符的现象；而这种不符，既可能是登记机关的登记错误或遗漏所致，也可能是物权合意的瑕疵，如物权合意不成立或无效所致，还可能是登记完毕后发生的嗣后原因，如继承、判决等所致。

2. 狭义说

“狭义说”认为，所谓不动产登记错误，就是指因登记机关未尽到审查义务所导致的登记状况与实际状况不一致的情形。基于这种理解，登记原因行为的瑕疵以及有效登记完成后发生的事由所致登记簿记载状态与真实权利状态不符的情形不在登记错误的范围。

3. 折中说

“折中说”认为，不动产登记错误包括因登记过程中的事由导致的错误登记和因登记原因行为的瑕疵导致的错误登记，但不包括因嗣后原因导致的登记簿记载与现实权利状态不一致的情况。持此种观点的学者认为：一方面，“广义说”不适当地扩大了错误登记的范围。所谓“登记错误”，究其原意，应指原始登记状态与真实的权利状态不相符的情形，由于其会造成对真正权利人的真实物权状态的妨害，因而需要法律提供特别的救济。而在因嗣后原因导致的登记簿的记载与现实权利状态不一致的情形，原始登记并无错误，只是登记的部分事项发生了正常变动（如因继承或法人的合并导致的房屋所有权发生移转等），但这种变动并不会构成对原始登记的物权人权利的妨害，因此，不能谓之“错误”。于此情形，只需进行变更登记即可，法律无需提供特别的救济措施。另一方面，狭义说不适当地缩小了错误登记的范围。一方面，该说将错误登记仅限于登记簿与登记证明文件所记载的内容不符的情况，忽视了登记证明文件本身存在明显缺陷而登记机关未能予以审查的情形；另一方面，该说将因登记原因瑕疵导致的不正确登记排除在错误登记之外，而事实上，这种情况与因申请登记过程中的原因导致的错误登记一样，都是在原始登记状态即发生了登记簿的记载与真实权利状态不相符的情形。二者并无本质上的区别，没有必要区别对待。①

二、不动产登记机构的审查义务

不动产登记机构审查义务的界定，是不动产登记错误赔偿责任承担的前提所在，我国现行《物权法》对于登记机构在不动产登记中应承担何种形式的审查义务并未进行明确的规定，而在理论研究中，对这一问题则存在重大分歧。

1. 形式审查说

“形式审查说”认为，登记机构在不动产登记中仅负有形式审查义务，即对登记申请材料的适法性和真实性仅作形式上的审查，对材料所表征的内容不予考量。具体而言，不动产登记机构的审查义务主要体现在以下三个方面：其一，形式完整性审查，即登记所需的法定材料已全部提供，且填写完整、规范。其二，形式一致性审查，即拟登记事项与提供的材料所载内容相互对应，具有同一性，这又包括登记主体的一致性，即登记主体名称、签章等与身份证明、权属证明、合同等相关文件的所载主体一致，以及登记内容的一致性，即拟登记的权利及权利所涉

①柴振国、田邵华：《论不动产登记机关错误登记的赔偿责任——析〈物权法〉第21条第2款》，《安徽大学法律评论》2007年第1期。

不动产与权属来源证明、合同、测绘报告等文件所载内容一致。其三，形式真实性审查，即登记所需的材料具备形式上的真实性，如公证书的格式、所加盖公章均符合通常标准，房地产权利证书的样式、印鉴均符合通常标准等。①

很多学者主张不动产登记应采取形式审查的方式，其理由：第一，相对于实质审查而言，形式审查更符合效率原则。我国人口众多，如果进行实质审查，需要耗费登记机关大量的精力和财力、物力，而登记机关必然将这些成本加在登记申请人身上，使得登记申请人的交易费用猛增，另外登记机关的审查过程也耗时较多，不符合效率原则。因而，从经济效益和效率角度讲，实质审查不足取。第二，形式审查更能体现意思自治原则。根据契约自由原则，当事人进行不动产交易应该遵循意思自治的原则，不应该受到登记机关的干预，如果登记机关对合同条款进行实质审查，再加上登记机关属于行政机关的性质，非常容易导致公法对私法的过多干预，即实质审查将以牺牲私的自治为代价。② 第三，形式审查亦能确保交易安全。形式审查制缺乏公信力的弊端可以通过不动产权证书的方法予以解决。由于我国一直实行不动产登记发证制度，人们普遍认可产权证书制度。所以用产权证书来弥补形式审查的不足，有现实基础，可行性甚强。这样，形式审查也能保证交易安全。③

2. 实质审查说

所谓实质审查，是指登记机构不仅应当对当事人提交的申请材料进行形式要件的审查，而且应当负责审查申请材料内容的真伪，甚至在特殊情况下对法律关系的真实性也要进行审查。在该模式下，不动产登记机构负实质审查的义务，不仅要对启动登记程序的材料的形式上的适法性和真实性负责，还需对材料内容的真实性负责。就材料内容的真实性审查而言，有如下含义：第一，材料中所含的意思表示均为真实的意思表示，比如申请人申请登记的意思表示真实、权利变动的意思表示真实等。第二，材料所表征的权利归属与状态真实无误，如登记义务人为真

①朱岩：《形式审查抑或实质审查——论不动产登记机关的审查义务》，《法学杂志》2006年第6期。
②乔丽：《不动产登记审查方式探析》，《现代商贸工业》2010年第1期。
③黄辉：《中国不动产登记制度的立法思考》，《北京科技大学学报》2001年第2期。

实权利人，权利权属状态与拟进行的登记不相冲突等。[①]

持此观点的学者认为，在不动产登记中登记机构应进行实质审查的理由在于：第一，对不动产登记进行实质审查确实会耗费登记机关大量的精力和财力、物力，也会导致申请人交易费用的增加和登记效率的下降，但是，行为的经济效率应当综合考虑，如果进行形式审查则容易导致权利登记不实，助长交易欺诈，引发系列纠纷，这样更不经济。第二，不动产登记作为不动产物权公示手段，就应发生完整的公示效果，实质审查主义的优点是最大限度地防止登记权利与真实权利的不一致，从而使公信力确立，并最大限度地防止公信力带来的对出卖人不利的可能性。第三，由于登记的审查方式与登记机关的责任是联系在一起的，实行实质审查，登记机关由于故意或重大过失导致登记错误造成当事人的损失的，登记机关就要加以赔偿，所以登记机关为减少赔偿责任的承担，就会更加谨慎，这样一来也就强化了登记机关的责任感。第四，生活中，登记机关因未尽合理的审查义务致使登记错误从而成为被告，被要求承担责任这一事实已经成为民众的强烈诉讼要求。登记机关只享有收取登记费用的权利，不承担相应义务的权利失衡已成为众矢之的。[②]第五，我国在不动产登记中，没有实行前置程序，这不同于国外情况。而我国，既没有公证前置的实质审查，又要让登记机构进行形式审查，不能很好地防止登记的错误。[③]

3. 折中说

持折中说观点的学者认为，在不动产登记中，登记机构应以形式审查为主，并辅之以必要的实质审查。理由：首先，折中的实质审查主义与我国物权变动的模式相一致。其次，对登记原因关系（即债权合同）采取“窗口式”的审查方式能够更好地发挥登记的作用。“窗口式”的审查方式由于仅仅查验是否存在真实的债权合同关系，而不触及合同的效力问题，这不仅能在一定程度上保证登记的真实性，还有利于降低登记成本，提高登记效率，有效地避免了实质审查主义的缺陷。我国《物

①龚合雄：《论我国不动产登记机构的审查义务》，《湖南财政经济学院学报》2011年第1期。
②乔丽：《不动产登记审查方式探析》，《现代商贸工业》2010年第1期。
③吴兆祥：《论不动产物权登记机构的审查义务及其责任》，《人民司法》2007年第4期。

权法》所规定的不动产登记审查方式更接近于折中的实质审查主义。[①]

三、不动产登记错误赔偿责任的性质界定

我国现行《物权法》第21条明确规定，“因登记错误，给他人造成损害的，登记机构应当承担赔偿责任。”但是，对不动产登记错误赔偿责任的性质并未进行规定，理论界和实务界对此亦争议较大。

1. 国家赔偿责任说

“国家赔偿责任说”认为，登记机构因不动产登记错误而承担的是一种国家赔偿责任。梁慧星教授在其主编的《物权法草案建议稿》中，就是将不动产登记错误赔偿责任作为国家赔偿责任确定的。[②]持此观点的学者认为，不动产登记错误赔偿责任的性质应该为国家赔偿，而不是民事赔偿的理由在于：第一，这是由登记行为的性质所决定。登记行为被视为行政机构的具体行政行为，登记错误就是具体行政行为发生的错误，由此造成他人损害的，行政机关要承担的是行政赔偿责任，适用《国家赔偿法》，赔偿费用由国家统一支出。[③]第二，这符合《国家赔偿法》的立法主旨。从制定《国家赔偿法》的初衷来看，就要将全部行政侵权行为全部纳入到国家赔偿体系中，而登记行为为准行政行为，仍然属于行政行为范畴；而且目前在没有出台不动产统一登记法的情况下，还是由行政机关来负责登记，登记行为仍然属于行政机关的职权行为和职责行为。因此，其属于行政侵权是合乎法理的，按照《国家赔偿法》进行索赔也符合制定《国家赔偿法》的目的。第三，从参与登记错误赔偿诉讼的主体来看，登记过程的参与者为登记的申请人和登记机关，登记机关在登记过程中实际履行的是职权行为，登记申请人和登记机关处于不平等的地位，也就是说登记申请人实际处于行政相对人的角色，而后所有因登记错误受到损害要求赔偿的人，其实也变成了行政相

---

①柴振国、田邵华：《论不动产登记机关错误登记的赔偿责任——析〈物权法〉第21条第2款》，《安徽大学法律评论》2007年第1期。

②梁慧星：《中国物权法草案建议稿：条文、说明、立法理由及参考立法例》，社会科学文献出版社2000年版。

③梁蕾：《不动产登记中的损害赔偿责任研究》，《行政法研究》2008年第3期。

对人的角色，因一个行政职权行为受到损害难免要通过行政诉讼解决赔偿，而行政诉讼所解决的只能是国家赔偿。第四，登记错误损害赔偿完全符合《国家赔偿法》的实际规定。根据《国家赔偿法》第4条第4款规定“造成财产损害的其他违法行为”来看，行政机关及其工作人员在行使行政职权造成财产损害的情况下受害人有取得赔偿的权利。这一款规定完全可以适用到物权法中规定的登记错误的赔偿。因此，登记错误引发的赔偿应该是国家赔偿，而不是民事赔偿，登记机关承担的为国家赔偿责任，而不是民事赔偿责任。①

2. 民事赔偿责任说

“民事赔偿责任说”认为，不动产登记错误赔偿责任的性质是民事责任而非国家赔偿责任，这是因为：第一，损害赔偿责任的基本性质是民事责任。损害赔偿是救济民事权利损害的基本责任方式，其性质是民事责任。行政附带的民事损害赔偿责任，以及行政机关由于行政违法行为所承担的损害赔偿责任也是民事责任，也不会因是行政法规定并由行政机关承担而变成行政责任。第二，不动产错误登记损害赔偿责任解决的是民事赔偿问题，是对民事权利损害的救济，当然是民事责任。不动产错误登记给真正权利人的损害，是民事权利的损害，对真正权利人给予损害赔偿，是对民事权利的保护，是对民事权利损害的救济。侵害民事权利，造成权利人的损害，承担民事责任，应当是侵权责任，而侵权责任必然是民事责任。即使承担责任的主体是登记机构，其性质也不会变。第三，《物权法》是民法，在民法中的损害赔偿责任当然是民事责任。不动产错误登记损害赔偿责任规定在《物权法》中，而《物权法》就是民法的组成部分，是调整物权法律关系的民法基本法。《物权法》第2条规定：“因物的归属和利用而产生的民事关系，适用本法。”既然《物权法》调整的法律关系是民事法律关系，那么，《物权法》规定的不动产错误登记损害赔偿责任当然也是民事法律关系，其责任当然是民事责任。② 第四，我国目前不动产登记机构虽为行政机构，但不动产登

①崔俊贵：《不动产物权登记错误的赔偿责任及赔偿的实施》，《郑州大学学报》（哲社版）2010年第3期。

②杨立新：《论不动产错误登记损害赔偿责任的性质》，《当代法学》2010年第1期。

记行为本质上是民事行为，而非行政行为。因不动产登记错误而产生的赔偿责任是民事侵权责任，而非国家赔偿责任。[①] 第五，若将其定性为国家赔偿责任，将不利于受害人合法权益的保护，因为国家赔偿责任比一般侵权责任的承担，受到的限制要严。[②]

3. 双重性质说

“双重性质说”认为，不动产登记错误赔偿责任兼具国家赔偿责任和民事赔偿责任的双重性质。这是因为：不动产登记行为包括两个行为，一个是权利人的权利申请登记行为，一个是国家机关对申请登记的审查登记行为。前者属于当事人的物权设定行为，是民事行为。如《物权法》第21条第1款规定：“当事人提供虚假材料申请登记，给他人造成损害的，应当承担赔偿责任。”《土地登记办法》第九章第73条、74条同样规定了土地错误登记的申请人应当承担的刑事责任以及对受害人承担的损害赔偿责任，即因申请人错误申请而致错误登记，给对方当事人造成损害的，应承担相应的民事损害赔偿责任。后者则是执行法律、法规的职权行为，属行政行为，所以登记机构因错误登记而承担的应是国家赔偿责任。其法律依据：一是《国家赔偿法》第2条的规定：“国家机关和国家工作人员违法行使职权侵犯公民、法人和其他组织合法权益造成损害的，受害人有依照本法取得国家赔偿的权利。”二是《房屋登记办法》第92条第2款的规定：“房屋登记机构及其工作人员违反本办法规定办理房屋登记，给他人造成损害的，由房屋登记机构承担相应的法律责任。房屋登记机构承担赔偿责任后，对故意或者重大过失造成错误登记的工作人员，有权追偿。”[③]

四、不动产登记错误赔偿的归责原则

因不动产登记错误而需承担责任时，应适用何种规则原则？现行《物权法》对此并未加以规定，而在理论界，则有以下几种主张：

---

①林永康、兰戈：《不动产登记错误的损害赔偿责任探讨》，《福建法学》2007年第4期。
②季秀平：《论不动产登记机构登记错误之赔偿责任》，《法治研究》2009年第11期。
③原永红：《论不动产登记机构错误登记责任》，《山东社会科学》2009年第7期。

1. 无过错责任说

“无过错责任说”认为，在不动产登记错误赔偿中，应适用无过错责任原则，即只要登记错误，就应当承担赔偿责任。

持此观点的学者认为，之所以适用无过错责任原则，主要是基于以下考虑：第一，有利于增强登记机构及其工作人员的责任心。第二，有利于保证受害人获得应有的赔偿救济。第三，有利于增强人民群众对登记公信力的信心。[①] 第四，与我国的现行立法相协调。从《国家赔偿法》《房屋登记办法》的相关规定来看，其适用的就是无过错责任原则，即只要违法造成损害，就应当承担责任，而不管主观上有没有过错。第五，适用无过错责任原则符合实质公平理念。我国的不动产登记机构属于国家行政机关，登记机构与受害人掌握的信息不对称，二者的地位不平等，适用无过错责任原则，有利于矫正二者的不平等地位，符合实质公平理念。[②]

2. 过错责任说

“过错责任说”认为，不动产登记错误赔偿应适用过错责任原则，即登记机构如果尽到了法律规定的审查义务，就不需要承担相应的赔偿责任。其理由：第一，从民事侵权的归责原则来看，一般侵权行为其归责原则是过错原则，只有法律有特别规定时才能适用无过错责任原则。而不动产登记机构及其工作人员在登记过程中或其他与登记相关的行为侵犯了不动产当事人利益的行为，在法律上并无特别规定，属于一般的侵权行为，因此，适用过错责任原则。第二，从《物权法》第21条第2款的规定来看，该条仅规定登记机构要对登记错误承担赔偿责任。但造成错误登记的原因有很多种，有的与登记机构有关，而该条对构成登记机构责任前提的“错误登记”的范围并未明确规定，如果适用无过错责任原则会导致登记机构对那些不可归责于自己的错误登记也要负责，这无疑加重了登记机构的责任，对登记机构显失公平。第三，从不动产登记行为的审查模式来看，《物权法》第12条并未明示登记机构究竟是形式审查还是实质审查。在此种情况下，不应让登记机构承担过重的责任。如果采用无过错责任原则，不论登记机构及其工作人员的主观过错，只要存在当事人损失的情

①梁仕华：《不动产登记错误致害赔偿责任探究》，《湖北函授大学学报》2010年第2期。
②原永红：《论不动产登记机构错误登记责任》，《山东社会科学》2009年第7期。

况，登记机构就必须赔偿，这对于仅从形式上审查登记材料的登记机构及其工作人员显失公平。[①] 第四，从登记的性质和登记机关的职责来看，登记虽然属于行政行为，但登记机关的职责并非以国家的名义许可或授予物权，其只是对当事人提交的证明文件予以审查和公示，这是建立在申请人提交相关证明材料的基础上的。而在申请人刻意提供虚假材料的情形，由于登记机关的审查手段有限，即使其已经严格履行审查义务，对有些材料也可能难以发现它的虚假性。如果一概要求登记机关承担无过错责任，会导致登记机关因害怕承担责任而畏缩不前、消极履行职责。同时也会使登记机关加大审查范围、延长审查时间，影响登记的效率。第五，从我国长期以来的立法实践来看，对不动产登记机构赔偿责任也一直采用的是过错责任的归责原则。例如，我国《城市房屋权属登记管理办法》第37条规定：因登记机关工作人员工作过失导致登记不当，致权利人受到经济损失的，登记机关对当事人的直接经济损失负赔偿责任。珠海市《房地产登记条例》第48条也规定：登记机构及其工作人员因工作疏忽，核准登记不当，造成权利人损失的，登记机构应当依法承担赔偿责任。这些规定对于我们正确理解《物权法》第21条第2款具有一定的启发意义。[②]

3. 过错推定说

"过错推定说"认为，只要登记机构违反登记制度的行为，就推定其有过错，如果主张没有过错，登记机构应当自己举证证明，能够证明的才能免除责任，否则就应当承担责任。因不动产登记错误而造成他人损害的事实，应当实行"谁主张谁举证"的规则，由受害人承担举证责任。对于登记机关是否依法正确地履行登记审查职责义务的事实，则应当适用举证责任倒置的规则，由登记机关承担举证责任。

其原因在于：第一，从合理分担举证责任以平衡登记机关和受害人的利益的角度来看，采过错推定原则更为合理。一方面，从我国目前经济发展水平来看，采无过错责任原则必然增加国家财政负担，影响国民经济的进一步发展。同时，如果登记机构或者工作人员尽到了一般注意

---

①李蓓：《论不动产登记机构损害赔偿》，《中国矿业大学学报》（社科版）2009年第3期。

②柴振国、田邵华：《论不动产登记机关错误登记的赔偿责任——析〈物权法〉第21条第2款》，《安徽大学法律评论》2007年第1期。

义务或者特定的职务义务，仍要承担无过错责任，这势必加重了登记机关的责任，影响其发挥职能的积极性。故我国目前暂不适宜在不动产登记领域实行无过错责任。另一方面，在过错责任原则归责中，按照“谁主张谁举证”的规则，一般由受害人举证证明登记机关存在过错。但是，与登记机关相比，受害人的举证能力则处于相对弱势地位，这无疑置登记错误的受害人于自行承担巨大经济损失的困境，这显然是极不公平的，故过错责任原则也不可采纳。[①] 所以为平衡双方在实体上、程序上的权利义务，采取举证责任倒置的方法，使登记机关就相反的事实负举证责任，即实行过错推定，更加合理。第二，过错推定原则更符合一般实质审查的需要。过错推定原则是由过错责任向无过错责任过渡的中间环节。这个过渡的标杆就是登记机关的“审查内容”。而审查内容从本质上讲是登记机关对于当事人意思自治的干预。如果说采取严格的实质审查，登记机关对私权利干预程度最强，那么归责标准也就越严格，登记机关就应适用无过错责任原则。如果采取的是形式审查，登记机关对私权利干预最弱，承担的责任也最小，因此应适用过错责任原则，只有登记机关故意或重大过失时，登记机关才承担责任。在一般的实质审查模式下，介乎严格实质审查与形式审查之间，那么也应适用无过错责任与过错责任的中间环节——过错推定责任。第三，从诉讼程序上来看，在实质审查模式下，登记机关掌握的材料和信息更多，较之受害人更容易证明自己没有过失。必须强调的是，过错推定其实仍属于过错责任的范畴，只不过将举证责任颠倒过来，不再适用“谁主张、谁举证”的一般举证规则。在过错推定原则下，登记机关若要免责，必须举证证明自己不存在上述审查行为的错误和登记行为的错误。[②] 第四，就现状而言，我国登记机关在登记时经常出现登记的错误、遗漏、登记资料的遗失甚至恶意与他人勾结进行侵犯房屋真实权利人所有权的非法登记行为，致使有关当事人损失惨重，而登记机关却从不承担或承担权利与义务极不对称的有关责任。这是一种权利和义务被严重割裂的畸形现象。要增强登记机关的责任意识，就必须加重举证责任，使其有压力和动力

---

①梁仕华：《不动产登记错误致害赔偿责任探究》，《湖北函授大学学报》2010年第2期。
②艾军：《不动产登记机关赔偿责任的构成》，《人民司法》2008年。

来履行其审查登记义务。第五，登记机关享有登记收费的权利，即登记是登记机关提供的有偿服务，必须使登记部门在享受一定利益的同时承担一定的责任和义务，这才能体现权利和义务对等的原则，否则对当事人而言是极不公平的。[①]

【相关法律法规及司法解释】

《物权法》

第十条　不动产登记，由不动产所在地的登记机构办理。国家对不动产实行统一登记制度。统一登记的范围、登记机构和登记办法，由法律、行政法规规定。

第十二条　登记机构应当履行下列职责：（一）查验申请人提供的权属证明和其他必要材料；（二）就有关登记事项询问申请人；（三）如实、及时登记有关事项；（四）法律、行政法规规定的其他职责。申请登记的不动产的有关情况需要进一步证明的，登记机构可以要求申请人补充材料，必要时可以实地查看。

第十四条　不动产物权的设立、变更、转让和消灭，依照法律规定应当登记的，自记载于不动产登记簿时发生效力。

第十七条　不动产权属证书是权利人享有该不动产物权的证明。不动产权属证书记载的事项，应当与不动产登记簿一致；记载不一致的，除有证据证明不动产登记簿确有错误外，以不动产登记簿为准。

第十九条　权利人、利害关系人认为不动产登记簿记载的事项错误的，可以申请更正登记。不动产登记簿记载的权利人书面同意更正或者有证据证明登记确有错误的，登记机构应当予以更正。不动产登记簿记载的权利人不同意更正的，利害关系人可以申请异议登记。登记机构予以异议登记的，申请人在异议登记之日起十五日内不起诉，异议登记失效。异议登记不当，造成权利人损害的，权利人可以向申请人请求损害赔偿。

第二十一条　当事人提供虚假材料申请登记，给他人造成损害的，应当承担赔偿责任。因登记错误，给他人造成损害的，登记机构应当承

①向明：《论不动产登记错误的赔偿责任》，《社会科学论坛》2010年第10期。

担赔偿责任。登记机构赔偿后，可以向造成登记错误的人追偿。

【案例】

案情简介

1995年，江西省南昌市天龙实业集团公司（以下简称天龙公司）向中国银行江西省信托投资咨询公司（其权利义务后来由中国银行江西省分行承受，以下简称信托公司）申请贷款700万元。信托公司同意在天龙公司落实贷款抵押手续，确保贷款无风险前提下办理贷款。同年，天龙公司向江西省南昌市房产交易管理所（以下简称南昌市房交所）提出对该公司在江西省南昌市西湖区船山路29号房屋办理贷款抵押登记手续的申请，并提交了天龙公司与中房南昌房地产开发公司第二开发处的购房协议书及房屋所有权证；南昌市房交所在未认真审查天龙公司提交的房屋产权证和相关档案记录的情况下，作出估价，发出房屋抵押贷款通知书，确认信托公司与天龙公司的房屋抵押法律关系有效。后发现天龙公司未在市房屋产权监理处办理房屋产权证书，即用假产权证办理了房产抵押贷款手续，因而给信托公司造成损失。1996年5月7日，信托公司以南昌市房管局为赔偿义务机关向其提出赔偿申请。南昌市房管局在法定期限内未作出是否赔偿的决定。同年8月28日，信托公司向法院提起赔偿诉讼。

审理及判决

江西省高级人民法院经审理认为，南昌市房交所的具体行政行为认定事实错误，其作为南昌市房管局的下属单位，应视为房管局委托行使职权的行为，南昌市房管局对此应承担行政法律责任。同时，由于信托公司本身在贷前审查工作中存在过失，放贷后又未按规定进行任何监督管理。信托公司自身存在明显过错，依法应相应减轻南昌市房管局的赔偿责任。原告主张的利息损失，因系可得利益，不属于《国家赔偿法》规定的直接财产损失范围，不予支持。据此，依照《国家赔偿法》第4条第4项、第7条第4款、第28条第7项和最高人民法院《关于审理行政赔偿案件若干问题的规定》第29条之规定，作出判决：（1）由南昌市房管局赔偿中国银行江西省分行贷款损失4505000元的60%，即2703000元。（2）驳回中国银行江西省分行其他诉讼请求。南昌市房管局不服，向最高人民法院提起上诉。最高人民法院经审理认为，南昌市房管局对其违法办理抵押登记而造成信托公司财产损失的后果，在天龙公司无法偿还贷款的情况下，应当承担相应的过失赔偿责任。一审判决认定南昌市房管局应当承担补充赔偿责任不当，应予纠正。南昌市房管局承担行政赔偿责任后，有权就其承担的数额向天龙公司行使追偿权。另外，一审判决认为利息损失不属于直接损失不当，信托公司提出贷款利息损失属于直接损失应予赔偿的主张应予支持。根据《行政诉讼法》第61条第3项的规定，作出判决：（1）维持江西省高级人民法院（2001）行初字第01号行政赔偿判决第二项；（2）变更江西省高级人民法院（2001）行初字第01号行政赔偿判决第一项为：由南昌市房管局赔偿中国银行江西省分行人民币2477750元及利息。

分析

从上述案例的处理来看，可以归纳出以下几点结论：（1）不动产登记机关对不动产登记申请采用实质审查主义，即登记机关应当确保登记事项的真实性、合法性，否则要承担相应的赔偿责任。（2）当事人（天龙公司）在登记中提供虚假材料，造成他人（信托公司）财产损失，是直接责任人，应当承担损害赔偿责任。（3）登记机关（南昌市房管局）的违法办理登记的行为属于具体行政行为，对造成的财产损失要承担相应的过失赔偿责任，这种责任的性质为行政赔偿责任。（4）登记机关的责任与当事人责任的关系不是补充责任，而是连带责任，登记机关承担赔偿责任后，可以向有过错的当事人追偿。

但需要指出的是，由于本案例发生在《物权法》颁布实施前，因此，在法律的适用上，只能依据《国家赔偿法》《行政诉讼法》以及相关司法解释进行判决。应该说，在《物权法》未颁布实施的情况下，法院就该案的判决在合法合理方面做得还是不错的。在《物权法》颁布实施后，特别是在对不动产登记错误赔偿制度进行较为充分的理论研究后，反观该案例，至少有以下两个问题需要进一步加以探讨：（1）当事人责任和登记机构的责任如何区分，其标准是什么？（2）当事人责任是民事赔偿责任，登记机关责任是行政赔偿责任，其赔偿范围和标准并不一致，如何协调？

农村宅基地（使用权）流转

【法理】

一、现行规定及其负面影响

1. 现行规定

农村宅基地（使用权）是我国物权法中一个重要问题，现行《物权法》以专章的形式对该问题做了规定，但是就农村宅基地（使用权）流转问题则规定得十分有限，操作性不强，只是规定“宅基地使用权的取得、行使和转让，适用土地管理法等法律和国家有关规定”。依据现行《土地管理法》第62条规定，“农村村民出卖、出租住房后，再申请宅基地的，不予批准。”此外，该法第63条规定：“农民集体所有的土地使用权不得出让、转让或者出租用于非农建设。”此外，《担保法》第37条规定：“耕地、宅基地、自留山、自留地等集体所有的土地使用权不得抵押。”总体而言，农村宅基地（使用权）虽未受到现行法律的明确禁止，但实际上被现行法规、政策严格限制。《国务院办公厅关于加强土地管理严禁炒卖土地的通知》规定：“农民住宅不得向城市居民出售，也不得批准城市居民占用农民集体土地建住宅，有关部门不得为违法建造的住宅发放土地使用证和房产证。”2004年10月21日国务院发布的《关于深化改革严格土地管理的决定》第2条第10款规定：“禁止城镇居民在农村购置宅基地。”由此可见，不仅农村宅基地（使用权）的单独流转为国家法律所禁止，就是农民拥有所有权的房屋的移转也遭遇法律、政策障碍。①

①陈石清：《“后物权法时代”开禁宅基地使用权流转之探讨》，《当代经济》2009年第4期。

2. 负面影响

现行农村宅基地（使用权）制度形成于计划经济体制时代，其与日益完善的市场经济体制越来越不相适应，而在农村宅基地（流转）问题上的模糊规定则产生了一系列的负面影响。

第一，导致土地资源严重浪费。在我国城市化进程加快、农民大规模市民化的背景下，农民留在农村的宅基地不能进行合法的流转，村集体组织又无权收回处置，导致许多地区出现“空心村”现象，造成土地资源的严重浪费。

第二，导致农村金融支持受限。农村贷款难的重要瓶颈在于缺乏担保，从经济价值上讲，农村宅基地（使用权）无疑是最为适格的担保物，但由于现行法律禁止农村宅基地（使用权）抵押、限制其流转，从而导致农民在急需资金时不能将宅基地和住房抵押或转让，以获得正规金融机构的贷款支持，而遭受高利贷盘剥。①

第三，地下流转引发诸多问题。我国现行法律禁止农村宅基地的自由流转，但是在很多地方，农村宅基地与房屋的地下流转却十分活跃，形成隐形市场，由此产生诸多问题：其一，导致买卖双方权益无法保障。由于这种行为并不受现行法律的保护，双方一旦发生矛盾纠纷，法院只能要求双方自己协商解决，权益难以得到有效保护。其二，导致集体成员利益受损。依法律规定，虽然农民享有农村住房的所有权，但宅基地的使用权归集体经济组织所有，农民只享有宅基地的使用权。基于此，宅基地的收益理应在集体经济组织成员之间进行分配。但是，“暗箱操作”的转让行为使本来属于村集体所有的宅基地收益大量流入买卖双方手中，造成了集体土地资产收益的损失，这对于集体经济组织及其他成员是十分不利的。其三，诱发社会矛盾。由农村宅基地（使用权）地下流转引发出越来越多的社会矛盾和法律纠纷，已成为影响社会安定的重要因素。②

第四，不利于实现城乡统筹协调发展。现行法律严格限制农村集体土地的使用和流转，实质上是对农村集体土地的歧视。城镇居民对应的

---

①袁铖：《城乡一体化进程中农村宅基地使用权流转研究》，《农业经济问题》2010年第11期。

②王国艳：《基于城乡统筹发展的宅基地使用权流转探析》，《社科纵横》2009年第12期。

是商品房，而农民对应的是宅基地和农宅，商品房可以作为商品在市场上流通交易，而农宅则无法作为资产进入市场竞价，明显体现了城乡差距与城乡分割。按照《物权法》规定，农村宅基地只能在村集体内部流转，尚不允许城市居民或村庄以外的其他居民购买村庄的农民住房，也就是说，农民的宅基地使用权还不能转让给城市居民，城市和农村居民住房土地的法律规定存在较大差异，不利于城乡经济社会的统筹协调发展。历史发展到今天，农村宅基地的财产功能已经超过社会保障功能，农村宅基地使用权的流转变得越来越重要。①

二、农村宅基地（使用权）流转的理论争议

1. 禁止流转说

“禁止流转说”认为，当前应明确禁止宅基地（使用权）的自由流转。其理由主要包括：第一，这是由农村宅基地（使用权）的保障功能所决定。宅基地使用权与农村集体成员的资格联系在一起，是农民的基本生活保障和安身立命之本，带有很强的社会福利性质和社会保障功能。如果说土地承包经营权是“耕者有其田”，宅基地使用权则是“居者有其地”，两者共同构成了农户吃住两大基本生存保障。虽然近年来我国城市化进程迅猛，大量农村人口不断向城镇转移，但农村宅基地的居住保障功能并未减弱。一方面，它继续承载着农村“386199部队”（妇女、儿童、老人）的基本居住，这一群体一般留守村落；另一方面，我国“打工经济”的特点，决定着广大农民工在经济形势下行、春节返乡等情况下，回村后必须依赖其原有宅基地提供居住保障。此外，现行的城市容纳力和城市的高房价并不能为乡村转移人口提供足够的就业岗位和长期居所。从长远来看，部分离乡未离土的乡村转移人口最终仍须归根返乡，农村宅基地是他们居住的最后一道保障线。② 第二，这是由农村宅基地（使用权）制度的特性所决定的。现行农村宅基地（使用权）制度体系是以无偿配给的取得制度为基础构建起来的，即农

①吕军书：《法律视域下的农村宅基地使用权流转制度创新》，《求实》2010年第9期。
②刘双良：《农村宅基地使用权的流转与退出机制》，《重庆社会科学》2010年第6期。

民宅基地（使用权）的取得是无偿由村集体配给的，这是由宅基地（使用权）的身份性和福利性所决定。宅基地是稀缺性生活必需品，定量分配是确保每一农户都能安居的唯一方式，而不准宅基地转让也是确保每一农户都能安居的不可缺少的措施，配给制度决定了宅基地使用权的不可交易性，宅基地使用权不可交易保证了配给制度的有效性。[①] 农村宅基地配给制度是有效维系亿万农民基本生存权利的重要制度，农村宅基地交易与农村宅基地分配制度互不相容，因此，农村宅基地不得交易是农村宅基地分配制度的有机组成部分。[②] 第三，这有利于农村的社会稳定。农民的稳定是中国社会稳定的基本条件。限于农民对宅基地的认知水平不高，开禁流转会导致农民只顾眼前利益，忽视长远利益而失去基本的生活保障，从而将导致社会的不稳定。[③] 禁止宅基地转让也是为了防止强势群体剥夺弱势群体的利益。允许宅基地转让只能使稀缺的土地资源集中到少数强势群体手中，为强势群体乘人之危提供便利。禁止农村宅基地交易主要约束了买方，因为买方参与非法土地交易有可能钱地两空。撤掉这一盏红灯，还有什么能阻止廉价兼并农村宅基地的行为发生？[④] 若允许农村宅基地的自由转让，很多农民将变成居无定所的流民。目前我国农村社会保障体系尚未全面建立，这将会给国家和社会造成巨大压力。从社会稳定的角度出发，大量居无定所的农民必将对现有社会秩序造成重大冲击。那些得益于农村宅基地交易开禁的是目前中国社会中属于强势群体的那些人：一是有本事分到多处或超标准宅基地的农民；二是有能力在农村买地盖房的城里人；三是从事房地产行业的商人、掮客和投机者。[⑤] 第四，这是由土地资源紧张的基本国情所决定。人多地少是我国的基本国情，对于中华民族而言，土地资源紧张是一个永恒的话题。一旦允许宅基地（使用权）自由流转，农民以及集体经济组织将出于获得更大利益的考虑，而违反法律擅自将耕地转变为宅基

---

①孟勤国：《禁止宅基地转让的正当性和必要性》，《农村经营管理》2010年第5期。

②孟勤国：《物权法开禁农村宅基地之辩》，《法学评论》2005年第4期。

③高源：《我国农村宅基地使用权流转问题的探讨》，《重庆工商大学学报（社科版）》2009年第10期。

④同①。

⑤同②。

地，导致耕地大量流失。进而影响粮食安全。① 第五，这是农村宅基地的权属所决定。从民法理论角度，宅基地所有权并不属于农民个人而属于农村集体所有，个体农民没有作为所有权核心的处分权。另外，虽然根据《土地管理法》的相关规定了农民可以出卖其房屋，但根据“房地一体主义”，必然导致农村宅基地被占用，这既侵犯了农村集体享有宅基地所有权的权利，更侵犯了该农村集体中其他农民的申请宅基地的潜在权利。宅基地所有权属于集体，个人无权把宅基地使用权转出集体之外，如果允许本集体经济组织成员外的人获得宅基地使用权，将会影响农村集体经济组织对宅基地所有权的保有和行使，影响本集体的经济利益。②

2. 自由流转说

“自由流转说”认为，当前法律应明确农村宅基地（使用权）可以自由流转。理由在于：第一，有助于城乡一体化发展。首先，宅基地（使用权）流转有利于增加农民收入。农民将其多余房屋及宅基地（使用权）出卖给符合条件的主体，可以让农民的房屋及宅基地通过流通实现增值。其次，有助于开展农村宅基地（使用权）抵押贷款以帮助农民筹集资金，特别是有助于吸引城市资本进入农村。③ 再次，允许宅基地使用权流转有利于农村劳动力进入城市和城市人口反向流向农村，有利于城乡统筹发展，有利于逐渐消除城乡二元结构。第二，符合市场经济体制改革的基本要求。准许宅基地使用权流转，是社会主义市场经济的基本要求和发展的必然趋势。我国目前实行的是社会主义市场经济，经济体制的改革要求由市场配置资源，要求资源主体自主支配其财产。④“土地是财富之母”，在产权明晰的基础上，流转是实现价值的有效途径。宅基地使用权流转，使资源主体自主支配财产，形成可流转的物权或财产权体系，有利于土地资源的合理配置，促使资源从效率低的层面流向效率高的层面；开禁宅基地流转渠道，有助于发挥市场在资

①孟勤国：《物权法开禁农村宅基地交易之辩》，《法学评论》2005年第4期。
②袁锦绣、林睿杰：《农村宅基地使用权流转法律问题研究》，《中国发展》2008年第3期。
③郭晓丽：《城乡一体化背景下的宅基地使用权流转模式探析》，《当代经济》2010年第13期。
④李满枝：《物权法下宅基地使用权的转让》，《广西政法管理干部学院学报》2006年第1期。

源配置中的基础性作用，提高资源利用效率，农民可以从宅基地的处分中获取利益，转而投向城市房地产或其他新居所建设，这符合我国社会主义经济体制的发展要求。[①] 第三，是对农民权利的应有保护。民法的平等原则要求对物权实行同地同权，不能人为造成同样出于居住目的的城镇建设用地使用权和宅基地使用权的不平等。[②] 宅基地使用权作为农村村民所享有的一种财产权，限制其流转，相当于剥夺了农村村民的房屋所有权。在国有土地使用权和商品房可以自由转让的今天，如果限制宅基地使用权的流转，使农村村民无法享受与城镇居民同样的权利，是对农民的歧视以及对农民利益的损害。对于已经达到自由流转条件的农村住房却作出限制性规定，这实际上是部分剥夺了农民的房屋财产权。此外，若严格禁止农村宅基地和房产在城乡之间的自由交易，那么，由于大量农民进城务工，大量的宅基地因不可转让而被限制在农村，将导致这类“城市新移民”在农村的不动产无法变成可以和他们一起进城的动产，从而在无形中提高他们的进城的成本。第四，符合“物尽其用”的物权法立法宗旨。《物权法》中将宅基地使用权列为用益物权的一种，承认了该种权利的物权属性。而物权具有价值化趋势，由注重对标的物的现实支配演变为注重其利用价值，流转以产生价值，成为交易的客体。即：一种财产再有价值，所有权再明确，如果它是静止的，没有交易流动起来，那么它就失去了价值。财产只有在交换中、在流通中，才能实现其价值。从这种意义上讲，我国不能限制宅基地使用权的流转，而是应该为这种流转创造市场条件，并规范这个市场。第五，有利于土地资源合理配置，提高经济效率。耕地保护是农业发展的前提。近年来，随着我国经济的发展，一方面，各项建设对土地的需求日益增加，建设用地供需紧张的矛盾日益突出；另一方面，由于农村商品经济的发展，尤其是城乡结合部、自然景观资源丰富的地带，宅基地使用权的自发隐形流转日益活跃，农宅闲置、“户多宅”、超标准占用宅基地等现象普遍存在。[③] 允许农村宅基（使用权）依市场规律自由，一方

---

①王中伟、王伯文：《论宅基地使用权流转的法律适用》，《人民司法》2011年第5期。

②邱道持：《论农村土地流转》，西南师范大学出版社2009年版，第192页。

③李满枝：《物权法下宅基地使用权的转让》，《广西政法管理干部学院学报》2006年第1期。

面，可使现存未得有效利用的资源得以重新配置，进而实现有效利用；另一方面，也能够在一定程度上，缓解建设用地供需紧张的状况。

此外，“自由流转说”的支持者还对“禁止流转说”的理由进行了反驳：第一，避免耕地流失的根本在于严格限制耕地用途的转变，而非限制农村宅基地（使用权）流转。因此，政府应加大对农村土地用途管制，严格防止农民将耕地占用。同时，农村宅基地（使用权）流转在一定程度上有利于耕地的保护，一是利用流转盘活现有存量宅基地，通过宅基地整理、置换就可以节省大量的建设用地，可以缓解耕地保护的压力。二是宅基地使用权流转所获得的收益还可以专门建立耕地保护专项基金，用于耕地的开发、利用和保护。从这个角度看，允许农村宅基地使用权的流转，不仅不会导致耕地占用的增加，反而会更有效地利用现有土地，减少对耕地的占用。第二，土地保障不能代替国家和社会的保障。在我国经济已取得长足发展的情况下，不能将土地保障作为长期的政策。社会保障应逐步取代这种资源（土地）保障。因为，社会保障包括医疗、养老、失业和最低生活保障等内容，比单一的宅基地保障更全面，不允许宅基地使用权的自由流转，反而会产生许多弊端，与其保障目标背道而驰。我国农村逐步建立社会保障体系将是农村社会发展的趋势。中国共产党十七届三中全会通过的《中共中央关于推进农村改革发展若干重大问题的决定》已明确提出，“健全农村社会保障体系，贯彻广覆盖、保基本、多层次、可持续原则，加快健全农村社会保障体系”。

3. 有限流转说

“有限流转说”认为，宅基地（使用权）具有一定的身份性质，是农民的基本生活保障，并不适合自由流转，只能够在一定的范围内（集体经济组织成员之间），在一定的条件下转移。[①]一定程度的限制乃至禁止宅基地使用权的转让，体现了对处于社会底层、弱势的农民群体的人文关怀和对农村现实环境的充分考量。[②]王利明教授认为宅基地使用权尽管是财产权，但是具有一定的身份性质，并不适合自由转让，而只

①王利明：《物权法论》，中国政法大学出版社2003年版，第475页。
②汤浩、刘旦：《我国农村宅基地使用权流转研究》，《农业经济》2009年第3期。

能在定范围内进行，即只能在集体经济组织成员之间进行自由转让。[①]王卫国教授认为“宅基地使用权可以本着调剂余缺的原则，在本集体内成员之间协议转让，但必须经乡核准政府批准，而且出让方不得牟利”。[②]

“有限流转说”的支持者认为，有限开放农村宅基地（使用权）流转的主要理由在于：第一，有限制开放农村宅基地使用权流转市场是市场经济的必然要求。宅基地使用权是一项特殊的社会资源，只有通过市场才能实现资源的最优配置，发挥资源的最大效用。第二，有限制流转宅基地使用权符合“地随房走”原则。第三，宅基地使用权在农村集体内部有限制流转不会损害农村集体利益。第四，允许宅基地使用权在有限范围内流通，不仅提高了宅基地的利用率，也可有效地防止利用宅基地使用权搞变相房地产开发，避免宅基地管理上的失控。[③]另有学者认为，有限制地开放农村宅基地（使用权）流转具有重要意义：其一，有条件地适当解禁是缓解立法与经济发展状况相矛盾的现状的有效措施。目前，很多地区的农村宅基地流转市场已经形成，伴随着城市化的发展，农民与城镇居民的宅基地交易在实践中大量存在。但是国家对土地交易一级市场实行垄断，此种垄断容易加剧宅基地资源的稀缺性，再加上国家立法以及执法层面上的问题，使生活中出现的交易行为不能被很好地规制。面对这种情况，国家为何不因地制宜，有条件地允许农村宅基地使用权城乡间的自由流转呢？其二，有条件地适当解禁是提高农村土地资源配置效率，满足我国现阶段大规模人口流动的必然要求。随着城市化进程的加快，我国产生了大规模的城市及农村人口的双向流动。若通过因地制宜地调整政策和措施，使农村宅基地合理流转，可以提高农村土地的利用效率，发挥物的最大效用，有效控制新增建设用地，减少对耕地的浪费，缓解经济发展与耕地保护之间的矛盾。同时，通过有偿转让宅基地使用权，农民可以获得转让收益并将其作为进城资本举家迁入城市，从而促进农村剩余劳动力摆脱土地束缚，满足我国现阶段大

---

①王利明：《物权法论》，中国政法大学出版社2003年版，第475页。

②王卫国：《中国土地权利研究》，中国政法大学出版社2003年版，第103页。

③周中举：《论农村建设用地使用权的流转》，《农村经济》2008年第3期。

规模人口流动的需要，缩小城乡差别。其三，有条件地适当解禁是缓解农村贷款难问题、保护农民利益的有效方法。当前农民贷款难的根本原因在于农民难以找到有效的贷款抵押资产，贷款担保难。若有条件地允许农民以宅基地使用权作抵押申请贷款，则会在一定程度上扩大农民的融资途径，使很多农户因获得贷款而抓住商机，从而带动农村金融的发展。其四，有条件地转让宅基地使用权有利于解决"三农问题"。在满足集体成员的居住后还有剩余宅基地的情况下，国家通过采取措施允许宅基地流转，深化农村土地产权制度改革，解除剩余劳动力向外转移的后顾之忧，使非集体成员可以通过受让、租用的方式取得宅基地使用权，帮助人们最大化地实现住宅的经济利益，满足其生活需求，从而促进农业结构调整，改善农民进城就业环境，加强城乡之间的沟通和交流，促进社会和谐。①

【相关法律法规及司法解释】

《物权法》

第一百五十三条　宅基地使用权的取得、行使和转让，适用土地管理法等法律和国家有关规定。

《土地管理法》

第六十二条　农村村民出卖、出租住房后，再申请宅基地的，不予批准。

【案例】

案情简介

原告袁某昭，1960年前后移民香港谋生，现为香港永久性居民。原告袁某昭与被告袁某晖是叔侄关系。1984年7月，袁氏家族将位于小榄镇永宁巷的祖屋拆除翻建，原告出资3万余元，被告则负责施工且未出资。双方约定：各占二分之一的房产份额。该诉争房屋未办房产证，其集体

---

①高源：《我国农村宅基地使用权流转问题的探讨》，《重庆工商大学学报》（社科版）2009年第5期。

土地使用权证上载明：土地使用面积为87平方米，房屋建筑面积为250平方米。房屋重建后一直由被告居住。原告退休后于2009年回到老家要求平分房产，但遭到被告拒绝。原告愤而将其告上法庭，要求拍卖上述房产，平分价款，或判给其使用20年。

审理及判决

法院依法对当事人双方诉争的房产进行委托评估，评估结果为：房产总价值442300元，建议拍卖底价为353800元。对于这一评估结果，原告认为估价过高，仅愿在取得诉争房产的情况下，给予被告16万元的折价补偿；而被告则只同意分割一个客厅给原告。

法院审理后认为，因原告并非集体经济组织的成员，其无权获得房屋产权。法院同时认为，考虑到诉争房产系原告出资翻建，故判决该房产归被告所有，被告则补偿8万元给原告。宣判后，原、被告当庭表示服判。叔侄在法官的帮助下重修于好。

分析

宅基地使用权不同于一般用益权，该权利的取得和享有与集体经济组织成员资格紧密相连，具有一定的福利性质和社会保障功能。宅基地使用权的主体应为集体经济组织成员，也只能在本集体经济组织成员之间流转。

本案中，原告系香港居民，不属于集体经济组织成员，依法不享有宅基地使用权。其当初与被告约定通过出资给被告翻建祖屋的方式来获得该房屋所有权二分之一的份额，实际属于“以其他形式非法转让土地”的情形，该约定属无效约定。

按份共有人优先购买权行使

【法理】

一、按份共有人优先购买权的性质界定

依据我国现行法律规定，所谓按份共有人优先购买权，就是指按份共有人在其他按份共有人转让其财产份额时，就该转让份额，在同等条件下享有优先购买的权利。按份共有人优先购买权制度的功能有二：一是保护已经存在的共有关系，维护共有关系稳定和所有共有人的利益；二是避免和减少因共有财产转让而在共有人之间发生纠纷。我国现行《民法通则》《物权法》及相关规定都对按份共有人优先购买权制度予以了明确规定。现行《民法通则》第78条第3款规定："按份共有财产的每个共有人有权要求将自己的份额分出或者转让，但在出售时，其他共有人在同等条件下，有优先购买的权利。"最高人民法院《关于贯彻执行〈中华人民共和国民法通则〉若干问题意见》（试行）第92条规定："共同共有财产分割后，一个或数个原共有人出卖自己分得的财产时，如果出卖的财产与其他原共有人分得的财产属于一个整体或配套使用，其他原共有人主张优先购买权的，应当予以支持。"现行《物权法》第101条规定："按份共有人可以转让其享有的共有的不动产或者动产份额。其他共有人在同等条件下享有优先购买的权利。"

但是，就按份共有人优先购买权的性质问题，现行法律并没有予以规定，而学界亦未达成共识，概括而言，主要有以下几种观点：

1. 期待权说

目前，学界的多数学者认为，优先购买权是一种期待权。具体来说，就是在标的物所有权人（即按份共有人）未将其份额转让时，其他

共有人所享有的优先购买权尚未现实化，只处于期待权的状态。持这种观点的学者认为，按份共有人优先购买权是一种建立在基础法律关系（共有关系）之上的权利，在出卖人将标的出卖给第三人之前，权利仅具备部分要件而应受法律保护，当出卖人将标的出卖给第三人时，权利人才获得完整的优先购买的权利。① 因此，按份共有关系中优先购买权并不是优先购买权利人在任何时候都享有的一种现实权利，其权利表现方式为或然性，只有当其他按份共有人确实将其财产份额转让于第三方时，按份共有人的优先购买权才成为一种实然性权利。

2. 形成权说

持该观点的学者认为，按份共有人优先购买权在性质上应属于形成权。所谓形成权，是指权利人可以自己一方的意思表示使法律关系发生变动的权利。在按份共有关系中，优先购买权人得依一方之意思，形成以义务人（共有财产份额转让人）出卖与第三人同样条件为内容之契约，而无需义务人之承诺。优先购买权人在其他按份共有人出卖自己财产份额时，与其虽没有合同约定，但优先购买权人满足了出卖人所附的“同等条件”情形下，可以完全排除出卖人与第三人签订合同的可能。权利人可据优先购买权通过单方意思表示即在自己与形成权的相对人（义务人）之间成立买卖合同，同时，此项权利的行使以义务人向一个第三人出卖为前提条件。②

有学者进一步认为，按份共有人优先购买权不是绝对的形成权，而是附条件的形成权，出卖人将标的物出卖给第三人是其停止条件。权利的发生与行使属不同层次的概念，应严格加以区分，而义务人将标的卖与第三人是该优先购买权行使的停止条件。③ 持该观点的学者认为，共有关系若不附加上述条件，不符合形成权法律特征，即不能凭自己一方意思表示而直接使法律关系发生变动，但附加条件成熟时，其完全可以对抗共有关系以外的第三人，并完全可以形成与出卖人的转让共有财产

①王利明：《物权法研究》，中国人民大学出版社2002年版，第350页。

②黄文煌：《按份共有人优先购买权制度之适用——〈物权法〉第101条的解释与完善》，《法律科学》2010年第6期。

③王泽鉴：《民法学说与判例研究》，中国政法大学出版社1998年版，第507页。

份额的买卖合同关系。[①]

3. 物权说

持该观点的学者认为，按份共有人优先购买权，能发生对抗第三人的物权效力，但不同于物权的优先效力，具有法定性，本质上是一种独立的物权类型。[②] 按份共有人优先购买权是一项独立物权的理由在于：（1）基于共有关系之上的优先购买权是附随（财产）所有权的，共有关系人在共有财产关系中没有部分所有权也就无所谓优先购买权，（财产）所有权是绝对权，共有关系的优先购买权当然具有物权性质。（2）共有关系的优先购买权具有对抗第三人的效力，是一种法定的物权效力。这在《民法通则》和《物权法》中都有明确的规定。（3）符合物权法定原则。《物权法》第5条规定："物权的种类和内容由法律规定。"由该规定可知，在物权法中予以明确规定的权利应为物权权利。而共有关系的优先购买权则是在《民法通则》和《物权法》中有明确的规定，是对共有人的特定保护。基于以上三点，按份共有人优先购买权应为物权，而非其他权利。

4. 附强制缔约义务的请求权说

持该观点的学者认为，虽然采纳形成权说与采纳附强制缔约义务的请求权说在效力上差别不大，但后者更符合立法创设按份共有人优先购买权的宗旨，有助于维护权利体系内容的统一性。[③] 有的学者则认为，当出卖人将标的物出卖给第三人时，优先购买权人便享有一项请求缔结买卖合同的权利，出卖人则有强制承诺的义务。[④] 由此可见，权利人在行使该权利时，出卖人有强制为承诺的义务，当后者无正当理由拒绝承诺时，前者可依强制缔约的规则提起诉讼并依法强制执行缔约。

5. 复合权利说

持该观点的学者认为，优先购买权不仅仅具有债权的效力，也具有某些物权的效力，且有期待权的性质，更为关键的是，很难将其无异议

---

①范益民：《按份共有人的优先购买权探析》，《烟台大学学报》（哲社版）2011年第4期。

②孙宪忠：《中国物权法总论》，法律出版社2003年版，第84页。

③刘耀东：《共有人优先购买权研究》，《法治论丛》2010年第4期。

④冉克平：《论强制缔约制度》，《政治与法律》2009年第11期。

的界定为三种权利中的一种，因此，是一种兼具物权属性、债权属性及期待权属性的复合权利。

此外，有的学者认为，共有人的优先购买权附随于买卖关系，本质上属于债权。

二、按份共有人之间优先购买权行使的冲突

在按份共有中，可能有多个共有人，若有的按份共有人转让自己的应有份额，有数个其他按份共有人均欲行使优先购买权时，此时应如何处置？现行法律对此并未加以规定，而学者对此问题亦存在较大分歧，主要有以下观点：

1. 由转让人决定

持该观点的学者认为，当有数个按份共有人同时主张行使优先购买权时，应由财产份额的转让人决定由谁来受让该份额。其理由在于：由转让人决定转让份额的受让人，不仅是对出让人意愿的尊重，体现了民事权利的意思自治原则，而且符合共有制度的价值目标。[①]

2. 由主张优先购买权的共有人共同分享

持该观点的学者认为，当有数个按份共有人同时主张行使优先购买权时，应由以上共有人共同分享所转让的份额，具体来说，应按各共有人的份额持有比例进行分享。其理由：（1）他共有人在按份额比例行使优先购买权之后，原共有人之间的份额比例关系没有发生任何变化，最符合其他共有人的原意——原来的份额比例关系是原共有人自己确定的。[②] 共有人优先购买权的立法意旨在限制共有人数的增加，简化共有关系，提高共有物之使用效率。只有由主张先买权之数共有人按其在共有财产中的份额比例分享先买权，方能较好地维护共有关系的和睦，减少纷争，从而提高共有物的经济效用。[③]（2）采取此种行使方式，既体

①甘晓琳：《房屋优先购买权及其竞合在房屋登记中的处理》，《中国房地产》2011年第23期。
②周林章：《按份共有人的份额转让权和份额先买权——兼析物权法第101条》，《社科纵横》2010年第10期。
③刘耀东：《共有人优先购买权研究》，《法治论丛》2010年第4期。

现了相对的公平，也可以避免和减少共有关系中不必要的纠纷。[①]（3）符合世界立法趋势。《德国民法典》第472条规定："二人以上共同享有先买权的，只能作为总体行使之。先买权对于权利人中之一人已消灭，或其中一人不行使其权利的，其余的权利人有权作为总体行使先买权。"《法国民法典》第815-14条第4款规定："数个共有人行使先买权，除有相反的约定外，该数个共有人被视为按各自在共有财产中的比例取得出卖部分。"《澳门民法典》第1308条第3款规定："如有两名或两名以上行使优先权之人，则被转让之份额按各人所占之份额比例判给之。"（4）我国亦有相关立法例可资借鉴。如《公司法》第72条第3款规定，"两个以上股东主张行使优先购买权的，协商确定各自的购买比例；协商不成的，按照转让时各自的出资比例行使优先购买权。"

3. 当事人共同协商

持该观点的学者认为，当有数个按份共有人同时主张行使优先购买权时，应由所有共有人协商决定，即由三分之二以上多数人决定转让份额的受让人。其理由：（1）充分体现了意思自治这一民法基本原则。（2）有利于共有人之间的和谐相处，减少纠纷的发生。（3）有利于共有的其他具体制度相协调。《物权法》第97条规定，处分共有的不动产或者动产及对共有的不动产或动产作重大修缮的，应当经占份额三分之二以上的按份共有人或者全体共有人同意，共有人之间另有约定的除外。

4. 抽签决定

持该观点的学者认为，当有数个按份共有人同时主张行使优先购买权时，且当事人之间就此并没有事先或事后约定时，应通过抽签以决定该转让份额的受让人。其理由在于：（1）该方法不仅体现了平等性且简便易行，还可以减少不必要的纠纷。[②]（2）与相关实践做法相一致。据最高人民法院法释（2004）16号《最高人民法院关于人民法院民事执行中拍卖、变卖财产的规定》第16条第2款规定："顺序相同的多个优先购买权人同时表示买受的，以抽签方式决定买受人。"

5. 由最先主张权利的人行使

---

①韩晓艳：《共有人的优先购买权制度探析》，《经济视角》2011年第8期。

②戴俊勇：《按份共有人优先购买权的理论与实务探析》，《民事程序法研究》2008年第1期。

持该观点的学者认为，数个共有人均主张优先购买权时，如果数人主张先买权之时间有先后之分，此时应认为由最先主张权利的共有人享有优先购买权，主张在后的权利人此时不能行使优先购买权。因为先买权一经行使，即在出卖人与先买权人之间成立出卖人与第三人同等条件下的买卖关系。①

四、与善意取得的冲突处置

在按份共有财产的处置，可能会因转让人的疏忽，而导致其他按份共有人的优先购买权与善意取得制度发生冲突。具体来说，就是如果转让人在转让其财产份额时因疏忽或故意而没有通知其他按份共有人，径行与不知情的善意第三人达成转让协议，当其他按份共有人主张优先购买权时，是应该保护善意第三人的权利，还是应该保护按份共有人的优先购买权？学界对此问题主要存在以下三种观点：

1. 保护善意第三人

持此观点的学者认为，在按份共有人优先购买权与善意取得发生冲突的情况下，应保护善意第三人，由其取得转让人所转让的财产份额。其理由在于：从保护交易安全、鼓励交易发生的立法目的看，应保护第三人的善意取得。《物权法》第106条规定："无处分权人将不动产或者动产转让给受让人的，所有权人有权追回；除法律规定外，符合下列情形的，受让人取得该不动产或者动产的所有权：（1）受让人受让该不动产或者动产时是善意的；（2）以合理的价格转让；（3）转让的不动产或者动产依照法律规定应当登记的已经登记，不需要登记的已经交付给受让人。受让人依照前款规定取得不动产或者动产的所有权的，原所有权人有权向无处分权人请求赔偿损失。当事人善意取得其他物权的，参照前两款规定。"而行使优先购买权的共有人依照上述规定请求转让人赔偿损失。

2. 保护按份共有人

持此观点的学者认为，在按份共有人优先购买权与善意取得发生冲

①刘耀东：《共有人优先购买权研究》，《法治论丛》2010年第4期。

突的情况下，应保护主张优先购买权的按份共有人，由其取得转让人所转让的共有财产份额。其理由在于：其一，共有人优先购买权是法律设定的保护共有人的一项重要权利，具有物权性质。而善意取得第三人与转让人是基于债权而取得物权，并且《物权法》第106条规定善意取得第三人符合三项情形取得动产或不动产的所有权的限制条件为“除法律另有规定外”。既然法律已经规定共有人具有优先购买权，就应首先保护共有人的优先购买权。其二，保护按份共有人优先购买权，有利于维护共有关系的稳定，契合共有制度的目的。

3. 折中说

持该观点的学者认为，在按份共有人优先购买权与善意取得发生冲突的情况下，应视转让标的的性质不同而区别对待。具体来说，如果转让的共有财产份额为不需要登记的动产，应认定转让人与第三人的转让合同有效，若转让的共有财产份额为需要登记的动产或不动产的应认定第三人与转让人的合同无效。其理由在于：（1）针对不需要登记的动产，要对第三人设定过多的注意义务，无疑增加了交易成本，同时也不利于交易安全。此时针对不需要登记的动产在第三人符合《物权法》106条规定的情形下，应保护其所有权的取得。共有人针对不需要登记的动产，在市场流通中再重新取得也并非难事。因此，共有人优先购买权应让位于第三人的善意取得。（2）针对需要登记的动产和不动产，共有人较之于对不需登记的动产其尽的管理义务较多，与之联系较第三人更为紧密，其重新取得也更为困难，针对上述两项财产应确认转让人与第三人的转让合同无效，应优先考虑共有人的优先购买权。①

【相关法律法规及司法解释】

《物权法》

第九十四条　按份共有人对共有的不动产或者动产按照其份额享有所有权。

①范益民：《按份共有人的优先购买权探析》，《安徽商贸职业技术学院学报》（社科版）2008年第2期。

第一百零一条　按份共有人可以转让其享有的共有的不动产或者动产份额。其他共有人在同等条件下享有优先购买的权利。

第一百零六条　无处分权人将不动产或者动产转让给受让人的，所有权人有权追回；除法律另有规定外，符合下列情形的，受让人取得该不动产或者动产的所有权：（一）受让人受让该不动产或者动产时是善意的；（二）以合理的价格转让；（三）转让的不动产或者动产依照法律规定应当登记的已经登记，不需要登记的已经交付给受让人。受让人依照前款规定取得不动产或者动产的所有权的，原所有权人有权向无处分权人请求赔偿损失。当事人善意取得其他物权的，参照前两款规定。

【案例】

案情简介

陈某和王某是好朋友，二人共同投资开办了一个超市。双方约定，陈某出资8万元，王某出资6万元，由陈某负责经营，利润按投资比例分享，若亏损则由双方按比例分担。但该超市开业一年后，经营状况十分不景气，几乎没有盈利。王某认为陈某不会经营，同时又怀疑陈某在财务上动了手脚，遂提出散伙。陈某称可以解除合伙关系，但超市他要继续经营，陈某愿出8万元买下王某拥有的份额。王某由于恨陈某不讲交情，决定将自己的份额出售给他人，就是不愿意卖给陈某。最后，王某以7万元的价格把自己的份额卖给了张某。陈某认为王某不应该把其份额出售给张某，因为自己同王某是合伙关系，合伙关系解散后，依照法律的规定，自己在同等条件下对王某的份额有优先购买权，所以王某同张某的买卖行为应当视为无效。陈某遂向人民法院提起诉讼，要求确认王某与张某的买卖行为无效，王某应当将其份额出售给自己。

审理及判决

人民法院受理此案后经审理认为，陈某与王某共同出资开超市是合伙关系，王某提出散伙后，根据我国民事法律的有关规定，王某出售其合伙份额，在同等条件下，陈某有优先购买权。且陈某愿意出8万元购买，而王某却以7万元的价格卖给了张某，其行为违反了我国民事法律的规定，故最后判决：确认王某将其份额出售给张某的行为无效，陈某在法律上具有优先购买权。

分析

依据我国现行《民法通则》第78条第3款规定：按份共有的财产的每个共有人有权要求将自己的份额分出或者转让。但在出售时，其他共有人在同等条件下，有优先购买的权利。而《物权法》第101条也规定：按份共有人可以转让其享有的共有的不动产或者动产份额。其他共有人在同等条件下享有优先购买的权利。由以上规定不难看出，按份共有人对共有财产使用和处分是要受到相应限制，按份共有人有权处理自己的份额，即每个共有人有权要求将自己的份额分出或者转让，但在出售时，在同等条件下，其他共有人有优先购买的权利。所谓将自己的份额分出或者转让，应当包括按份共有人在其死后将自己的份额作为遗产为继承人所继承，将自己的份额赠与他人、与他人互易，或者按份共有人将自己的份额出售。所谓优先购买权，是指按份共有人要出售自己的份额时，应将出售的价格和其他条件告知其他的共有人，在同等条件下，其他共有人有权优先购买。但行使优先购买权的共有人不得损害出售自己份额的共有人的利益。

在本案中，陈某与王某共同出资开超市，而且双方按出资比例承担风险、分享利益，虽然超市由陈某经营，但根据我国民事法律的规定，他们已形成合伙关系。共同出资为二人的共有财产，双方按比例分担风险、分享利润，二者又形成按份共有关系。当王某提出解除合伙关系时，王某有权处理自己的份额，但其处理自己的份额时，应照顾到陈某的利益。在陈某提出购买他的份额时，如果没有条件更优者，王某就应将其份额出售给陈某。而王某因对陈某有意见，在陈某出价高于其他购买者的情况下，王某还是把其份额以低于陈某报价的价格出售给他人，是违反了我国《民法通则》及《物权法》的相应规定的，王某将其份额出售给张某的行为是无效的，应该予以撤销，故人民法院所作的确认王某出售行为无效的判决是正确的。

拾得遗失物的处置

【法理】

遗失物制度尽管在整个民法体系中并非基础性制度，但其有着重大的实践意义和道德影响。随着市场经济不断发展，民事主体占有财产的日益增多和财产形式的拟制化趋势，遗失的风险也在不断增大。此外，遗失物制度是一个法律与道德交相调整的特殊领域，对良好道德风尚的形成和和谐社会秩序的建立有着重要的影响。

2007年颁布并实施的《物权法》对《民法通则》在遗失物制度存在的一些突出问题作出了改进，突出体现在以下几个方面：（1）赋予了拾得人以必要费用请求权。《物权法》第112条规定了拾得人的必要费用请求权，该费用除包括直接性支出（如车费、广告费）外，还包括一些间接性损失（如保管费）。这一规定在一定程度上矫正了拾得人权利义务长期不相称的状况。（2）赋予了拾得人特定情形下的留置权。依据《物权法》第230条的规定：领取人拒不支付拾得人、保管部门为保管遗失物所支付的必要费用，或者承诺给拾得人报酬的，拾得人、保管部门可以行使留置权。这从程序上保障了拾得人权利，大大降低了拾得人因害怕损失而对遗失物不作为的可能性。（3）对拾得人报酬请求权进行了“有限突破”。依据《物权法》第112条第2款规定：“权利人悬赏寻找遗失物的，领取遗失物时应当按照承诺履行义务”，这一条款“有限突破”了对拾得人报酬请求权的长期漠视，对拾得人积极归还遗失物具有促进作用，也体现了意思自治这一民法基本原则。（4）对遗失物的权属问题进行了明确规定。其一，权利人并不因遗失而丧失权利。《物权法》第107条第1款规定，所有权人或者其他权利人有权追回遗失物。《物权法》第109条规定，拾得遗失物，应当返还权利人。拾得人应当及时通知权利人领取，或者送交公安等有关部门。其二，明确遗失物不适用善意取得。《物权法》第107条规定，遗失物通过转让被他人占有的，权利人有权向无处分权人请求损害赔偿，或者自知道或者应当知道受让人之日起二年内向受让人请求返还原物。

遗失物制度是物权法中的重要内容，具有重大的理论与实践意义，是备受民众关注的重大理论与实践问题，对于遗失物制度的构建，学界对其多个方面均存在争议。《物权法》颁布实施并未终止学界对于遗失物制度的理论争议，甚至在一定程度上加剧了这种争论。

一、是否享有报酬请求权

遗失物拾得人是否就遗失物的保管及返还享有报酬请求权？现行《物权法》赋予了拾得人在特定情形下的报酬请求权。但是，就该问题，学界仍存在较大争议。

1. 否定说

持该观点的学者认为，若无遗失人的事前承诺，遗失物拾得人仅享有必要费用的请求权，而无权就遗失物的保管、归还而向遗失人请求支付相应报酬。该种观点获得了立法肯定，我国《物权法》没有规定拾得人的报酬请求权，只是按照合同法的相关规定和精神，规定“权利人悬赏寻找遗失物的，领取遗失物时应当按照承诺履行义务”。

其理由：（1）拾金不昧是一种崇高的道德风尚，是应当弘扬的中华传统美德。如果立法规定拾得人报酬请求权，则与我们的传统道德理念背道而驰，使拾金不昧行为也有世俗功利之嫌。因此，从公共道德的角度讲，拾金不昧不能有偿。①（2）赋予拾得人以报酬请求权，会使那些贪图私利的人在拾得遗失物后，借机向失主索要高额报酬，并可能会因此引发系列纠纷，不利于社会稳定和社会主义和谐社会的构建。

2. 肯定说

持此观点的学者认为，拾得人除了享有必要费用请求权外，还有权要求遗失人就遗失物的保管、归还请求相应的报酬，而不问遗失人是否

①王陈平、张小玲、刘倩：《关于遗失物拾得制度的思考》，《法制与社会》2010年第19期。

在事前表示过相应的有偿归还意思表示。

其理由在于：（1）规定遗失物拾得人的报酬请求权是符合经济学原理的，顺应了市场经济潮流，有利于实现遗失物权利人和拾得人双方利益的最大化。一方面它有利于提高遗失物的返还率，保护遗失物权利人的财产利益；另一方面拾得人也在追寻自己的利益最大化，而获得报酬则正好能满足其利益追求。（2）确立遗失物拾得人的报酬请求权，符合我国现阶段的道德水平。中国的文化传统在本质并不拒斥拾金不昧者获得报酬的正当性，只是在形式上不能是求报，而只能是得报。造成这种分离的原因是对传统中国人的行为、观念影响深远的义利观和施报观。[①] 法律的生命力根植于社会现实的土壤中，法律必须与社会现实保持最大限度的亲和力，才能最大程度地发挥它自身的效能。（3）符合民法权利义务相统一的理念。在民事法律关系中，权利义务应该是统一的。既然法律对拾得人课以多种义务，拾得人保管、保存、联系失主或上交公安机关中需要花费时间、付出劳动，故拾得人要求给付报酬是合情合理的。有义务就应有权利，有付出就应有回报。（4）遗失人理应为其疏忽而承担相应责任。[②] 从一定意义上讲，遗失人向拾得人支付报酬是为此前自己的管理疏忽负责，而且这能够在客观上间接促使财物的占有人妥善谨慎地保管好自己的财物，避免和减少遗失现象的发生。若拾得人无权就遗失物的拾得、保管等事由请求相应报酬，而由其将遗失物无偿归还于遗失人，后者会因未就其过错而承担任何责任，而仍对其财物疏于管理，或致财物再次遗失也未可知。

有的学者进一步指出，拾得人有权要求遗失人就遗失物的保管、归还请求相应的报酬，但必须要有所限制，以实现道德与法律的平衡。（1）法律赋予拾得人报酬请求权，但应以“度”为制约，否则欲望的洪水将冲破道德的堤坝。我国传统道德正处于转型时期，现代民法理念所夹带的道德意识与我国传统道德的冲突与融合是不可避免的。我们应当强调道德信念内趋力与利益驱动力的统一。决不能片面强调某一方面的

①翁才敏：《从“拾金不昧”到“拾金求报”的社会学思考》，《中国青年研究》2005年第9期。

②袁波文、丘毅：《〈物权法〉关于拾得遗失物制度的亮点与不足》，《法制与社会》2008年第8期。

作用，实现矛盾统一的关键是寻找道德与利益的平衡点。道德与利益的平衡点在于报酬数额比例的合理确定。如果报酬数额比例过低，则利益驱动力在促进遗失物返还之债的履行和拾得人利益保护上将不能起到应有作用。如果报酬数额比例过高，又将成为不道德的诱因。我国报酬请求权的数额比例应在5%以上，但最高不宜超过10%。（2）在立法上应当列举排除报酬请求权适用的例外情况。[①] 具体来说，应包括以下几种情形：①有特定的保护公民财产权、法人财产权职责的人或机构不享有报酬请求权。②在特定的民事法律关系中，对他方财产负有照顾义务的一方当事人，不享有报酬请求权。③不尽通知、报告义务，或于受领权人询问时隐瞒拾得事实的，不得享有报酬请求权。④失主经济有特殊困难，报酬支付将陷失主于困境时，应免除失主给付报酬的义务。⑤因自己的错误而占有的他人遗忘物，不得享有报酬请求权。

二、无人认领遗失物的归属

对于经过法定期间仍无人认领的遗失物应该如何处置？理论界还存在不同认识。

1. 归国家所有

持该观点的学者认为，对于经过法定期间无人认领的遗失物应归国家所有。这种主张与我国的现行立法和长期的实践做法相一致。其理由在于：（1）符合我国的社会传统观念，无人认领的遗失物归国家所有的原则已深深植根于公民的法律观念之中，拾得他人之物占为己有是有违社会主义公德的。（2）拾得人在遗失物上所支出的费用得到偿还并取得了法定报酬以后，已足以平衡由遗失物拾得引起的权利义务关系，如果将无人认领的遗失物归于拾得人所有，将导致权利义务的天平重新倾斜，尤其是当遗失物价值巨大时，这种情况便更加突出。

2. 归拾得人所有

持此观点的学者认为，对于经过法定期间仍无人认领的遗失物应归

---

①孙毅：《道德理想与世俗规范的交融——关于遗失物拾得立法的几点思考》，《学术交流》2003年第11期。

拾得人所有。

持该观点的学者对归国家所的主张进行了全面批判，认为其存在以下重大弊端：（1）拾得物归国家所有在一些情况下与实际生活严重不符。如小学生在上学路上拾到一个煮熟的玉米，按照现行立法，遗失物无人认领时，作为无主财产收归国家所有，虽然合法，但却没有任何意义。（2）拾得物归国家所有是对人的行为提出的过高要求。拾得人即使拾得价值极小之物，如一分钱硬币，也不能取得其所有权，而应将其返还于遗失人或交给国家，不用说普通之人，就是具有较高思想觉悟之人，也实难做到，其结果，使法律的规定形同虚设。[①]（3）拾得物归国家所有不利于财物的有效利用。市场经济的发展要求法律保护交易安全，加快财产流转速度，提高财产的利用率。而国家对遗失物享有优先取得权的法律制度不符合市场经济的要求。因为，在国家取得无人认领的遗失物所有权之后，往往不能及时地使之物尽其用，实现使用、收益、处分的经济效益。而如果由拾得人占有，拾得人将会很快将该财产投入使用，融进市场流通中，充分发挥其经济效益。相比之下，拾得人优先取得无人认领遗失物更适应市场经济发展的要求。[②]（4）拾得物归国家所有有违社会公平。在私法领域，国家作为一个主体存在，不应该享有任何特权，国家无偿取得无主遗失物的所有权是对权利与义务相统一原则的破坏，加剧了国家与公民之间的不信任。[③]（5）无人认领的遗失物归国家所有不能激励拾得人拾得、上缴遗失物。遗失物倘若有人认领则归权利人，若无人认领则归国家，于拾得人无甚利益关系，这在很大程度上会打击人们拾得遗失物并向有关机关报告的积极性，[④]近年来某些地方的失物招领部门的相关数据也显示出了这种制度弊端。

持该观点的学者认为，经过法定期间无人认领的遗失物归拾得人所有实际上是对拾得人利益的一种补偿。即在多数情况下，拾得人在法定

---

①杨海湧：《关于遗失物拾得制度的法律思考》，《湖南农业大学学报》（社科版）2003年第3期。

②蒋慧、黄明艳：《我国遗失物拾得制度存在的不足及完善》，《当代法学》2001年第2期。

③张礼强：《〈物权法〉关于拾得遗失物制度的缺陷与完善》，《华北水利水电学院》（社科版）2009年第1期。

④解静：《论我国的遗失物拾得制度》，《科技信息》2011年第18期。

期间内，就遗失物除了支付必要的保管费用，还很有可能为寻找遗失人而支付包括信息发布费等在内的其他费用，经过法定期间后遗失物仍无人认领，将其认定为归拾得人所有，实际上是对拾得人相应付出的一种补偿，是对其拾金不昧行为的一种表彰。

3. 折中说

持该观点的学者认为，遗失物经法定期间后仍无人认领的，不宜直接界定为归国家所有，或归拾得人所有，而应视具体情况而定。具体来说，应以遗失物价值的不同来确定所有权归属：价值低于法定界线的，由拾得人取得该遗失物的所有权；价值高于法定界线的，应当向有关机构提存，经过公告招领于法定期限无人认领者，所有权归国家享有，而拾得人有权取得相应报酬。[①] 而有的学者则进一步认为，遗失物价值在10000元之下者，归拾得人所有；价值在10000元以上者，一半归拾得人所有，另一半由国家以拾得人之名义捐献给慈善机构。不可分之物，由拾得人支付相应金额后方能取得遗失物所有权。但主观价值（主观价值包括精神寄托、特定情怀等内容，如亲人遗物虽经济价值不高，但精神寄托价值却极高，尤其是唯一性的遗物）之遗失物不受此规则之限制，无论价值大小一律归拾得人所有。这样既给予了拾得人充分的奖励，又有利于善良风气之形成。[②]

三、遗失物能否留置

遗失人在请求拾得人返还遗失物时却不同意支付相应费用及约定报酬时，拾得人是否有权留置遗失物？现行《物权法》对此进行了有限承认，但理论界还存在不同认识。

1. 可以留置

持该观点的学者认为，遗失人在请求拾得人返还遗失物时却不同意支付相应费用及约定报酬时，拾得人有权留置该遗失物。其理由在于：（1）留置有利于激励拾得人的积极性。拾得人如果对基本的为保存物的

---

①周俊生：《我国现行遗失物拾得立法的问题及完善》，《法制与社会》2011年第22期。

②张逸：《“高歌猛进”还是“审慎前行”——法价值视角下的拾得人权利研究》，《法制与社会》2007年第5期。

正常状态而支出的必要费用都无法保障，而全赖权利人的自觉履行，拾得人则很难有尽职承担善良管理人责任的积极性，最终并不利于原权利人物的回归和保护。（2）留置是对拾得人合法权益的保障。[①] 为遗失物支出的必要费用和财产，对拾得人来说，同样是合法的财产权利，而对遗失物予以留置则是对拾得人合法权益的应有保障。此外，物的遗失往往是由于失主的疏忽大意造成的，失主对此并非毫无责任。

2. 不能留置

持该观点的学者认为，遗失人在请求拾得人返还遗失物时却不同意支付相应费用及约定报酬时，拾得人无权留置该遗失物，其费用和报酬请求权可通过诉讼或其他合法方式实现。

其理由在于：（1）这是由遗失物制度的价值目标所决定。遗失物制度的价值目标决定了其是一个义务先行的制度，拾得人只有履行了返还或提存义务才能主张权利。[②] 拾得人返还拾得物是其法定义务，行使留置权与其所承担的义务相抵触。（2）与我国的道德观念不符，有违社会善良风俗。我国的社会观念与道德传统不能容许将拾得物返还与获得报酬视为一种对待给付的交易关系，因此，不应赋予拾得人有此种留置权。[③] 拾金不昧是我们的传统美德，因未支付报酬就拒还拾得物，人们在感情上难以接受。（3）与留置权的性质不符。留置作为一种法定担保物权，仅适用合同关系，留置适用的前提条件是当事人之间存在着合法的合同关系，当债务人不按照合同约定的期限履行债务时，债权人有权留置该财产。如果在遗失物返还问题上赋予拾得人留置权，则突破了传统的留置权的适用范围，即不仅仅适用合同关系。（4）适用留置存在操作难题。留置权是债务人在一定期限内不履行债务，债权人才可行使留置权。在合同关系中当事人可事先约定债务履行期限。但在拾得物问题上，当事人不可能事先约定履行期限，这样适用留置的前提就不存在。

---

①张丽琴：《对我国拾得遗失物制度中拾得人权利的完善的探讨》，《经济师》2010年第8期。

②张逸：《“高歌猛进”还是“审慎前行”——法价值视角下的拾得人权利研究》，《法制与社会》2007年第5期。

③孙毅：《道德理想与世俗规范的交融——关于遗失物拾得立法的几点思考》，《学术交流》2003年第11期。

（5）适用留置不利于发挥物的效用。有些物品仅对失主有价值，对他人没有丝毫用处，拾得人留置之后不能拍卖、变卖，留置也就变得毫无意义。[①] 因此，由失主尽快取回遗失物，有利于充分发挥该物的效用，而由拾得人留置该遗失物，则是对该物效用发挥的极大限制。

四、遗失物是否适用善意取得

在遗失物是否适用善意取得的问题上，学界存在不同看法：

1. 不适用善意取得

持该观点的学者认为，遗失物不适用善意取得。遗失人有权向善意取得人请求返还原物，善意取得人应当返还，善意取得人返还后可以向让与人追偿。其理由在于：（1）遗失物制度存在拾得人的法定返还义务问题，且是与社会公序良俗有密切关系，因此，不应适用善意取得。（2）遗失物是特殊的财产，在保护善意占有人的同时，更应保护所有人，因此，不宜适用善意取得制度。为实现当事人利益的均衡保护，可由非法出让人赔偿善意占有人的损失。

2. 适用善意取得

持该观点学者认为，遗失物适用善意取得制度。

其理由在于：（1）遗失物与赃物不同，不存在公共秩序的维护问题，可以适用善意取得。（2）遗失物在交易中与其他商品无异，为保护交易安全，只要符合善意取得的形式要件，就应当适用善意取得制度。（3）如果绝对的否定善意取得，那么遗失物被拍卖或变卖就得不到合法的支持。[②] 对于通过公共场所进行合法拍卖或变卖的遗失物，必须适用善意取得制度，承认买受人取得所有权，原所有权人除非向善意受让人清偿支付的代价，否则无权请求返还原物。

3. 折中说

持该观点的学者认为，在大多数情况下，遗失物与赃物一样，不应适用善意取得，原因在于善意取得的要件包括：不法处分人占有财产是

---

①王艳玲：《遗失物立法中的几点思考和建议》，《河北法学》2004年第4期。

②罗美：《试论对遗失物权利的取得》，《理论界》2011年第12期。

基于原权利人的意思，但拾得者占有遗失物并不是失主的自由意志，只是失主因一时疏忽的过错而暂时失去了物的占有权。因此，所有人可以基于物上请求权要求即使是善意的受让人返还原物，而受让人不得以善意取得进行抗辩，只能在返还原物后向无权处分人要求返还价金，赔偿损失。在少数情况下，如货币、票据，或者通过竞买方式和交易所方式取得的遗失物就可适用善意取得，这样更利于保护善意受让人的合法权益，也不致损害失主的有效利益，还有利于维护一种安全信赖的交易秩序。[①] 此种情况下原所有人只能要求无权处分人赔偿损失，而不能要求善意受让人返还原物。

【法律法规及相关司法解释】

《物权法》

第一百零九条　拾得遗失物，应当返还权利人。拾得人应当及时通知权利人领取，或者送交公安等有关部门。

第一百一十二条　权利人领取遗失物时，应当向拾得人或者有关部门支付保管遗失物等支出的必要费用。权利人悬赏寻找遗失物的，领取遗失物时应当按照承诺履行义务。拾得人侵占遗失物的，无权请求保管遗失物等支出的费用，也无权请求权利人按照承诺履行义务。

【案例】

案情简介

2009年7月9日上午，王小姐到丰台区安安市场办事，在下车时不慎将一枚价值4.6万余元的钻戒丢失。王小姐发现后马上报警，民警调取了事发地点的监控录像，监控录像显示是经过此处的张先生及其女友拾得了钻戒。之后，警方及王小姐通过各方途径，找到张先生及其女友。张先生及其女友承认当时确实捡到了一枚钻戒，但是二人均以为该钻戒为假货，于是就随手扔掉了，因此对王小姐归还钻戒的请求表示拒绝。王小姐对张先生及其女友的答复不能接受，于是将二人起诉至顺义区人民

---

①李环：《浅论拾得遗失物的相关法律问题》，《宜宾学院学报》2005年第7期。

法院。在起诉中，王小姐提供了购买戒指的发票以及事发当场的监控录像，据此要求张先生赔偿其钻戒损失4.6万余元。在庭审中，张先生及其女友辩称，张先生当天确实捡到了一枚白色戒指，并随手交给了女朋友，女朋友起初将戒指放在包里，去银行办理完业务后，他们把戒指拿出来仔细看了一下，当时认为是假的，也没想到是别人遗失的，就随手扔了。张先生及其女友辩称，如果当时没有扔，他们一定会返还王小姐。

审理及判决

一审法院认为，张先生及其女友在拾得王小姐所丢失的钻戒时，负有妥善保管之义务，若其不便保管，则应将其交至有关机构，在本案中，张先生及其女友明显违背了这一义务，并由此给王小姐造成了相应经济损失。因此，判决张先生赔偿王小姐钻戒损失4.6万元。张先生及其女友不服判决，遂提起了上诉。市二中院审理后认为，根据《物权法》的规定，拾得遗失物，应当返还权利人。拾得人应当及时通知权利人领取，或者送交公安等有关部门。在此之前，拾得人应当妥善保管遗失物，因故意或者重大过失致使遗失物毁损、灭失的，应当承担民事责任。因此，作出驳回上诉，维持原判的裁定。

分析

在本案中存在以下几个问题，需要进行分析：

1. 抛弃物与遗失物的辨别。张先生及其女友在本案中辩驳的主要理由是，其经过仔细观看后，认为该钻戒是假货，由此推断，该钻戒应为抛弃物，而非遗失物。由此认为，其再次抛弃的决定并无不妥，因而也不应该对王小姐的损失承担赔偿责任。从我国现行法律规定来看，虽然法律对于遗失物、抛弃物都进行规定，但法律并未对二者的内容进行规定，也并未对二者的区别进行规定。但是，很多学者对遗失物都给出了自己的定义。王泽鉴先生认为："遗失物者，指无人占有，但为有主之动产。"史尚宽先生认为："遗失物，谓不属任何人占有，而未成为无主之物。"谢在全先生认为："遗失物者，系指非基于占有人之意思而丧失占有，现又无人占有且非为无主之动产。"结合各个学者对遗失物所下的定义来看，构成遗失物需要有四个要件：遗失物须为有主的动产；须为占有人丧失占有；占有的丧失非出于占有人的本意；遗失物现在须处于无人占有的状态。根据本案的情况，张先生及其女友捡到的这枚戒指是有主物，其所有人是王小姐，并且戒指是王小姐不慎丢失的而非她自己抛弃的，因此戒指是遗失物而不是抛弃物。区分遗失物和抛弃物最主要的是取决于原所有权人的意志，所以在现实生活中物的占有人或者拾得人有时会难以判断其占有或拾得的到底是无主物还是遗失物。

2．张先生及其女友是否具有主观故意。张先生及其女友丢弃戒指的行为构成了侵权行为，但张先生及其女友作为普通人，不具备珠宝的鉴赏能力是非常正常的，所以他不可能意识到丢弃一枚“假戒指”会产生的后果。他们丢弃戒指的行为源于他们对自己行为所产生的结果的认识上存在偏差，并不是其故意要将一枚戒指丢弃。因此，张先生及其女友的行为只能定性为过失，而不能定性为故意。

3．张先生是否应该全额赔偿王小姐的损失。根据《物权法》第111条的规定：“拾得人在遗失物送交有关部门前，有关部门在遗失物被领取前，应当妥善保管遗失物。因故意或重大过失致使遗失物毁损和灭失的，应当承担民事责任。”张先生及其女友作为戒指的拾得人必须对遗失物妥善保管，拾得人与遗失物的权利人之间的法律关系，应当按照无因管理的一般规定处理，即拾得人应负善良管理人的注意义务。张先生及其女友虽然丢弃了戒指但是并不是怀有恶意的，他们本质上还是属于善良管理人范畴的，因此即使张先生及其女友对王小姐的损失要承担相应的法律责任也不应该是全额赔偿王小姐的损失。如果让张先生及其女友全额赔偿王小姐的损失未免显得法律对拾得人的义务规定得过于严格和苛刻了。这样下去再也没有人敢去捡拾路边的东西，因为这样很可能给自己带来麻烦并且使自己的财产受到损失。而让遗失物一直处于遗失的状态对于权利人找回遗失物也是不利的。由此来看，法院对该案的定性不存在问题，但在赔偿责任的确定上，对于张先生及女友过于严苛，有违遗失物制度的立法目的及社会公平理念。

空间权

【法理】

一、空间权简述

1. 概念

空间权是指于空中或地中横切一断层面而享有的权利，或对土地地表上下一定空间范围而享有的权利。我国现行法律法规中并没有单设空间权，而是将其纳入到土地他项权利中。调整空间权的专门立法在我国大陆尚属空白，仅存在规范空间利用的单行法和一些地方文件，如1996年10月29日第八届全国人民代表大会常务委员会第22次会议通过的《中华人民共和国防空法》。1997年10月27日建设部令第58号发布了《城市地下空间开发利用管理规定》，规定了城市地下空间的规划、工程建设及工程管理，为加强对城市地下空间开发利用的管理，合理开发城市地下空间资源提供了法律依据等。然而，相对于我国空间利用的现状及未来开发利用空间的可能性，这些法律规范明显不足。

2. 特征

空间权具有以下几个特征：（1）依附性。空间权是依附土地使用权的一种用益物权。（2）多层性。空间权有地表空间权、地上空间权、地下空间权之分。《物权法》规定的空间权不仅有横向的概念，而且有纵向的概念。（3）独立性。即《物权法》规定的空间在法律和使用上可以相对独立于土地而存在，其性质属用益物权。空间权在支配上和经济价值上都具有相对独立性。（4）有限性。有限性表现为建设用地使用权人在建设用地上建设建筑物、构筑物的高度和地下建筑物、构筑物的深度都要按规划规定，并不是任意而为。[①]

3. 意义

空间权是一项重要的不动产财产权，创立空间权具有重要的现实和历史意义：（1）创立空间权为解决土地资源日益缺乏和合理利用土地资源提供法律保障。（2）法律确认空间权有利于合理开发和利用空间。（3）法律确认空间权，有利于提高空间财产的使用和利用效益。（4）确认空间权，有利于保护土地所有权人或使用权人所享有的空间权，保障空间权的正当行使，为了使土地所有权人、土地使用权人和第三人所享有的空间权能够不受侵害，必须要赋予其空间权具有物权的效力，从而使其能够有效地对抗第三人，以保障土地所有权人或使用权人正当行使空间权。（5）法律上确认空间权将为不动产登记机关实行空间权的登记提供法律依据。（6）空间权的确认，对于有效地解决实践中遇到的空间权纠纷十分必要。[②]（7）空间权制度的建立对于完善我国民法体系，健全物权制度有积极的促进作用。

二、空间权是否为一项单独物权

空间权是否为一项单独物权，这是关系到空间权制度如何构建的核心问题，但是，在学界，就这一关键问题还存在很大分歧。

1. 肯定说

持该观点的学者认为，空间权是一种独立的用益物权类型。与土地一样，在空间上面可以设立用益物权，甚至担保物权，当然也可以单独或与土地使用权一起转让。[③] 王利明教授所主持编写的物权法草案建议稿，将空间利用权作为与土地使用权、农村土地承包经营权、宅基地使用权、地役权、典权和特许物权相并列的用益物权类型，并专以一节对其进行了规定。

持肯定说的学者认为，将空间权作为独立的物权看待，不仅具有必

①梁梦茵：《关于我国空间权问题的思考》，《资源导刊》2008年第9期。
②苗延波：《关于我国物权法中是否规定空间权的思考——兼评〈物权法〉（草案）中关于空间权的规定》，《河南省政法管理干部学院学报》2005年第6期。
③姜瑜：《独立空间权制度之构建》，《赤峰学院学报》（汉文哲社版）2011年第7期。

要性，而且也具有可能性，其原因在于：（1）空间权可以与建设用地使用权相分离，在建设用地使用权确定之后，国家可以基于公共利益的需要而利用建设用地使用权人的地上、地下空间，也可以基于有效地利用空间资源的需要而许可他人对建设用地使用权人的地上、地下的空间进行利用。（2）确立空间权为独立物权能明晰权属，有助于加强保护空间利益。这不但可以减少空间权利益应得主体的损失，更可以提高空间利用率，挖掘提升空间权的潜在价值。同时，也只有空间权作为独立的物权，才可以对抗第三人，保障空间权的正当行使。[①]（3）空间利用权的取得和行使与土地使用权基本相同，同样要经过立项、规划审批、土地使用审批等手续，并符合权利登记的要求。空间利用权一旦依法取得，权利人即可以建设建筑物或其他公共设施为目的，对特定范围内的空间进行开发利用，其行使权利的方式和效果与一般建设用地使用权无实质性差别。（4）空间权已经具备了物权的基本特征，可以成为一项独立的物权。一方面，空间权的内容主要是指对特定空间的利用，而这种权利的内容也具有物权的支配和排他性等效力；另一方面，空间通过规划可以确定相应的范围，权利人可以实际上支配特定的空间。[②]（5）在空间（利用）权依法设立并独立存在的情况下，其客体无论是地上空间还是地下空间，权利人对其享有的权利仍以支配权为核心，以占有、使用、收益为权利行使的基本形式，具有明显的排他性。（6）空间（利用）权具有价值和使用价值，在市场经济条件下，能够作为财产在不同的权利人之间流转，并可适用财产归属和流转的一般法律规则。[③]

2. 否定说

该说主张，空间权不是一项新的用益物权。梁慧星先生认为："空间权并不是物权法体系中一个新的物权种类，而是对在一定空间上所设定的各种物权的综合表述。"基于这一认识，在其《中国物权法草案建议稿》中，没有对空间权作出专章规定，而是将其分解成空间基地使用权、空间农地使用权和空间邻地利用权三种，归入基地使用权、农地使

---

①郝鹏程：《浅谈小区物权之空间权》，《法制与社会》2010年第9期。

②王利明：《空间权：一种新型的财产权利》，《法律科学》2007年第2期。

③李延荣：《关于空间利用权的思考》，《法学家》2006年第3期。

用权和邻地利用权三章中分别规定。其理由是：（1）将空间权作为一种独立的用益物权无充分的理论基础。空间只不过是一种新的物，是一种新的物权客体，新的物权客体的产生不意味着就产生新的物权类型。[①]仅仅因为空间是一种新的物权客体就把它作为一种新的用益物权种类，从理论上讲，理由并不充分。（2）从各国立法来看，在各国立法中都将空间权作为隶属于不动产他物权中的地上权。大陆法系国家一般都把空间权放在已存在的各个他物权之下进行规定，只是在原来的框架下加进了新的内容，并非增加他物权种类，如此规定可使整个法律体系结构严谨、井然有序。英美国家对空间权单独立法，并不是因为空间权依法理必须单独规定，而是因为原有制度就是各个独立的，不系统的，原有制度和新的空间权利无法兼容。（3）空间权系从土地所有权之中分离而来，在分离过程中，如果土地所有人基于他人需在自己土地上有建筑物或其他工作物之目的而将空间使用权让渡给他人，他人就获得了空间利用权，就可以对空间行使占有、使用和收益等多项权能。因此，从空间权的来源来看，已与地上权的来源并无不同。因为地上权同样是土地所有人基于他人在自己土地上有建筑物或其他工作物之目的需使用土地而将该土地使用权让渡给他人的。[②]（4）空间权作为一种独立用益物权种类与我们坚持的立法原则不符。[③]空间利用权是一个很空泛、很抽象的概念，它不能独立存在，需要依赖其他现存的物权种类才能具体、确定。如果当事人按照空间利用权的规定签订合同，那么，当事人取得的究竟是一种什么性质的权利存在疑问。如此规定增加了发生纠纷的可能性，不利于当事人对空间的充分利用，即该规定违背了效率原则。

3. 折中说

有学者认为，应该将理论与实践基础尚没有成熟的地上空间权暂时搁置，而首先将地下空间权作为一项单独的物权。

之所以将地上空间权暂时搁置，原因在于首先对于地上空间的高度，目前国际社会还没有形成统一的观点。尽管围绕领土的空间与外层

---

①王美舒：《空间权的法理与司法实践思考》，《理论观察》2010年第3期。

②闫学魁：《空间（利用）权若干法律问题》，《经营管理者》2008年第16期。

③樊静、解直风：《空间权立法模式问题探讨》，《河南省政法管理干部学院学报》2004年第3期。

空间的界限，国际社会展开了长期的争论，并且形成了空间论和功能论两种观点，但迄今为止具体界线一直没有定论。涉及主权的领空的空间高度没有定论，那么作为物权的地上空间的高度也不可能确定；其次，尽管没有确定地上空间权的权利范围，但现实中地上空间的权利之争比较少，而且即使出现了地上权利之争，也可以通过相邻关系处理；此外，目前我们理论界对于地上空间权的研究以及司法界的探索相对而言比较少，理论与实践上都不成熟。

之所以将地下空间权作为一项单独的物权，原因主要有以下几方面：（1）地下空间权作为一项单独的物权具有必要性。随着土地资源的日趋紧缺和世界人口的日益膨胀，在向太空发展的同时坚决向地下发展已经成为土地利用的一种必然趋势，这就使得地下空间权独立于土地所有权成为必要。（2）地下空间权单独使用和支配具有可能性。随着人类建筑水平的提高和土地立体利用能力的增强，在地下深层建造建筑物和其他工作物已不再是什么困难的事了，地下空间具有的独立经济价值和排他的支配性，使空间作为权利客体成为可能。[①]（3）现实的法律实践也为地下空间权的分离奠定了实践基础。1997年10月27日建设部发布了《有关地下空间开发利用管理规定》专章规定了城市地下空间的规划、工程建设及工程管理，这为加强对城市地下空间开发利用的管理，为合理开发利用城市地下空间资源提供了法律依据。

三、空间权体系构成

空间权的体系，也就是空间权有哪些类型。空间权的体系问题至关重要，它构成了空间权理论的框架，因为空间权理论是从土地所有权理论发展而来的。[②] 空间权体系究竟由哪些权利类型所构成，是一个在学术界比较有争议的问题。

1. 二元说

多数学者认为，空间权体系应由空间所有权与空间利用权两大权利

---

①顾文斌、刘铁刚、许建萍：《关于地下空间权性质与立法构建的思考》，《江西社会科学》2003年第10期。

②田野：《论空间权》，《上海大学学报》（社科版）2002年第5期。

构成。空间利用权又由“物权性质的空间利用权”和“债权性质的空间利用权”构成。物权性质的空间利用权主要包括空间地上权和空间地役权，债权性质的空间利用权则包括空间租赁权和空间借贷权两种。

所谓空间所有权，就是指所有人对地表之上的空中或地表之下的地中的一定范围的空间所享有的权利。在传统民法中，并没有空间所有权这一概念，空间所有权包含在土地所有权之中。在我国，由于实行土地的社会主义公有制，土地只能属于国家所有或集体所有。相应地，空间的所有权也当然只能属于国家所有或集体所有。所谓空间利用权，就是指以在他人土地当然附属的空中以上的空间或地中空间有建筑物或工作物为目的而使用他人空间的权利。当空间所有人将空间以一定的形式转移给他人使用时，他人就取得了对空间的利用权。空间利用权依据不同的标准有不同的划分：依据空间位置的不同，可分为空中利用权和地中利用权；以存续的期间不同，可以分为有期限的空间利用权和无期限的空间利用权；以是否可以转移，还可以分为可转移的空间利用权和不可转移的空间利用权。空间利用权的内容包括以下几方面：第一，合理占有并使用一定空间的权利。第二，按规定的用途利用空间并获得收益。第三，基于空间利用权的物上请求权。第四，一定范围内的处分权。

2. 三元说

持该观点的学者认为，空间权的体系应由空间所有权、空间利用权和空间相邻权构成。所谓空间相邻权，就是空间与土地、空间与空间之间基于自身使用的便利而对他人不动产进行限制或使用的权利关系。在对空间利用日益发达的今天，空间利用权与相邻地上权之间，某层空间利用权与相邻空间的利用之间必然会发生各种各样的法律关系。[①] 空间相邻权具有以下特点：第一，立体性与相对永恒性。立体性是空间相邻权的最显著特点。就土地使用权与处于其下位的空间利用权的相邻关系来说，大多表现为进出口处的提供义务，否则地下空间无从作业。这些特点又决定了空间相邻权的相对永恒性。第二，基础性。与一般相邻权多为辅助主权利的从属性权利不同，空间相邻权在空间权体系中是一种

①于玮玮、刘淒：《论空间权》，《西南民族大学学报》（人文社科版）2004年第4期。

基础性权利，或者说空间相邻权多是空间所有权和利用权得以实现的基础性条件。因为空间相邻权往往能够决定空间所有权和利用权能否得以顺利实现。第三，适用的广泛性。

3. 一元说

持该观点的学者不同意将物权性空间权分为空间所有权和空间利用权，认为空间所有权是不存在的，因为空间不能脱离土地而存在，空间权只能是土地所有权的一部分，所谓的空间权实质是一种用益物权性质的定限物权，并且对空间权不宜进一步细分为空间地上权和空间地役权，主张用空间利用权的概念概括各种类型的空间权。①

【相关法律法规及司法解释】

《人民防空法》

第十八条　人民防空工程包括为保障战时人员与物资掩蔽、人民防空指挥、医疗救护等而单独修建的地下防护建筑，以及结合地面建筑修建的战时可用于防空的地下室。

《城市地下空间开发利用管理规定》

第二条　编制城市地下空间规划，对城市规划区范围内的地下空间进行开发利用，必须遵守本规定。本规定所称的城市地下空间，是指城市规划区内地表以下的空间。

第五条　城市地下空间规划是城市规划的重要组成部分。各级人民政府在组织编制城市总体规划时，应根据城市发展的需要，编制城市地下空间发展规划。实施城市地下空间规划，有关建设单位应根据城市规划行政主管部门提供的规划设计条件，编制具体的城市地下空间建设规划。

第十条　城市地下空间的工程建设必须符合城市地下空间规划，服从规划管理。

第十二条　独立开发的地下交通、商业、仓储、能源、通讯、管线、人防工程等设施，应持有关批准文件、技术资料，依据《城市规划法》的有关规定，向城市规划行政主管部门申请办理选址意见书、建设

①田野：《论空间权》，《上海大学学报》（社科版）2002年第5期。

用地规划许可证、建设工程规划许可证。城市新建民用建筑按照国家规定建设战时可用于防空的地下室，经县级以上地方人民政府建设行政主管部门审核批准后，该民用建筑方可办理建设工程规划许可证。

第二十五条　地下工程应本着“谁投资、谁所有、谁受益、谁维护”的原则，允许建设单位对其投资开发建设的地下工程自营或依法进行转让、租赁。

【案例】

案情简介

2009年，村民范某打算利用其自有土地沿街建一幢三层楼房，经申请，获得县城建部门批准，并领取了建筑许可证。2009年5月，范某破土动工进行修建。不幸的是，范某的儿子小范在施工中摔成重伤，花去医疗费2万多元，这样，范某由于建设资金不足，楼房盖了两层就封顶了，准备以后有钱再加一层。不料，范某原来经营的饭店也赔了本，负债3万多元，为了还债，范某只好将自己所盖楼房的第二层出卖。经协商，外来经商的李某以8万元的价格买下该楼的第二层，双方订立书面协议，并办理了房屋过户手续。但是，范某在出卖他的第二层楼房时并没有说明将来要加盖第三层楼房。双方在居住期间，都利用二层楼顶堆放杂物，对此均无意见。两年后，经过苦心经营，范某又积攒了不少钱，便打算将楼房的第三层盖起来，于是便通知李某将其堆放在二层楼顶的杂物尽快清理，以便施工。李某当即表示反对，认为自己买了第二层楼房，其楼顶当然属于自己所有，自己有权堆放杂物，而范某无权加盖第三层。范某则认为，自己盖三层楼是经城建部门批准，当然有权加盖第三层。双方相持不下，范某起诉到法院，要求维护自己的合法权益。

审理及判决

法院审理后认为：从实际情况来看，原告、被告对二楼楼顶的空间均有利用权，依据《民法通则》所规定的公平原则，原告在加盖第三层时必须征得被告李某的同意，否则将无权加盖，因此，驳回原告范某的诉讼请求。

分析

本案例属于典型的空间利用权问题。法院认定原告、被告共同享有二楼楼顶的空间利用权是合乎法理和实际情况的。从法理分析来看，一方面，范某享有该楼顶的空间利用权。其原因在于，范某享有该空间的利用权是因为他享有该宅基地的使用权和一楼的所有权，没有宅基地的使用权，没有第一层楼房，就不会有第二层楼房，更不会产生楼顶的空间利用权，虽然范某已出卖了第二层楼房，但并没有丧失对楼顶的空间利用权。另一方面，李某也享有楼顶空间利用权，这是因为楼顶与二层紧密联系在一起，形成了一种不可分离的状态，取得了二层的楼顶的所有权，部分享有了楼顶空间的使用权。从实际情况来看，自范某出卖二楼于李某后，二人实际上长期共同行使该楼顶的空间利用权，所以，该楼顶的空间利用权应由李某和范某用共同所有，不属于任何人单独所有。从空间利用权的享有来看，范某进行加盖行为，应与李某进行协商，未经李某同意，不能实施加盖行为，否则将侵犯李某的空间利用权。

另外，就我国现行法律规定来看，对于加盖这种空间利用行为必须首先征得国家行政主管部门的批准。依据现行《建筑法》第7条的规定，“建筑工程开工前，建设单位应当按照国家有关规定向工程所在地县级以上人民政府建设行政主管部门申请领取施工许可证。”而申请领取施工许可证，“应当具备下列条件：（1）已经办理该建筑工程用地批准手续；（2）在城市规划区的建筑工程，已经取得规划许可证；（3）需要拆迁的，其拆迁进度符合施工要求；（4）已经确定建筑施工企业；（5）有满足施工需要的施工图纸及技术资料；（6）有保证工程质量和安全的具体措施；（7）建设资金已经落实；（8）法律、行政法规规定的其他条件。”此外需要注意的是，依据《建筑法》第9条的规定，“建设单位应当自领取施工许可证之日起三个月内开工。因故不能按期开工的，应当向发证机关申请延期；延期以两次为限，每次不超过三个月。既不开工又不申请延期或者超过延期时限的，施工许可证自行废止。”结合本案的情况来看，范某的加盖行为距其批准时间已明显超过规定期限，其施工许可证实际上已经失效。因此，即便与李某就加盖行为达成共识，范某也不能据此而实施加盖行为，而应重新申请施工许可证。

土地征收中的公共利益界定

【法理】

一、现行规定及其危害

《物权法》《宪法》和《土地管理法》都明确规定了征收土地的前提必须是为了“公共利益的需要”，如《物权法》第42条规定：“为了公共利益的需要，依照法律规定的权限和程序可以征收集体所有的土地和单位、个人的房屋及其他不动产”。将公共利益的需要定位为土地征收的正当化的基础主要是基于以下考虑：一是公共利益作为土地征收的唯一依据契合传统，传统是过去传承下来的现在依然发生作用的东西或者行动范式。从历史的角度看，将公共利益作为土地征收的唯一依据，也是对传统在某种程度的延续，这使得我们现今的以公共利益需要进行的征收具有历史的正当性。二是公共利益作为土地征收的依据是通行的做法，在法治国家或者一些法律比较完善的地区，一般都是将公共利益作为其土地征收的唯一依据。三是公共利益是所有权实现社会义务的重要体现，虽然所有权承担社会义务有各种体现，但公共利益的需要是所有权承担社会义务的重要体现。四是公共利益能协调各种权益之间的冲突，公共利益能够在一定程度上协调权益之间的冲突是公共利益作为土地征收的唯一依据的又一重要理由，这种权益之间的冲突既包括权利之间的冲突，也包括权利和权力之间的冲突，因此统称为权益冲突。[①]

“公共利益”是启动征收程序的前提性要件，在征收过程中必须保障公共利益的充分实现，从现实的角度上来说，公共利益应当是一种实在而有可依的制度化的利益。否则，在保障公共利益实现的过程中必然

①张大庆、于春雨：《土地征收严格界定公共利益之必要性》，《国土资源》2009年第6期。

将使其矛盾不断扩张，利益实现充满障碍。然而，法律规定的模糊性以及公共利益本身所具有的极大的抽象性和不确定性，使得在征收过程中出现了许多矛盾和问题。公共利益界定不明确的最大危害是导致征地权被滥用。现行法律对公共利益的规定都只是一个概括性的描述，并未对公共利益的范围及判断标准作出明确的规定，更谈不上对公共利益的解释，其涵盖的范围具有宽泛性，操作中有很大的任意性。这使得行政机关在执行有关法律时，权力过大，“绝对的权力产生绝对的腐败”，造成我国很多征地权滥用。同时，在我国征地中，其征收土地的主体只限于国家，具有征收的专属性；征收效力上具有强制性，征地以国家权力为依托，实质是一种政府强制缔约的经济行为；征收对象具有单一性，只能是集体土地向国有土地转化。也就是说，征收权是政府所特有的一种权力。然而凡有权者都易于滥用权力，权力的扩张性是其本身固有的本性之一，在遇到利益驱动、监督乏力等适宜气候下，这种扩张的欲望就会变本加厉，权力的滥用更会肆无忌惮。

二、公共利益实体上的界定

为克服公共利益的抽象性和不确定性，解决由此带来的社会危害，很多学者认为应从实体上对公共利益予以界定，概括而言，主要包括以下三个方面：

1. 界定方法

从国外相关国家或地区的立法实践来看，对于公共利益的界定主要有概括式立法、列举式立法以及折中式立法三种模式。所谓概括式立法模式，是指仅在法律法规中对“公共利益”作原则性规定，即概括规定征收须出于公共利益的目的，而对于哪些属于“公共利益”则不明确界定。由于“公共利益”是一个高度抽象和不确定的法律概念，这种概括式立法的弊端是显而易见的，其会让法律适用者无形中获得相当大的解释权，并赋予征收决定机关相当大的自由裁量权，进而导致征收权滥用。我国《宪法》《物权法》采取的就是这种概括式立法模式，而大多数学者对概括式立法持否定态度。所谓列举式立法模式，是指在法律规定中详尽列出属于“公共利益”的具体内容。列举式立法模式的支持者认为，这种模式具有极强的针对性和可操作性，详细列举出符合公共利益要求适用土地征收权的各个项目的列举法便于在实践中操作，对于脱离公益目的的违法征用能起到有力的监督作用。[①] 反对者则认为，列举式立法模式虽然适用方便，但其缺点亦很明显，由于立法者认识能力的局限，而公共利益本身又是一个开放、发展的概念，立法不可能穷尽所有符合公共利益的事业，无论立法者考虑得多么周到全面，都不可能将所有的事项全部列出，立法的缺陷不可避免地会造成实际操作中出现一些漏洞。个别地方政府利用此缺陷，用“公共利益”的幌子为经营性项目做掩护，大搞圈地、占地等违规操作，借地发财，先征地后拍卖，破坏了社会基本的财产秩序，侵害农民切身利益。

在三种模式中，由于概括式的规定具有一定的抽象性，在实践中容易被泛化和虚化，导致权力滥用；而列举的方式未能也不可能对公共利益的具体适用情形进行穷尽，因此，绝大多数学者，主张我国应采取折中式立法模式。[②] 所谓折中式立法模式，又称概括和列举并举模式，一方面列举公共利益的范围，另一方面又对公共利益作出概括性规定。支持者认为，采用折中式立法模式对“公共利益”作出界定较为可取，该模式既可以克服完全列举式的僵化，保持法律的灵活发展性，又可克服完全概括式的高度不确定性，使法律便于操作并能控制日益膨胀的司法专断与行政恣意。[③] 具体来说，对“公共利益”的界定首先应采概括式给“公共利益”下一个概念，在对其定义把握时应明确“凡为了商业利益的，都不能进行土地征收”。而且，还应在定义中指出“公共利益必须为社会成员共同性的利益需求，这一利益结果并不能归于任何特定的利益集团”。接着，用列举的方式列出符合“公共利益”的典型行为，并设置一个兜底条款。支持者认为，土地征收在“公共利益需要”的范围上至少应包括以下几个方面：（1）国家机关用地、国防用地、人民团

---

①王岳春：《土地征收“公共利益”探究》，《吉林广播电视大学学报》2006年第2期。

②付铎、洪小潞：《土地征收视野下的公共利益法律界定研究》，《国家行政学院学报》2009年第6期。

③纪燕如：《土地征收中“公共利益”的界定问题探讨》，《法制与经济》2008年第7期。

体用地、地方自治机关用地；（2）城市基础设施用地、以公共使用为目的的交通、能源、水利等基础设施用地；（3）非营利性科研、教育、文化、卫生、体育、社会福利等公益性事业用地；（4）环境保护、文物古迹及风景名胜区保护、森林保护等自然资源和人文资源保护用地；（5）公共安全、移民、扶贫、救灾、防疫等特殊情形下的用地；（6）法律、行政法规、地方性法规规定的其他用地。①

2. 界定标准

无论是采用折中式立法模式，还是采用列举式立法模式，都涉及一个问题，即对公共利益适用范围的列举，应依据何种标准而定？理论界对该问题也进行了相应探讨，概括而言主要以下几种观点：

（1）两标准说。持“两标准说”的学者认为，公共利益适用范围的界定应主要遵循以下两项标准：①申请或征用主体的主观目的具有公共性。申请使用集体土地的单位和个人以及行使土地征用权力的行政主体，在主观上，主要目的具有公共性，即其主要目的是为了公共福利的增长。②土地征用行为客观上具有效益性。这是指征用行为的后续结果，确实能给公众带来直接或间接的利益。在实践中，有些土地征用行为在开始时，有公共性的目的，是为了公共利益的需要，但在实施相关工程的过程中，性质发生了变化，结果只是使得一些个体获得收益。②

（2）四标准说。持“四标准说”的学者认为，公共利益适用范围的界定应遵循以下四项基本标准：①具有“公共性”。相对于私人利益而言，公共利益首先是一种公众利益，受益主体具有普遍性或不特定性的显著特点，同时这种利益的实现主要依赖以政府为代表的公共选择机制，一般难以通过市场等私人选择机制来实现。②具有合理性。由于一种公共利益的实现经常是以其他公共利益和私人利益的减损作为代价的，因此在界定公共利益时就应当遵循合理性原则（或者比例性原则）：要对局部公共利益与整体公共利益、短期公共利益与长期公共利益加以权衡；对可能减损的私人利益与可能增长的公共利益加以权衡；对实现公共利益的不同方式加以权衡。通过这些权衡，最大限度地避免

①纪燕如：《土地征收中“公共利益”的界定问题探讨》，《法制与经济》2008年第7期。
②沈岳峰：《土地征用中的公共利益界定》，《黑龙江省政法管理干部学院学报》2004年第3期。

因小失大。③具有正当性。公共利益的界定事关广泛的公众利益，应当广泛听取、充分尊重公众意见，保证公共利益的界定基于广泛的民意之上。④体现公平性。公共利益是一种公众利益，如果以减损少数人的私人利益却又不给予必要补偿的方式来增进公共利益，就会有违正义和公平。这种补偿应当是一种得失相当的公平补偿和合理补偿，而不能只是象征性的“适当补偿”或者弹性很大的“相应补偿”。[①]

（3）五标准说。持“五标准说”的学者认为，公共利益适用范围的界定应遵循以下五项基本标准：①以受益对象的数量为标准。根据“少数服从多数”的原则，将多数人的利益看作是公共利益，少数人的利益服从多数人的利益，公共利益应当代表多数人利益。②以是否向社会公众提供公共产品为标准。公共事业是一种为满足公众需要而由国家组织的、固定持续地向公众提供的服务。比如国防、外交、司法警察、教育、经济调节、卫生、环境保护等。③以国家的经济、文化、国防建设目标为标准。国家在每一个特定发展时期，都有其相应政策，那么主要目的在事实上为了私利，又不能满足公众需求的个人利益此时应让位于公共利益。④以土地征用的效益为标准。行政征用是行政主体为避免“市场失灵”而对市场进行必要干预，是利用行政征用权来配置市场资源的一种方式。只有在对公共利益明显大于个人损害的情形中，才能允许对私域予以上述必要的干预。土地征用的结果使公众所得的利益必须大于个人因行政征用所受的损失和原本所能期望的可得利益，否则社会的总利益将减少。因此，土地征用时必须细加衡量，只有能够产生效益的土地征用才是真正符合公共利益的目的。⑤以土地征用的结果是否确定能使公众受益为标准。实践中，有些土地征用为了公共利益需要，但实施结果却使个人受益，如政府征用土地建造经济适用房却使行政官员受益的情况。有学者建议将公共利益不仅仅作为事前的衡量标准，也应该作为事后的救济标准，比如住房分配方案可以提前确定，但也可根据需要变动，使公众真正受益。[②]

---

①李展：《探讨土地征收中公共利益的界定》，《经济研究导刊》2011年第33期。

②蔡洁：《我国土地征用中的公共利益相关问题简议》，《福建法学》2005年第2期。

3. 界定主体

无论是采取何种模式，还是依据什么样的标准，公共利益的界定最终都要由实体主体来完成，从这个意义上讲，由谁来界定公共利益就显得尤为重要。在理论界，对这一问题还存在较大争议，概括而言，主要有以下几种观点：

（1）行政机关行使说。持该观点的学者认为，公共利益的界定权应交由行政机关行使。在目前我国的实践中，也是如此操作的，政府是判断是否进行土地征收的决定者，其对于征收土地所要满足的事项是否符合公共利益享有单方话语权。其优点在于，有利于政府组织经济建设，有助于效率的提高，便于政府对社会经济发展实施宏观调控；其缺点则在于，在土地征收中，使得政府既是行政征收权的实施者，又是公共利益目的的判断者，就好比运动场上参加比赛者既是运动员又是裁判员一样，无法保证征收的公正合法。

（2）司法机关行使说。持该观点的学者认为，公共利益的界定应交由司法机关行使。支持者认为，从目前的现状来看，在对公共利益的认定过程中必然存在一定的自由裁量权，从这个意义上看，选定一个能够为公民伸张正义，对社会公众来说具有较高可信度的主体来判定公共利益，进而改变公共利益解释权"一边倒"的现状，从而确保土地征收的合法、公平、公正，相当必要。根据大多数国家判断公共利益的成功经验，由司法机关按照法律所认可的表决程序和表决规则去认定，授予法官认定公共利益的自由裁量权是较合理地选择。在一个法治社会，只有立法机关和司法机关才拥有最终认定什么是公共利益的权力。[①] 此外，有的学者认为，司法解释亦可对"公共利益"与"商业利益"进行审时度势的判断。[②] 因此，由司法机关作为公共利益的界定主体最为适宜。

反对者则认为，将公共利益的界定权交由司法机关行使的科学性值得商榷：①对公共利益的界定，应该是民主政治的产物，不同于普通的行政或民事案件，其关乎社会公众的广泛利益。法官并不是人民意志的直接代言人，他只是具体案件的居中裁判者。法官如果作公共利益的

①纪燕如：《土地征收中"公共利益"的界定问题探讨》，《法制与经济》2008年第7期。

②陈杉：《土地征收中的"公共利益"解读》，《东北农业大学学报》（社科版）2010年第6期。

解释者，实质上是司法权对社会公众民主权的僭越。②法院对公共利益进行界定，在技术上也不具操作性，我国不是判例法国家，如果对于公共利益没有明确的判断标准，那么不同的法官就会作出不同的判断和解释，这就无法保证公共利益的界定的统一性和客观公正性。③从我国目前司法整体水平不高的现实情况来看，司法机关对于公共利益的判断的能动性到底应该多大，这又是一个存疑的问题。

（3）权力机关行使说。持该观点的学者认为，公共利益的界定应交由权力机关行使，即由民主选举产生的权力机关以“一事一议”方式进行界定。支持者认为，由于民主制度和公共利益的选择有着本质上的一致性，都是体现多数利益，因而用民主（代议）的方式界定公共利益才可能具有最充分的正当性。如果中国的全国和地方人大或其常委会能够对土地征收和补偿方案的决定发挥实质性的作用，那么目前困扰中国社会的征收问题将有望得到根本的解决，由此引发的社会矛盾和利益冲突将得到根本的缓解。[①] 在我国，人民代表大会代表广大人民的根本利益，其必然是对公民权利的最可靠的保障。因此，应当把土地征收的审批权交由人大及其常委会行使。[②] 可以在县级以上人大常委会下设立土地征收审查委员会，其成员可以包括土地行政部门、规划部门、律师、学者以及相关权利人代表等，对政府实施土地征收的行为进行事前审查。

反对者则认为，“权力机关行使说”存在两点不足：一是我国的人大代表基本实行兼职制，人大及其常委会开会的会期短，代表人数多，人代会每年仅召开一次，人大常委会一般也只是两个月召开一次，而我国各地土地征收事项又相当多，每一次土地征收都由人大及其常委会审查很不现实，恐难胜任。二是“一事一议”的方式，事实上是没有把土地征收的公共利益目的进行客观限制和界定，实际上是使公共利益始终处于一种不确定状态，有可能会造成社会混乱。

（4）综合说。持该观点的学者认为，从理论和实践上来看，对于公共利益的界定，立法、行政、司法主体都无法单独有效地行使，而应由

---

①张千帆：《“公共利益”与“合理补充”的宪法解释》，《南方周末》2005年8月11日。

②付铎、洪小潞：《土地征收视野下的公共利益法律界定研究》，《国家行政学院学报》2009年第6期。

三机关相互配合、共同行使。立法者只能对此作出概括性的规定，具体的判断标准则由行政机关来行使，唯有在出现纠纷和冲突时，法院才予以介入，确定争执的问题是否属于公共利益。[①]

三、公共利益程序上的界定

一些学者认为，在土地征收中公共利益的界定问题上，构建一个相对合理的评断程序，使得相关各方能够经过公平博弈，达成关于公共利益的大体共识，这也许要比单纯的概念界定和辨析更为现实和迫切；换言之，在公共利益及其相关问题上，程序评断价值远大于实体界定价值。[②] 土地征收中的公共利益在实体内容上虽无法形成共识，但并不妨碍人们对认定程序达成一致。可以首先实现程序上的公正性，通过程序设计保障土地征收征用中的公共利益得到合理认定，并以此确保立法意图的最大化实现。至于个案中公共利益的认定结果，在程序制度的保障下，自然水到渠成。[③]

1. 强化听证制度

我国虽然在程序上严格限制了土地征用制度的执行，但过于原则，加上部门利益等人为因素，致使实践上存在不少违法乱纪的事件，造成不应有的市场混乱。因此，我们应当强化听证制度。在土地征收中若发生异议，对是否是出于公共利益需要产生争议，必须举行听证会，听证费用由征地单位进行承担。这既有利于提高农民的法律意识，又有利于加强土地征用过程中的监督，让土地征用成为真正阳光下的制度。[④] 在土地征收中强化听证制度，一方面，要调整听证制度的适用范围。听证不仅适用于征地补偿和安置方案，而且如果认为土地征收本身不符合公共利益的需要，那么也可以进行听证。另一方面，做好听证程序的宣传工作，让更多的人认识听证制度，敢于用听证制度表达自己的利益诉

---

①李展：《探讨土地征收中公共利益的界定》，《经济研究导刊》2011年第33期。

②方乐坤：《我国土地征收中的公共利益评断模式分析——兼及代议均衡型公益评断模式的成立》，《河南社会科学》2010年第5期。

③张国华：《土地征收征用中的公共利益考辨》，《上海房地》2009年第10期。

④张学军：《我国土地征用的公共利益性及其体制的重塑探讨》，《宿州学院学报》2005年第4期。

求。[①] 要将听证程序引入农村，让土地所有人或其他权利人参与到土地征收过程中来，这不仅有利于对公共利益作出合理的界定，保证土地征收的公益性，而且有利于加强土地征收过程中的监督。

2. 完善信息公示制度

政府作为公共利益的代表者，应将土地征收征用有关的信息特别是如何认定公共利益的信息向社会做完全、真实和及时的公开。信息公示制度能够保证决策过程的公开透明，取得利益相关者的支持。[②] 通过公示，保障了公众的知情权，一方面可以形成一种对有关行政主体的决策压力，防止其滥用权力违法征地；另一方面也为社会公众监督土地征收是否符合公共利益提供了一个信息充分且对称的环境。[③]

3. 推行公众参与制度

判断征收事项是否符合社会公共利益，不仅要有政府机关的判断，有第三方专家的参与，还要尽可能地让社会公众尤其是被征收主体的直接参与，为政府土地征收的决策提供更加可信和公正的条件。因此可以说，一件事情是不是属于公共利益，还应该由当事人自己去判断，让社会公众来判断，即对于特定事项的土地征收是不是属于公共利益目的，应当赋予该事项所涉及的当事人享有充分的话语权和参与权，而不能由政府既当运动员又当裁判员。

4. 构建司法审查制度

在现代国家，司法作为解决纠纷的最后一道屏障，素有“正义之最后守护神”之称。而我国当前的司法实践中，法院对于政府的征收行为以及征收事项是否符合社会公共利益并没有相应的司法审查权。如果当事人认为政府作出的基于社会公共利益的土地征收决定不正确或者侵犯了自己的合法权利也没有相关及时有效的救济途径，这就客观上造成了社会公众合法权利在受到侵害时没有地方说理和寻求公道。因此，应当赋予法院一定的司法审查权，通过对征收事项是否符合公共利益进行

①付铎、洪小潞：《土地征收视野下的公共利益法律界定研究》，《国家行政学院学报》2009年第6期。

②张国华：《土地征收征用中的公共利益考辨》，《上海房地》2009年第10期。

③同①。

司法审查来保证被征收当事人的司法救济权利。司法审查是一种程序性救济。法院作为中立的第三方，根据相关法律规定对土地征收的合法性进行审查，是土地征收合法有效进行的又一道防线。构建司法审查制度关键是要把握以下三点：第一，司法审查应该提前至土地征收的审批阶段。这样，法院不仅限于土地补偿的纠纷审查，而且可以审查土地征收是否符合公共利益的目的，减少不必要的纠纷，避免矛盾升级。第二，征收行为的执行应在司法裁判之后。第三，建立对法院消极行为的归责制度。[①] 在一个法治的社会中，对行政机关的行为进行监督是司法机关的责任之一，如果法院对其职责之内的事情采用消极的态度，不履行其应尽的义务，那么就要对其追究责任。通过建立对法院消极行为的归责制度，在一定程度上能够防止法院在土地征收案件中采用不予受理，或者受理后不处理、拖延处理的方法，进而保障公民的合法权益。

【相关法律法规及司法解释】

《物权法》

第四十二条　为了公共利益的需要，依照法律规定的权限和程序可以征收集体所有的土地和单位、个人的房屋及其他不动产。征收集体所有的土地，应当依法足额支付土地补偿费、安置补助费、地上附着物和青苗的补偿费等费用，安排被征地农民的社会保障费用，保障被征地农民的生活，维护被征地农民的合法权益。征收单位、个人的房屋及其他不动产，应当依法给予拆迁补偿，维护被征收人的合法权益；征收个人住宅的，还应当保障被征收人的居住条件。任何单位和个人不得贪污、挪用、私分、截留、拖欠征收补偿费等费用。

【案例】

案情简介

在本世纪初的大学扩招潮流中，河北的某大学也进行了扩招。为满

---

①付铎、洪小潞：《土地征收视野下的公共利益法律界定研究》，《国家行政学院学报》2009年第6期。

足该大学扩招及扩建校园的需要，从2003年开始，该大学所在地的市政府先后划拨了3706.98亩土地给了该大学，而这些土地大部分都是依据公共利益目的从该大学周边几个村庄征收过来。因土地征收，一个村庄的土地由600余亩锐减至80亩，即便是这80亩的边角零星土地后来也被临时占用。2007年7月，该大学为筹集校区建设资金，经市政府同意，将征用土地中的470亩变更为住宅用地，并以130万元/亩的价格公开竞拍转让，而该土地征收时的价格为每亩6万元。此次以市场价格拍卖政府划拨的教育用地，引起被征地村民和社会各界的广泛质疑，并引发卖地村民不断上访。

该大学认为，学校征地时一次性与被征地村签了补偿协议，每亩补偿了6万元，征地后土地已变为国有，这些土地已与周围村庄没有关联。此外，该大学一校领导表示，大学卖地筹资是无奈之举：1999年国家提出大学扩招口号后，主管部门给该大学制订的长期扩招目标是在校生达到5万人，而学校当时学生才1万多人。因此，校区扩建势在必行，但新校区扩建工程上马后，学校债务累累，为偿还债务，大学才不得以而为之。

大学所在地的市政府认为，该大学扩建校区，总体上是按照省政府要求进行的，符合城市总体规划和建设用地规划。2006年，应该大学请求，市委、市政府从支持教育事业的考虑出发，决定调整部分教育用地为建设用地，具体来说，主要包括以下几个方面：一是该大学扩建累计投入需要14.6亿元，按当时的资金筹措渠道，全部由学校自筹，但截至2006年，学校债务累计达12.48亿元，曾出现过数次农民工集体上访事件。二是在扩建校区规划范围内建设一个占地500亩的开放式公园。三是按照城市总体规划和改善民生的需要，实施片区内的偏坡村整体搬迁改造。四是增加城市教育用地，配建一所九年义务制学校，占地190亩。此外，市政府认为，在规划调整教育用地为建设用地的决策上是符合相关程序和政策的：一是经市政府市长办公会集体研究决定；二是470亩建设用地按照相关程序进行调整并采取公开竞标方式出让，符合国家和省的有关政策。而该市国土资源局的领导郑某则介绍说，该大学从村民手里征地时地价较低，为6万元/亩，但这个价格也远远超出国家补偿标准。征地时是以农用地征的，而改变土地性质出让时，则是以国有建设用地出让的，地价因此提到了130万元/亩。

分析

本案例实际上主要反映了两个问题：一个是近年来出现的社会性问题，即高校债务危机的化解问题。另一个问题则是土地征收中的公共利益界定问题。

就第一个问题而言，在本世纪初开始的大学扩招潮流中，一些高校（尤其是地方性高校）对学校长远发展缺乏科学认识，建新校之风盛行，在城市郊区大肆圈地，校园面积动辄数千亩乃至上万亩，学校以大为荣，由此导致背负巨额债务，直接危及学校的正常发展。为解决这一问题，在实践中，探索了许多条道路，而土地置换是当前中国高校偿债的最普遍做法。在本案中，该大学也同样犯了这样的错误，当初征地时盲目求大，占地过多，导致背负巨额债务，进而不得不采取卖地偿债的下策。由这个角度看，该大学的卖地行为具有一定的合理性。但是，从根本上讲，高校债务危机的解决应该主要依赖于政府财政投入的增加，在此基础上，在通过各种渠道缓解债务危机。在本案中，该大学卖地偿债的做法虽具有一定合理性，属于无奈之举，但是，其潜在危害是非常巨大的，很可能会导致高校纷纷效仿圈地，然后再通过转换土地用途的方式获取一定的利益。

就第二个问题而言，正是由于现行法律对于土地征收中公共利益界定问题缺乏明确的、科学的规定，由此，才造成以公益目的征地后以商业用地出让现象的出现。土地使用性质的变更，涉及一系列重大问题，其背后蕴含着巨大的经济利益。而这恰恰是包括《物权法》《土地管理法》等现行法律的薄弱环节所在，纵观相关法律规定，虽然对土地征收作了较为详细的规定，但对土地使用性质变更的规定则非常笼统，给地方政府留下了巨大的自由裁量权。在未来的相关立法中，首先，要严格界定“公共利益”，避免以公益目的为名而行非公益目的之实的行为出现；其次，要对土地使用性质的变更设定严格的程序；再次，要制定一套科学的土地征收补偿方案。总之，在土地征收中，如不严守公共利益这一根本原则，将会严重损害国家和社会利益，并诱发政府与被征地人之间的矛盾。

农村土地承包经营权抵押

【法理】

所谓农村土地承包经营权抵押，是指农村土地承包经营权人在法律许可的范围内，在不转移土地占有的情况下，将土地承包经营权作为债权的担保，当债务人不履行债务时，债权人有权依法处分该土地承包经营权并就处分所得的价款优先受偿。虽然在制定法上对土地承包经营权是否可以作为抵押财产已有明文规定，但理论界与实务界的讨论却一直没有停息。

一、农村土地承包经营权是否可以抵押

1. 否定说

持否定说的学者认为，除“四荒”用地、林地外，农村土地承包经营权不得抵押。学者反对农村土地承包经营权抵押的最大理由在于，农村土地具有显著的社会保障功能，允许农村土地承包经营权抵押，将严重削弱其社会保障功能，进而对农民生活造成难以估量的损失。土地作为农民安身立命之本，不仅仅是生产要素，更重要的是它担负着社会保障功能。我国目前尚未完全建立农民的社会保障体系，土地仍然在农村发挥着社会保障的重要功能。由于特殊的政治经济条件，我国实行的是城乡分割的二元社会保障制度。长期以来，我国社会保障制度改革一直把重点放在城市，将农村放在次要位置，从而导致我国农村社会保障事业发展严重落后于城镇。对农民而言，他们主要有三大社会保障，即子女、土地和储蓄。而土地作为农民的“活命田”“保险田”，具有很强的保障作用，在有些地方，即使因种种原因无力经营甚至荒芜弃耕，农民也不轻易转包或放弃，因为在非农产业不稳定的情况下，他们还可以

把耕种土地作为最后的退路来为基本生活提供保障。因此，在非农产业发展到可为农民从事第二、三产业提供充分的就业机会之前，在农村社会保障体系发展到可为农民提供可靠的生存保障之前，在土地的功能发生重大变化之前，应禁止农村土地承包经营权抵押。如果允许农民将土地承包经营权进行抵押，则当债权到期，债务人又无力履行债务时，农民便会丧失土地，导致大批无地少地农民的出现，社会此时又不能对农民提供保障，他们便失去了基本的生存基础，进而演变成社会问题，不利于农村和整个社会的稳定。① 农民离开了土地，社会又不能对农民提供保障，这将会使农民丧失基本的生活保障，进而不利于农村和整个社会的稳定。②

现任中央财经领导小组办公室副主任、中央农村工作领导小组办公室主任陈锡文认为，农民土地承包经营权不能抵押，承包林地、四荒地的经营权可以用于抵押，其原因在于前者是农民生活的必需品，而后者是农民维持温饱所需之外的生产资料。在中国这样的发展中国家，土地承包权、宅基地和房产是农民最后的生存依据，在任何情况下，都不能拿走农民土地承包权、宅基地和房产，否则会引发农民流离失所，影响社会稳定。

除农村土地的社会保障功能特性外，学者反对农村土地承包经营权抵押的理由还包括以下几个方面：第一，允许农村土地承包经营权抵押不利于耕地保护。农村土地承包经营权抵押的实现，将导致土地用途发生变化，可能引起大量农用地转化为商业开发用地，破坏土地资源，不利于耕地的保护。③ 第二，允许农村土地承包经营权抵押可能导致土地兼并。土地承包经营权的抵押会导致土地的大量兼并，很容易造成农村两极分化，导致严重的社会问题。第三，允许农村土地承包经营权抵押可能导致农村集体经济组织解体。我国目前集体组织成员拥有的土地使用权，具有团体内部分配的性质，因此它的转让对象通常以本集体成员

①梁慧星：《中国物权法草案建议稿：条文、说明、理解与参考立法例》，社会科学文献出版社2003年版，第532页。

②胡康生：《中华人民共和国农村土地承包法释义》，法律出版社2002年版，第119~120页。

③刘淑春：《改革开放以来中国农村土地流转制度的改革与发展》，《经济与管理》2008年第10期。

为限。这种限制，实际上起着保护集体土地公有公用的作用；可以保护集体成员的利益和维护农村社会的稳定，防止出现大范围的土地产权流动以及随之而来的大范围的人口流动。[①] 而土地承包经营权抵押权的实现会导致土地承包经营权落入集体经济组织之外的主体手中，进而瓦解了集体经济组织。[②]

2. 肯定说

持肯定说的学者认为，农村土地承包经营权的抵押应不限于“四荒”用地及林地，而应适用于所有类型的农村土地。

持肯定说的学者首先对否定说所依据的理由进行了逐一批判：

其一，农村土地承包经营权抵押不会导致农村土地的用途改变。土地用途管制制度是我国现行《土地管理法》中的重要制度，其主要功能就在于通过对土地用途改变的限制，而实现对耕地的保护。允许农村土地承包经营权抵押并非是否定农村土地用途管制制度。土地承包经营权抵押权设立之后，如果农民到期无法还贷或者出现约定实现抵押权的情形（如约定改变贷款用途等）时，提供信贷的金融机构即可实现抵押权，但此时并不是金融机构取得土地承包经营权（也就是说不是金融资本直接进入农业领域），而是必须按照《物权法》的规定，拍卖、变卖土地承包经营权，并从变价款中优先受偿，土地承包经营权的受让人受用途管制的约束，不得改变土地的用途和属性。[③]

其二，农村土地承包经营权抵押并不会导致农村集体经济组织瓦解。从我国现行法律规定及农村的实际情况来看，农村土地承包经营权具有显著的成员权性质，其取得与权利人的集体经济组织成员身份是密不可分的。允许农村土地承包经营权抵押，可能会因抵押权的实现而发生农村土地承包经营权转移于农村集体经济之外，但这并不会导致集体经济组织的瓦解。相反，由于农村土地承包经营权具有期限性，因此，其期限届满之后，该承包经营权将会通过发包的形式重回本集体经济组织成员之手。

---

①王卫国：《中国土地权利研究》，中国政法大学出版社1997年版，第194页。

②江平：《中国物权法教程》，知识产权出版社2007年版，第135页。

③陈文学、高圣平：《土地承包经营权抵押流转研究》，《社会科学研究》2010年第6期。

其三，不能以农村土地的社会保障功能属性反对农村土地承包经营权的抵押。首先，禁止农村土地承包经营权抵押并不能给予农民一个有效的保障。现阶段土地承包经营权的社会保障功能主要体现在土地承包经营权对农民的生活保障、养老保障、就业保障等几个方面，但无论哪个方面均不充分。[①] 赋予农民一个没有多少效率却有诸多限制的土地承包经营权并不能构成农村社会保障。[②] 即使是保障，也是很不充分的、低层次的、近乎保命的保障。[③] 在我国总体上进入“以工促农、以城带乡”的发展阶段，在党中央实行“工业反哺农业、城市支持农村”的方针，在《决定》确立“要贯彻广覆盖、保基本、多层次、可持续发展原则，加快健全农村社会保障体系”的总原则之下，农村和农民需要的是以政府支持为依托的全方位的社会保障体系。其次，土地承包经营权抵押并不一定导致土地的流失和农民的流离失所。在允许农民用土地承包经营权进行抵押的同时，可以对抵押人及其所在集体农民的利益予以适当的保护，如立法时可以规定在抵押人丧失土地的承包经营权后，享有耕地的优先承租权。[④] 最后，农民在紧急需要资金时，如果不允许土地承包经营权进行抵押贷款，会造成农民唯有将土地承包经营权转让，这个时候的农户才会真正失去家庭承包的土地承包经营权。[⑤]

持肯定说的学者认为，允许农村土地承包经营权抵押是发展农村经济和保障农民利益的需要。首先，农村土地承包经营权抵押有利于农民获得转换身份的自由，有利于物尽其用、发展规模经济、提高土地利用效率。其次，农村土地承包经营权抵押能够满足农民的资金需求。[⑥] 我国农民从事农业生产经营普遍缺乏资金，农业土地开发、农地的规模经营需要大笔资金，在工商资本难以进入或不愿进入的情况下，土地承包

---

①章辉美：《中国农村社会保障制度的变革与社会发展》，《社会科学辑刊》2006年第6期；黎翠梅：《农村土地承包经营权抵押贷款制度探讨》，《软科学》2008年第2期。

②秦晖：《优化配置？土地福利？——关于农村土地制度的思考》，《新财经》2001年第8期。

③马小勇、薛新娅：《中国农村社会保障制度改革：一种“土地换保障”的方案》，《宁夏社会科学》2004年第3期。

④刘凯湘、张劲松：《抵押担保若干问题研究》，《浙江社会科学》2001年第2期。

⑤宋刚：《论土地承包权》，《法学》2002年第12期。

⑥胡吕银：《土地承包的物权法分析》，复旦大学出版社2004年版，第170页。

经营权抵押能够缓解农民的资金需求。①

此外，有的学者认为，从立法技术上讲，根据“举重明轻”原则应允许农村土地承包经营权抵押。现行立法既然允许土地承包经营权有条件转让，也应该允许土地承包经营权有条件抵押。②“土地承包经营权人依照农村土地承包法的规定，有权将土地承包经营权采取转包、互换、转让等方式流转。”抵押与上述“转包、互换、转让”等一样，属于土地承包经营权的流转形式之一，属于上述“等形式”的范畴。在解释上“转让”比“抵押”对土地承包经营权的限制程度要重，因为“抵押”毕竟不是“转让”，其所看重的只是土地承包经营权的交换价值，只有在抵押人到期不履行债务或出现当事人约定的实现抵押权的情形时，才会发生土地承包经营权的转让变价问题。依“举重明轻”规则，既然允许了限制程度较重的土地承包经营权的转让，自应允许限制程度较轻的土地承包经营权的抵押。③ 正如有学者所言，凡是允许转让的土地使用，原则上应允许抵押，这也符合担保法的原理。不承认抵押就是不承认转让。④

二、农村土地承包经营权抵押机制构建

1. 抵押范围的界定

农用地应可以用于抵押已逐步成为理论界的一种共识。但在抵押的范围上亦存在不同的认识。有学者主张应以经济发达与否为标准，将农用地分为保障型耕地和发展型耕地，进而认为，位于城郊或非农经济发达农村地区的土地是现阶段我国土地承包经营权（农用地使用权）抵押贷款制度变革的低成本切入点。⑤ 反对者则认为，该观点存在明显的局限，一方面，这将使部分农民（确切地说，在当前经济发展水平下，

①田洪涛、张万博、刘全保：《法律应允许农村土地承包经营权抵押》，《河北金融》2008年第12期。

②温世扬、廖焕国：《物权法通论》，人民法院出版社2005年版，第456页。

③甄增水：《土地承包经营权的可抵押性》，徐涤宇主编，《物权法热点问题讲座》，中国法制出版社2007年版，第291页。

④王卫国：《中国土地权利研究》，中国政法大学出版社1997年版，第3页、第203页。

⑤黎翠梅：《基于农地保障功能区域差异视角的探讨》，《求索》2007年第9期。

还是一大部分农民）丧失农地融资权，有违社会公平；另一方面，在实践操作上不具有可行性，土地经济价值的差异是普遍存在（不同地区之间存在差异，同一地区内部亦存在差异），且“经济发达与否”本身就是一个模糊性标准，难以甄别。农用地抵押应该是一个普遍性规定，在范围上包括所有农用地。农用地抵押应在其使用权的有效期内进行，抵押期限不得超出农地使用权的剩余期限。农地使用权期限届满后，应由所在集体经济组织收回农地，并重新发包；若因政策原因而致农地使用（承包）期限延长，则应将农地直接交还农地原使用人（承包人）继续承包。

2. 是否需要取得所有人同意

农地抵押是否需经集体土地所有人（或发包方）的同意，这在理论界还存在不同认识：

“同意说”认为，农地使用权人将农地使用权进行抵押时，必须经农地所有人同意。持该观点的学者认为，这样有助于实现设定土地承包经营权的目的。第一，土地承包经营权与本集体成员的成员权息息相关。农村集体经济组织的每一个成员均有权依法承包由本集体经济组织发包的农村土地，任何组织和个人不得剥夺和非法限制。可见，土地承包经营权具有一定的社会保障功能。而且这种保障是对本集体所有成员而不是仅仅对某一个成员的保障。第二，土地承包经营制度的主要目的，在于发挥农民在农业生产上的积极性，促进我国农业的发展，保障一个人口大国的粮食安全。由于土地承包经营权转让属于让渡型流转，因此，为了发挥土地对本集体成员以及整个社会的保障功能，集体组织必须要介入到承包经营权流转关系中来，这不仅是集体行使所有权的表现，也是集体应尽的社会责任和义务。通过集体参与并发挥积极作用，可以保障土地的农业用途不因土地承包经营权的流转而破坏，保障土地的流转有利于土地的规模经营、集约经营目标的实现，履行一个监督者应有的监督职能。[①] 第三，农村社会是一个典型的熟人社会，土地承包经营权抵押需要发包方的同意，可以有效保障抵押人将所借资金用于农业

①丁关良：《土地承包经营权流转的分类研究》，《经济问题》2008年第5期。

生产，防止抵押人把资金用于非农活动，有助于降低银行的贷款风险。

“备案说”则主张，农地使用权抵押无需经农地所有人同意，仅需报其备案即可。其理由在于：（1）仅需报农地所有人备案，可有效避免乡村干部对农地使用权人合法权益的侵害；（2）有利于简化手续，提高农地使用权的抵押效率；（3）农地抵押权设定并未导致农地使用权的变更，也未发生农地用途的改变，缺乏所有人“同意”的依据。在农地使用权抵押制度的构建中，农地所有人首先应该是一个“服务者”，为农地抵押提供农地信息收集与反馈、事务协调等服务；其次，应该是一个“监督者”，主要是保证继受人按规定使用农地、抵押人依法交割农地。

【相关法律法规及司法解释】

《物权法》

第一百二十八条　土地承包经营权人依照农村土地承包法的规定，有权将土地承包经营权采取转包、互换、转让等方式流转。流转的期限不得超过承包期的剩余期限。未经依法批准，不得将承包地用于非农建设。

第一百三十三条　通过招标、拍卖、公开协商等方式承包荒地等农村土地，依照农村土地承包法等法律和国务院的有关规定，其土地承包经营权可以转让、入股、抵押或者以其他方式流转。

第一百八十条　债务人或者第三人有权处分的下列财产可以抵押：（一）建筑物和其他土地附着物；（二）建设用地使用权；（三）以招标、拍卖、公开协商等方式取得的荒地等土地承包经营权；（四）生产设备、原材料、半成品、产品；（五）正在建造的建筑物、船舶、航空器；（六）交通运输工具；（七）法律、行政法规未禁止抵押的其他财产。抵押人可以将前款所列财产一并抵押。

第一百八十四条　下列财产不得抵押：（一）土地所有权；（二）耕地、宅基地、自留地、自留山等集体所有的土地使用权，但法律规定可以抵押的除外；（三）学校、幼儿园、医院等以公益为目的的事业单位、社会团体的教育设施、医疗卫生设施和其他社会公益设施；（四）所有权、使用权不明或者有争议的财产；（五）依法被查封、扣押、监管的财产；（六）法律、行政法规规定不得抵押的其他财产。

第二百零一条　依照本法第一百八十条第一款第三项规定的土地承包经营权抵押的，或者依照本法第一百八十三条规定以乡镇、村企业的厂房等建筑物占用范围内的建设用地使用权一并抵押的，实现抵押权后，未经法定程序，不得改变土地所有权的性质和土地用途。

【案例】

案情简介

王家川村村民万某在1995年以公开协商的方式承包了村内荒山一座，共计700余亩，承包期50年；同年，王某还以家庭承包经营的方式承包了该荒山脚下的耕地共计15亩，承包期为30年。承包荒山落实到户后，万某遂对荒山进行大规模开发，在种植大枣、山杏等经济林木的同时，还进行蛋鸡及特种猪的大规模养殖。不幸的是，2002年，万某自己承包经营的荒山发生了一场严重山火，万某所养的蛋鸡、特种猪不仅在这场山火中几乎全部被烧死，而且其所种植的经济林木亦大部分被毁。为偿还外债，万某经多方联系、积极磋商，于2003年从该县一家农业开发企业处获得借款50万元，并以其所承包的荒山作为抵押担保。2005年，万某资金周转再次出现困难，遂再次向该农业开发公司借款10万元，并以山下15亩耕地为抵押担保。2008年，所欠借款到期，本息共计63余万，万某无力偿还，该农业开发企业遂将万某诉至该县人民法院，请求对其抵押的荒山及耕地进行折价受偿。

审理及判决

该县人民法院经审理认为：依据现行《物权法》《担保法》《土地管理法》及《农村土地承包经营法》的规定，在尊重原被告双方意愿的基础上，将万某所承包的荒山及山上林木折价40万元转包于该农业开发企业，转包期20年，从2006年1月1日开始计算。对于原告农业开发企业主张以抵押耕地折价冲抵剩余借款的诉讼请求，不予支持。

分析

依据我国现行法律规定，除“四荒”用地、林地外，农村土地承包经营权严禁抵押。所谓“四荒”用地，就是指位于荒山、荒沟、荒丘、荒滩的农村土地。现行《物权法》第180条明确规定："债务人或者第三人有权处分的下列财产可以抵押：（1）建筑物和其他土地附着物；（2）建设用地使用权；（3）以招标、拍卖、公开协商等方式取得的荒地等土地承包经营权；（4）生产设备、原材料、半成品、产品；（5）正在建造的建筑物、船舶、航空器；（6）交通运输工具；（7）法律、行政法规未禁止抵押的其他财产。抵押人可以将前款所列财产一并抵押。"而《担保法》第34条亦对此作了相同规定。由此看来，该县人民法院，在尊重原被告双方意愿的基础上，判定将万某所承包的荒山及山上林木折价40万元转包于该农业开发企业的做法是合乎法律规定的。

对于一般性的农村土地承包经营权，现行法律是严禁进行抵押的。现行《物权法》第184条，现行《担保法》第37条对此作了相同规定。由此来看，该县人民法院就原告农业开发企业主张以抵押耕地折价冲抵剩余借款的诉讼请求作出不予支持的判定亦是合乎法律规定的。其原因就在于，现行法律禁止在耕地上设定抵押，原被告双方之前的抵押协议因违反强行法而归于无效，因而，原告农业开发企业无权请求就耕地行使抵押权。

但是，有一点需要说明的是，2008年人民银行和银监会出台《关于加快推进农村金融产品和服务方式创新的意见》，决定在中部和东北地区选择试点县市开展农村金融产品和服务方式创新，其主要内容就是创新贷款担保方式、扩大有效担保范围。《意见》颁布后，湖北荆门（2008年）、山东枣庄（2008年）、湖北武汉（2009年）、山东莱芜（2009年）、浙江天台（2009年）、四川成都（2009年）、浙江温岭（2009年）、陕西高陵（2010年）、重庆石柱（2010年）等地相继开展以农地（主要是指农村土地承包经营权、农村宅基地使用权）、农房抵押融资为主要内容的试点改革，并以政府文件的形式对农地抵押问题予以明确规范，所在地区的司法机关（如重庆市高级人民法院）亦明确保护农地抵押法律关系。因此，若该案例发生于上述地区，那么原被告之间就耕地所达成的抵押协议是有效的，原告农业开发企业也可就此行使设定于耕地之上的抵押权。

网络虚拟财产性质界定与权属分析

【法理】

一、网络虚拟财产的概念、特点

1. 概念

网络虚拟财产有广义和狭义之分。

广义上的网络虚拟财产侧重于对“虚拟”的理解，认为存在于计算机信息系统中，数字化的、具有财产性质的信息资源都可以纳入网络虚拟财产的范畴之中，包括信息流及数字媒体等，有着极为广泛的外延。如杨立新教授认为，所谓虚拟财产是指虚拟的网络本身以及存在于网络上的具有财产性的电磁记录，是一种能够用现有的度量标准度量其价值的数字化的新型财产。林旭霞教授认为，一般意义的虚拟财产或者广义的虚拟财产是指在网络环境下，模拟现实事物，以数字化形式存在的、既相对独立又具独占性的信息资源。

狭义的网络虚拟财产仅指依赖于网络空间中的虚拟环境而存在的、属于游戏玩家控制的游戏资源，包括游戏账号、游戏角色，游戏过程中积累的游戏装备、游戏成果等物品。如于志刚教授将狭义的虚拟财产定义为以网络游戏为基础，由网络游戏玩家在网络游戏中控制的账号（ID，即identification）下所记载的该账号通过各种方式所拥有的“货币”“宝物”“武器”“宠物”“级别”“段位”等保存在游戏服务器上，可供游戏玩家随时调用、创建或加入游戏的各种数据资料或者参数。

本专题所讨论的虚拟财产是狭义意义上的。

2. 特点

概括而言，网络虚拟财产具有以下几个特征：

1. 虚拟性

从实质意义来看，虚拟财产可被认定为是一组存储于服务器上的数据信息，其存在本身只能够依赖于相应的网络空间。换言之，虚拟财产的外部表现形式只能在网络中得到体现，离开虚拟空间的虚拟财产将只能是一堆毫无意义的电磁记录，其价值无法得到有效实现。虚拟性是虚拟财产区别于一般物的本质特性。

2. 可交易性

通常而言，虚拟财产本身在现实社会中有着潜在的用户需求，且其价值可用金钱加以适当评估，因此具备了可交易的特征。目前看来，其交易方式主要可分为两种：一是使用者之间的自发交易，一般表现为用户私下通过现金付款或兑换其他虚拟财产的形式来进行线上或离线交易；二是使用者与网络运营商之间的交易，如游戏玩家通过购买点卡的方式获得进入游戏的权限和游戏时间，必须支付相应的现金对价以获取高级别的虚拟道具或虚拟货币。

3. 价值性

作为流通商品，其价值属性主要可分为使用价值与交换价值。就此而言，虚拟财产对于特定的网络用户显然具有使用功用和交换功用。现实中大量涌现的虚拟财产交易，也从另一个侧面表明虚拟财产在特定群体之间，甚至在普遍群体之间都具有较高的交换价值。价值性是虚拟财产区别于其他网络虚拟物的基本特征，也是其成为法律意义上的财产的关键要素。

4. 期限性

所谓期限性，主要是指虚拟财产的存续有其自身特殊的时间限制性，受到来自网络运营商和使用者双重限制。一方面，虚拟财产的存在必须依赖于特定的服务器，运营商一旦选择关闭服务器将使得虚拟财产不复存在；另一方面，使用者也可以抛弃、出售、赠送或者删除其所占有的虚拟财产。期限性是虚拟财产区别于三维世界中物的特征之一。

5. 预先设定性和可再现性

虚拟财产预先存在于游戏软件开发者设定的程序之中，随着游戏的进行和深入，就会被人们获取。存在于网络世界里的虚拟财产，由于它以数字化的电子数据的形态存在，如遇到发生数据丢失的情况，可以通过一定的技术手段重新获得该数据，达到虚拟财产再现的目的，甚至还有增值的可能。这显然是传统意义的财产无法比拟的独特之处。[①]

6. 依附性

虚拟财产的依附性主要表现在三个方面：其一，由于网络虚拟财产的虚拟性，网络虚拟财产只能存在于网络空间的虚拟世界，所以对计算机网络环境有着天生的依赖性。脱离了计算机网络硬件环境它是一堆无用的数据。其二，特定的网络虚拟财产依赖于特定的网络游戏。一款网络游戏根据游戏情节开发出的网络虚拟财产只能在该款游戏中使用，无法移植到其他游戏中使用。其三，网络虚拟财产的交易无论是线上还是线下，最终的虚拟财产交接还是依赖于游戏软件这个平台来实现，它不像我们通常所说的应用软件产生的文档可以拷贝到移动介质中携带，到达异地后在另一台装有该软件的电脑上打开。[②]

二、虚拟财产是否是法律意义上的“财产”

关于虚拟财产是否是法律意义上的财产，理论界存在着两种截然不同的观点：

1. 否定说

该说认为，虚拟财产的本质属性是网络虚拟世界的“财产”，并非法律意义上的财产，并指出虚拟财产问题是个伪问题。其依据包括：

（1）虚拟财产的本质决定了它只能存在于网络虚拟世界中，它的价值和使用价值不能在现实社会中实现，只能在网络虚拟世界中得以体现。虚拟财产与现实商品具有本质的不同，它必须依附网络游戏存在，并且是由网络游戏开发商或运营商人为设定。而现实物品的使用价值由其物理属性决定，不以人的意志为转移。虚拟财物的“价值”只存在于玩家的幻觉中，只存在于网络游戏中，并不是真实客观的，并不能在现实社会中使用，从而没有使用价值和价值，是一种“虚拟的价值”。

（2）“虚拟财产”的不确定性决定了它不可能也没有必要成为现

---

①林恩伟：《刍议虚拟财产的法律属性》，《常熟理工学院学报》2010年第7期。

②王烨：《论网络虚拟财产的法律属性》，《巢湖学院学报》2011年第2期。

实中的财产。[1]“虚拟财产”虽然可以自由处分，但它须以游戏公司的承认为前提。这一点是虚拟财产与民法上的物的区别所在。民法上的物的存在不需要他人的承认，物权的行使也无须他人协助，具有“对世性”“绝对性”等特点。而“虚拟财产”则不然，它在游戏运营商不提供相应服务或否定权利时就会化为乌有。因此虚拟财产不具备现有法律规定的财产权的属性，其不应当受法律保护。如果承认“虚拟财产”的财产属性就会动摇现行物权制度的根基。

（3）虚拟财产不是法律意义上的财产是因为其不是因玩家通过劳动创造而获得的，网络游戏只是一种纯粹的娱乐休闲活动，而不是马克思所说的能产生价值的劳动。汕头大学法学院教授侯国云就认为：虚拟财产不具有价值，不是劳动创造的，而是游戏娱乐的附属物，是游戏商赚取高额利润的一个圈套，应让网络虚拟财产永远待在虚拟世界。[2]

2. 肯定说

该说认为，虚拟财产具有财产的相应属性，属于法律意义上的财产。其理由在于：

（1）虚拟财产具有价值性。玩家在游戏过程中投入精力和智力，通过攻关和解决游戏难题不断升级虚拟角色的身份并获得相应的虚拟财产。“虚拟物品或虚拟财产如果仅仅发生在虚拟空间里也不能成为法律意义上的虚拟财产，只有与现实社会发生了某种联系才有可能被界定为法律上的虚拟财产，这就排除了纯粹产生并存在于虚拟空间的所谓的财产”。[3]而“职业玩家”通过游戏将这些高等级的角色、装备等网络虚拟财产在现实中出让，以获取赢利，则更说明虚拟财产的价值性。

（2）虚拟财产具备财产的基本属性。网络虚拟财产具效用性、有限性的特点且能够为人力所控制，因而具有财产的基本属性；具有供求关系，且其价值由市场决定，有现实的衡量标准，具备商品的属性。而现实生活中虚拟财产交易的客观存在且频繁发生，本身就表明其具有的

①杨峰：《“虚拟财产”问题是个伪问题——网络游戏中“虚拟财产”的本质拷问》，《巢湖学院学报》2010年第2期。

②胡细妮：《网络虚拟财产的财产属性存在性辨析》，《湘潮》2011年第6期。

③高梅：《试论网络虚拟财产的法律保护》，《山东省青年管理干部学院学报》2008年第2期。

经济价值是不容否认的。[①] 王利明教授认为，“虚拟财产是一种新的财产，我国物权立法也应该对此予以关注，虚拟财产受到法律调整，侵害虚拟财产也应该承担相应责任”。

（3）符合世界发展趋势。随着信息时代的到来，世界主要国家对财产概念的理解都有了新的变化，既包括有体财产如土地、房屋、机器设备等，也包括无体财产。虚拟财产在形态上的无体，从而将其作为不同于知识产权的另一类特殊的无体财产进行保护应该是可行的。从可兹借鉴的立法例来看，在网络游戏发展比较早、比较快的韩国，法律明确规定网络游戏中的虚拟角色和虚拟物品独立于服务商而具有财产价值；我国台湾地区新近修订的《刑法》第220条也规定虚拟财产属于一种无体财产。

三、虚拟财产的性质界定

经过多年的学术争论和深入研究，目前，学界大多数学者认为，网络虚拟财产系法律意义上的财产，其具有价值性且应该受到法律的保护。但学界对虚拟财产的性质，还未达成一致性意见，主要有以下观点：

1. 债权说

持该观点的学者认为，虚拟财产的本质应当是一种债权性权利。[②] 虚拟财产的重点不在于虚拟的物品本身，而在于它所反映的网络游戏服务合同关系，即在网络游戏者与游戏商之间是一种提供游戏产品及服务的合同关系。该学说“将虚拟财产的权利定性为债权，将虚拟财产关系认定为债的关系，虚拟财产权利就是玩家可以享有由服务商所提供的特定服务内容的权利，而每一个虚拟物品就是一张合同，由玩家占有后，视为合同签订并转变为虚拟财产”，“游戏运营商和玩家之间的关系是服务合同关系，游戏运营商享有虚拟财产的所有权并通过合同让渡其部分权能，而玩家享有债权”。根据游戏合同，玩家取得了以特定游戏服务为内容的游戏凭证，由此对网络游戏中的虚拟财产的占有、使用、收益和处分，仅仅标志着玩家根据合同的内容享受运营商提供的相关服

---

①崔长珍：《网络虚拟财产法律保护初探》，《中州学刊》2006年第6期。

②丁邵泊：《关于虚拟财产的法律属性的思考》，《山西经济管理干部学院学报》2007年第4期。

务。其依据包括：

（1）从用户和网络游戏服务商之间的关系来看，他们之间是一种双方自愿的消费合同关系。众所周知，网络游戏产业属于娱乐行业，其目的是向用户提供网络游戏娱乐消费服务，从中收取服务费用，获取利润。由此，用户通过支付对价取得接受服务的债权，并享有对服务商提供相对等服务的请求权；而服务商则有按约定提供服务，有序管理及保障服务质量等义务，同时他们的权利义务约定不涉及合同外的不特定多数人。因此，用户外挂、偷盗、复制等行为对游戏供应商来说属于违约行为；若损害了其他用户的利益，对其他用户而言则是一种侵权行为，侵犯了他对游戏供应商享有的合同债权。

（2）游戏供应商享有网络虚拟财产的所有权的同时，为获取最大限度的利益，他必须通过服务合同让渡其部分权能。游戏供应商通过开发获得了整套完整的网络游戏程序并将其投入运营，无可争议地享有包括作为该网络游戏程序的一部分数据的网络虚拟财产在内的整套游戏产品和游戏空间的所有权。然而，享有网络虚拟财产所有权并非游戏供应商的最终目的，为了获取利益，游戏供应商就要与用户订立服务消费合同，约定用户的使用权优先于网络游戏服务商的所有权，即游戏服务商负有保证用户能够正常使用其在虚拟世界中的各种虚拟财产的义务，并排除其他用户对该物的占有。[①]

（3）从网络虚拟财产的产生过程看，玩家与网络游戏运营商建立了服务合同关系。在实践中，首先，在玩家进入并使用虚拟环境之前，运营商通常以一个格式化的标准合同文本（即“注册协议”）的方式与用户就进入该虚拟环境后双方的权利义务进行分配。这一格式合同以运营商提供的虚拟环境服务为标的，可称之为服务条款。根据该条款，运营商有义务提供完善的游戏平台和多样的游戏情节，保证玩家顺利游戏；玩家则通过不断购买和支付点卡来履行其合同义务。这一服务合同关系是贯穿整个游戏的基本的法律关系。由此可见，玩家通过支付对价取得接受服务的债权，并享有对服务商提供相对等服务的请求权；而服务商

①周玉斌：《浅议网络虚拟财产的法律性质》，《合肥学院学报》（社科版）2006年第3期。

则有按约定提供服务、有序管理及保障服务质量等义务，同时他们的权利义务约定不涉及合同外的不特定多数人。[①] 因此，其他玩家侵犯玩家的网络虚拟财产权，实际上是侵犯了玩家的债权。

2. 物权说

该学说认为，网络虚拟财产本质上是一种电磁记录数据，在法律上属于无体物的范畴，在物权分类中可以将其列入“动产”的范畴。“网络虚拟财产虽然具有一定的网络虚拟性，但它应该属于网络条件下的动产，对网络虚拟财产的所有权利具备占有、使用、收益、处分等等若干权能，因此网络虚拟财产的法律特征是客体物”；“只要具有法律上的排他支配或管理的可能性及独立的经济性，就可以被认定为法律上的物，加之网络虚拟财产与民法上的物之间在基本属性上是相同的。[②] 所以，理论上认识网络虚拟财产，应当把网络虚拟财产作为一种特殊物，适用现有法律对物权的有关规定”。

其理由在于虚拟财产具有物的基本特征：（1）独立于人体之外。（2）具有价值。（3）具有稀缺性。（4）能为人控制。（5）具有排他性。[③]

此外，有学者进一步认为，网络虚拟财产权在权利变动的公示方法、存续、占有和支配权能等方面不同于民法上的物权，而是一种类似于物权的准物权。持该观点的学者认为，将其定位于准物权，具有以下重要意义：第一，意味着除玩家以外的任何人都负有不得侵害玩家拥有的财产的义务，有利于更好地保护玩家的利益。第二，网络虚拟财产的交易准用《物权法》的相关规定，有关网络虚拟权利转移的时点、风险的分配、责任的划分以及公示方法等都可以用准物权变动的相关规则，有利于规范网络虚拟财产交易的行为。

3. 知识产权说

这种观点认为虚拟财产是玩家智慧与劳动的结品，属于创造性的智力成果，具有新颖性、创造性、可复制性并需要一定的载体，因此应将

①张勇：《网络虚拟财产法律性质之探讨》，《改革与开放》2010年第24期。
②王烨：《论网络虚拟财产的法律属性》，《巢湖学院学报》2011年第2期。
③白志中：《论网络虚拟财产的法律性质》，《南阳师范学院学报》2007年第8期。

其视为著作权来保护。网络虚拟财产是网络服务商智力活动的成果，具有以下特点：（1）新颖性。利用计算机技术向用户提供了一种新颖的娱乐方式。（2）创造性。网络虚拟世界的设定体现了作者的创造性劳动。（3）可复制性。虚拟财产可以同时为多个用户所取得、使用。（4）需要载体。虚拟财产需要借助于网络和计算机才能为人所利用。

刘春田教授认为："虚"就是无，"拟"就是有。所以虚拟不是无，是在无的基础上的有。是从无到有一种创造行为，也就是生成知识的过程。所谓"虚拟"财产，它的对象符合知识的构成要素，应该属于广义的知识范畴，知识是人类对它认识的一种描述。"虚拟"是靠物质实体能够表达的实在，它本身不是物质的，但是它通过物质可以描述、表达。这种观点认为用户在游戏过程中耗费了大量的时间和精力，伴随着智力性的劳动投入，因此可以把网络虚拟财产权利作为知识产权。

4. 混合说

持该观点的学者认为，应把虚拟财产定义为一种新式的财产权利，就目前的发展形势来看，这种新式权利实质上是一种物权和债权的混合体。其原因在于：一方面，虚拟财产具有物权性质。虚拟财产（营运商和所有人之间的关系以外）在很多方面都表现出了物权的特性。它可以为人所支配并且排除所有人以外的人的非法侵犯（包括运营商），具有一种排他性，与此同时，又具有财产性质。由此可见，虚拟财产具有物权的特性是无可争辩的。另一方面，虚拟财产又具有债权的特性。虚拟财产的物权特性是表现在运营商和所有人关系之外的。因为虚拟财产的使用是得到运营商的辅助，并且在正常的营业中或破产停止该种游戏而使相关的虚拟财产失去效益的，在这种情况下是不应过多地追究运营商的责任。所以他们之间的法律关系不能笼统地认为是物权关系，而应将它们之间的关系当做债权关系来处理。从另一方面来说，如是虚拟财产的运营商非法侵犯虚拟财产所有人的虚拟财产，对运营商以违约来追究其责任与以侵权追究责任，在效果上来说是一样的，因为侵犯虚拟财产的案件中不存在精神损害赔偿问题。[1] 因此，鉴于运营商与虚拟财产之

①刘思娜、丁艳红：《虚拟财产的法律性质和法律保护研究》，《法制与经济》2012年第2期。

间的特殊关系，适用有关合同法的相关规定来调整两者之间的关系更加完善和恰当，亦更符合社会经济生活之需。

四、虚拟财产的权属

1. 归属于网络服务运营商

持该观点的学者认为，网络虚拟财产都应当归属于网络服务运营商，用户仅仅享有对网络虚拟财产的使用权。因此，只要网络服务运营商能够提供稳定、安全、健康的网络环境，并且不阻碍用户使用自己的网络虚拟财产，不干涉对其使用的网络虚拟财产进行交易，则其拥有网络虚拟财产的所有权能更好地平衡网络服务运营商和用户之间的利益，而用户拥有虚拟财产的所有权也没多大的现实意义。其理由如下：

（1）服务商与网民之间就虚拟财产所有权的归属问题已有合同约定。游戏运营商和玩家之间的服务合同关系出发，网络虚拟财产只是游戏运营商提供给游戏玩家的一部分服务，游戏玩家在虚拟游戏中的行为就是接受游戏服务的过程。游戏玩家支付相应的费用，以网络游戏为平台，支配、使用，甚至处置这些虚拟财产，但这些行为都要以该网络游戏为基础，脱离了这个网络游戏，这些虚拟财产终究不过是附着在电子设备上的电磁信息，无法体现其价值。由此可见，玩家对虚拟财产的控制是游戏运营商提供服务的一部分。玩家所注重的是游戏过程中的风险、刺激与快乐，也就接受游戏服务的乐趣。在这种情况下，只要游戏运营商能够保证其提供游戏服务并且不妨碍玩家对自己所拥有的网络虚拟财产进行交易，让玩家拥有网络虚拟财产的所有权并没有实际意义。[①] 因此，这些虚拟财产当然不属于玩家，而应属于游戏供应商所有。

（2）从虚拟财产的取得角度看，当网络运营商开发出一个软件或者程序，它当然的享有其著作权，同时也享有软件或者程序的一切权利。而这些虚拟财产本质上也是储存在服务器上的一组组数据或者说电磁记录，也属于开发商的著作权范围。然而享有权利并不是运营商的目的，

---

①郭如峰、陈云秀：《虚拟财产：腾讯、360桌面之战的法律》，《内蒙古农业大学学报》（社科版）2011年第4期。

盈利才是关键。这个时候就要求运营商把部分权利让渡给用户，而用户继受取得相关虚拟财产。

（3）明确网络虚拟财产归属于运营商能够更好地均衡游戏玩家与运营商之间的利益。网络虚拟财产本质上只是附着于游戏服务器上的电子信息，假若虚拟财产归属于网络游戏玩家，则游戏运营商没有任何义务为游戏玩家保管及更新这些信息，这种消极的处理方式很可能导致游戏不良运营。一旦游戏停止，玩家拥有这些电子数据则没有任何实际意义。反之，运营商享有这些数据的所有权，亦即享有虚拟财产的所有权，有偿为游戏玩家提供使用权，并约定使用权优先于其所有权。只要网络运营商妨碍了玩家对其在虚拟游戏中对虚拟财产的支配、使用，网络游戏玩家即可要求运营商承担责任并赔偿损失。一款网络游戏通常拥有大量游戏玩家，一旦将虚拟财产归属于玩家，不可能依靠网络用户对虚拟财产进行共同投资、管理，这势必产生游戏运营和管理上的混乱。一旦停止运营该游戏，运营商仍要为用户保持其虚拟财产相对应的电子数据，这同时也是一种资源的浪费。[①] 因此将网络虚拟财产归属于运营商无疑更有利于保护玩家的利益，同时也更具有实际意义。

（4）从虚拟财产的性质来看，将其界定为运营商所有，更具实际意义。虚拟财产取得方式与状态由网络规则所确定，其本身就属于程序的一部分；虚拟财产是网络程序的组成部分，它们不能脱离网络程序而独立存在。一项网络虚拟财产具有各种功能是在网络游戏开发时设计好、并固定成具体的电子数据，用户在使用过程中不能通过技术任意改变网络虚拟财产所具备的功能。而网络服务运营商具备这些行为优势。如果网络虚拟财产是通过外挂、非法复制、偷盗等方式取得的，这些行为是网络规则坚决抵制并打击的，网络服务运营商可以依照其监管权对网络虚拟财产进行回收，无须征得玩家同意。如果用户取得网络虚拟财产的所有权，则网络服务运营商上述管理行为则为无权行为，对网络的安全运行极为不利。

（5）网络虚拟财产在其存在的虚拟空间单所具有的功能是用户关心

①李若思：《网络虚拟财产的性质、归属及保护》，《济南司法警官职业学院学报》2008年第2期。

的。实际上，用户对拥有电磁记录本身不感兴趣。相反的，网络服务运营商需保障用户虚拟财产使用的电磁记录的完整性，并保证不受他人侵害，在一定期限内保存相关电磁记录的义务。将网络虚拟财产所有权归为网络服务运营商，更有利于保证其尽保存电磁记录的义务，同时也不影响用户对网络虚拟财产的使用。[①]

（6）网络游戏玩家转让的只是游戏账号、游戏货币或装备等虚拟财产的使用权而非所有权。游戏玩家出售网络游戏账号、装备等财产，出售的仅仅是这类财产的使用权而非所有权。因为，这类网络虚拟财产唯有以网络游戏为平台才能体现其价值，一旦脱离了网络游戏，则这些以电子数据形式存在的财产对用户来说就没有任何实际意义。换句话说，即使游戏玩家将虚拟财产转让给其他人，该交易相对方若想要实现此虚拟财产的价值仍要通过网络游戏这一平台，其所获得的只是享有网络游戏服务的权利。由此可见，网络游戏玩家付出金钱和智力劳动所获得的是网络游戏的服务，玩家对游戏中的虚拟财产享有的是使用权而非所有权，其转让账号、装备的实质是转让这些虚拟财产的使用权。

2. 归玩家（用户）所有

持该观点的学者认为，网络虚拟财产应当归用户所有，服务商只为网络虚拟财产提供一个存放的场所，而无权对其修改或删除。网络财务的性质与银行账号中的钱则并无本质的区别。服务商只是代为保管虚拟财产，虚拟财产所有权属于网民。其理由在于：

（1）虚拟财产具有独立性，它们可以在人们之间进行自由的流转；虚拟财产不是网络系统本身存在的，它是网民通过脑力劳动触发计算机程序创造出来的；网民对虚拟财产所行使的权利已超出使用权的范畴，而具有所有权的性质。虚拟财产的所有权应属于网民。有些学者进一步认为：如果从原始取得的角度看，虚拟财物的产生和变化并不由服务商控制，而是网民自身特定行为的结果；而从继受取得的角度看，也可以认为网民对虚拟财产的所有权是通过服务合同所取得的。[②]

---

①原小杰、王慧蕾、朱广峰：《论网络虚拟财产的物权属性》，《中国海洋大学学报》（社科版）2006年第2期。

②王克先：《论虚拟财产与交易》，《法治研究》2008年第2期。

（2）玩家具备完全占用、使用、收益、处分等权能，那么所谓的所有权归于运营商是毫无意义的，既然玩家拥有完全的权能就应当确认对该物享有所有权。玩家交易虚拟财产的目的往往是获得该财产的所有权，而不是使用权。即交易时意思表示是获得该虚拟财产的所有权，并且玩家通过占用该虚拟财产达到公示的效果。如果将所有权归于运营商，那么玩家交易的只能是使用权。在实际中就会产生这样一种结果，玩家的意思表示是占用该虚拟物的所有权，而法律却规定所有权归于运营商，那么玩家的意思表示就属于不真实，是否可以因此主张交易行为无效？因此，基于虚拟财产价值的特殊性，将所有权归于玩家是非常合理的，也是必须的。[①] 将虚拟财产作为物权法中的财产进行保护，可以适用物权法中无形财产的规定。

（3）玩家在获取虚拟财产的过程中，投入了大量的智力劳动和时间。从尊重玩家劳动和创造力的角度出发，虚拟财产理应归玩家所有。玩家在获取虚拟财产的过程中，支付了一定的金钱。玩家要想获取虚拟财产，必须先购买服务商销售的游戏点卡，通过点卡上的账号和密码登录游戏系统。玩家在登录游戏系统后，获得极为有限的虚拟财产，之后，玩家通过自己在网络游戏中的努力，不断获取虚拟财产，使自己能够支配的虚拟财产逐渐增加。从玩家是通过支付一定的对价给服务商而获得虚拟财产的角度考虑，玩家也应当是虚拟财产的所有人。

（4）虚拟财产归玩家所有对服务商是有利的。网络游戏的玩家可以分为两类。一类是爱好网络游戏的玩家。这类玩家把网络游戏看成是自我表达和自我实现的舞台；他们把拥有的虚拟财产的多寡视为衡量自身能力大小的标尺。他们对获取的虚拟财产是有感情的。如果虚拟财产不能归玩家所有，则将极大地伤害玩家的感情，使得他们愤恨夺取其虚拟财产的服务商，并将其厌恶感移情到网络游戏上，再也不愿意玩网络游戏。另一类是以赚钱为目的的玩家。这类玩家纯粹是为了赚钱才玩网络游戏的，他们通过自身能力和努力获取一些其他玩家难以获得的虚拟财产，并将这些虚拟财产卖给需要的玩家，从而获取一定数量的金钱。如

①黄宏生：《网络虚拟财产的性质与法律保护》，《东南学术》2009年第6期。

果虚拟财产不能归玩家所有，则玩家之间出卖虚拟财产的行为将被定性为无权处分行为。买卖双方的利益都得不到有效保障，那些为赚钱而玩网络游戏的玩家必定告别网络游戏的战场。随着玩家数量的减少，服务商的利润必定大幅度下降。[①] 因此，虚拟财产归玩家所有是对玩家权益的一种保障，同时也有利于保障服务商的利益。

【案例】

案情简介

2003年2月17日，网络游戏《红月》的玩家李某在登录游戏时，发现其在该游戏中花费了大量时间和金钱的虚拟装备不翼而飞。李某在第一时间给游戏运营商北京某科技发展有限公司的客户服务部打电话，将情况反映给运营商。2月19日，李某从查询结果中得知自己的装备被转移到了一个叫shuiliu0011的ID上。于是，他要求网络游戏公司查封这个ID，但对方告诉他，他无权要求游戏公司这么做，除非有公安机关的公函。李某随后赶往公安机关报案，但公安机关的答复是："虚拟物品无法估价，我们无法就此立案。"6月20日，李某在《红月》中另一个ID的所有装备都被删除，游戏公司次日发出公告，称删除装备的原因是"该ID拥有大量复制的装备"。但是，网络游戏公司并没有就删除事宜提前告知李某，也没有向其出示相关证据。于是，李某以侵犯其私人财产为由，将该公司起诉至北京市朝阳区人民法院。网络游戏公司辩称，公司删除复制设备的行为，是其对游戏运营的正常管理行为，网络游戏公司不应对此承担责任。

审理及判决

北京市朝阳区人民法院经审理认为，被告北京某科技发展有限公司与玩家之间是消费者与服务者的关系，适用我国《合同法》和《消费者权益保护法》等法律规定。虽然虚拟的装备是无形的，又存在于特殊的网络游戏环境中，但玩家参与游戏需要支付费用，可获得游戏时间和装

---

①钱明星、张帆：《网络虚拟财产民法问题探析》，《福建师范大学学报》（哲社版）2008年第5期。

备的游戏卡都要用货币购买，这些都反映出虚拟装备的价值含量。由于虚拟装备的价值无法参照现实生活中的同类产品，为公平起见，法院判定，原告丢失的物品应由被告通过技术操作进行恢复。

分析

本案属于网络虚拟财产纠纷的典型案例，在此有两个问题需要进行探讨：

1. 网络游戏公司是否有权删除玩家设备？在本案中，网络游戏公司删除玩家设备，是玩家提起诉讼的直接诱因。那么，网络游戏公司是否可以进行如此操作？综合分析来看，答案应该是否定。首先，虽然我国现行法律未对网络虚拟财产的归属作出明确规定，且理论界也并未就此达成一致性意见，但是依据玩家与网络游戏公司之间的合同来看，玩家至少是享有这些设备的使用权的，因此，网络游戏公司无权对玩家的设备进行删除。其次，从这些设备的取得来看，并非是网络游戏公司无偿提供给玩家的，玩家为获得这些设备耗费大量的时间与金钱，其取得是支付了相应对价的，因此，网络游戏公司无权单方面剥夺这些设备。最后，即便删除这些设备是出于网络游戏管理之需，那么必须在网络游戏服务合同提前约定，并依程序进行，保证玩家的知悉权与损失补偿权。由此来看，北京朝阳区法院作出的决定既符合现行法律规定的精神，也符合社会公平的基本原理。

2. 公安机关是否应对网络财产被盗事件进行立案？在本案中，玩家曾就游戏设备被盗事件，向相应公安机关反映，以寻求帮助，但公安机关所给出的答复是："虚拟物品无法估价，我们无法就此立案。"从民法角度来看，玩家为获得相应的游戏设备耗费了大量的时间与金钱，从这个角度看，该游戏设备应该具有相应的价值。但是，由于现行法律未对虚拟财产的价值判断进行明确规定，因此，无法客观判定玩家被盗的游戏设备的价值。而对于公安机关来讲，就盗窃事件进行立案是有着相应条件的，其中被盗财产的数额就是一个重要条件。因此，公安机关的决定从法律上讲并无不妥之处。

居住权制度

【法理】

一、居住权概念、特征及性质

1. 居住权的概念

在公法以及人权领域，居住权（又有学者称之为居住的权利，以和传统民法的居住权相区分）是一项基本人权，是人的生存权的一种。它具有普遍人权的含义，是一种人生而具有的不可剥夺的权利，也是一国政府应当为本国公民提供的必要保障。在私法领域，居住权是用益物权的一种，它是指居住权人对他人拥有所有权的住房以及其他附着物享有的占有、使用乃至收益的权利。自罗马法确立之后，在数千年的流变中，居住权制度始终发挥着保障家庭生活秩序与投资的功能。本专题所研究的正是私法意义上的居住权。

2. 居住权的特征

作为用益物权的一项重要制度，居住权具有以下特征：（1）居住权主体范围限定，是为特定人的利益而设立的，且居住权的主体只能是自然人。（2）居住权的客体为他人所有的建筑的全部或一部分，还包括其他附着物。（3）居住权是因居住而对房屋进行使用的权利，也就是为特定的自然人的生活用房的需要而设定的权利。（4）居住权具有期限性，且期限一般较长。但如果居住权的存续期限完全取决于自然人的生命存续时间的话，不尽合理，因为由于生命的长短具有很大的偶然性，很难确定所有人的所有权何时回复完整。此外，有些居住权，如离婚配偶的居住权，存续时间没有必要以终生作为标准，否则对于另一方配偶来说就有失公平。[①]（5）居住权一般具有无偿性，居住权人无需向房屋的所有人支付对价，所以被称为“恩惠行为用”。[②]（6）居住权具有严格的人身属性。居住权是基于家庭关系、婚姻关系等产生，具有不可处分性，表现为居住权不能与权利人相分离。[③]从各国的立法来看，居住权不能转让、不能继承已为各国所接受，当事人另有约定的除外。

3. 居住权的性质

居住权是一种用益物权。（1）从权属的角度来看，用益物权是一种他物权，它是指用益权人在他人所有之物上设立的以占有、使用、收益为目的的权利。而居住权也是对他人房屋所享有的占有、居住的权利。居住权的前提是占有他人的房屋，用益物权的行使同样以占有为目的，并且二者都是对在他人所有之物上设立的一种权利，所以说，居住权是一种用益物权。（2）从客体的角度来看，用益物权的客体是不动产，主要包括土地，房屋。居住权的客体为房屋，用益物权的客体包括了居住权的客体，所以说，居住权是用益物权的一种。（3）从权能的角度来看，用益物权人行使的是对他人之物占有、使用、收益的权能，居住权中的占有、居住的权能包括在用益物权的权能中，所以说，居住权是用益物权的一种。（4）从设立目的角度来看，用益物权的设立是为了使物尽其用，对于所有权人来说，因为让渡所有权的使用权能而获得利益，而用益权人的需要因而得到满足，用益权人获得使用价值，而所有人获得了价值，而居住权人可能是有偿也可能是无偿占有使用他人的房屋，但无论有偿还是无偿，都是获得房屋的使用价值。所以说，居住权是用益物权的一种。（5）从期限性的角度来看，用益物权作为他物权，是对所有权的一种限制，用益物权存在时的所有权处于不圆满的状态，如果允许无期限的存在，那么所有权形同虚设，也无必要存在了，所以说用益物权应当而且必须是有期限的。居住权也同样是在他人房屋之上设立的，同样应当而且必须有期限限制，否则将失去存在意义。[④]

---

①万一：《居住权制度的立法必要性与可行性》，《中国公证》2007年第11期。

②王利明：《物权法论》，中国政法大学出版社2003年版，第533页。

③同①。

④阴秀文：《论物权法中居住权制度的设立》，《法制与社会》2008年第35期。

二、居住权制度的取舍

1. 肯定说

持该观点的学者认为，应在我国物权法中设立居住权制度。其理由包括：

（1）设立居住权制度，系出于保护弱势群体利益之需。具体来说，主要体现在三个方面：第一，在我国进行经济体制改革之后，福利分房已为住房商品化所代替，取得房屋所有权对于弱势群体来讲并非易事。居住权以其特有的物权效力确认了对房屋的使用权，这对于保护老、幼及妇女基本生活需要是非常重要的。第二，修改后的婚姻法否定了婚前个人财产转化为夫妻共同财产的有关规定，在法理上是消除了原有规定的错误，但在实际生活中却带来了问题。在物权法中确立居住权制度并把前述居住权予以纳入，无疑将为解决类似问题提供更加明确的法律依据，也可以更加有效地保护生活困难的当事人。[①] 第三，从现实意义上讲，建立居住权制度对解决我国目前面临的老年化问题有所帮助。[②] 如果建立居住权制度，老人完全可以在保留居住权的前提下将房屋出卖，在做到有定居之所的前提下能获得出卖房屋所得之对价。虽然这并不能根本上解决国家养老问题，但是，在一定程度上可以缓解老年人的生活难题，对于社会不无裨益。

（2）设立居住权制度，有利于实现对房屋的最大化利用。在现代社会，财产以它的价值得到最大化利用为首要原则。作为不动产的房屋从经济分析法学的观点来看，也应该实现它的最大化效用。而设立居住权就可以达到这一目的，居住权可以较好地分配财产的所有权的归属与财产的利用权。[③] 此外，设立居住权制度，有利于缓解住房紧张。由于房屋具有稀缺性的特点，居住权的介入，能够使所有权与居住权二者之间达到一种物尽其用的平衡，有利于房屋的资源配置，在一定程度上可以缓解城市住房短缺问题。[④] 设立居住权可以较好地分配财产的所有权的

①吴晓苹：《居住权探析》，《政法学刊》2004年第3期。
②刘兵红：《论我国居住权制度的建立》，《法制与社会》2008年第36期。
③肖卫：《居住权的法理及我国物权法的立法态度》，《求索》2006年第4期。
④张力：《论居住权的物权法保护——微观与宏观之维》，《兰州学刊》2010年。

归属与财产的利用权，使财产所有权与利用权的配置达到最优化。

（3）设立居住权制度，是对财产所有人意志和心愿的尊重。房屋所有人可以通过订立遗嘱、遗赠以及订立合同的方式为他人设定居住权，同时将房屋所有权留给其法定继承人继承，这种制度安排可以体现财产所有人的多方面需要。[①] 这就是说，所有人对其死后的财产不仅能够通过处分控制它的归属，而且能够控制它的利用，使所有人的意志贯穿到各个方面，这也是对自然人的财产所有权予以充分尊重的表现。

（4）设立居住权制度，符合我国物权法的发展趋势。权利保护重心转移和法律人性化是我国物权法的两大发展趋势。所以，权利保护重心转移，就是法律对权利保护的中心“由所有转向利用”；而法律的人性化，则是要使“以人为本”成为全社会共同的呼声，只有人性化的法律才能使民众在内心深处形成对法律的尊重和信仰。[②] 居住权制度的设立正符合了我国物权法发展的两大趋势。

（5）现有法律制度无法完成居住权制度的历史使命。第一，租赁和借用不能代替居住权制度。第二，以附条件买卖实现居住权的功能与法理不符。第三，保留居住权的抵押贷款不能实现居住权的功能。第四，设定居住权的遗嘱或遗赠不等同于居住权。总之，在我国现存的法律制度中，没有一种制度可以完全取代居住权制度的地位和作用，我国设立居住权制度的必要性是显而易见的。[③]

（6）司法实践呼唤设立居住权制度。司法实践对于居住权的关注始于离婚案件中承租权、居住权的纠纷，这类案件一直是法院民事审判工作中的难点。很多法院在审理过程中意识到女性在住房问题上面临的特殊困境，从而将保障妇女基本权利的思想引入司法审判之中，创造性地运用“留住权”等模糊概念来解决离婚妇女的居住问题。但因法律上没有明确规定，各地法院对此类案件的审判结果各不相同，造成司法实践中的混乱。[④] “留住权”的性质是什么？权利内容有哪些？受到侵犯如

---

①陈华彬：《关于居住权确立的几个问题》，《中国社会科学院院报》2004年11月23日第3版。

②滕晓春：《〈物权法〉的一大缺憾——居住权制度的删除》，《研究生法学》2007年第3期。

③同上。

④陈耀东、贺立群：《论居住权在我国的建立》，《南开学报》（哲社版）2005年第2期。

何寻求救济？为了彻底解决所谓“留住权”的问题，司法实践对于设立居住权制度的呼吁由来已久。

（7）从制度层面考察，引进居住权制度是可行的。在现在的体系下，引进居住权，将其作为用益物权的下位概念并无不妥，[①] 且有助于用益物权体系的完整。

2. 否定说

持该观点的学者认为，不应在我国物权法中设立居住权制度。其理由包括：

（1）居住权很难融入我国现有的物权制度体系。居住权具有附随性，必须依附于地役权和人役权的二元结构体系，在这个权利体系中找到自己的准确定位。[②] 但是，在我国没有人役、地役的二元划分习惯，也没有用益权、使用权、居住权的框架体系，因此，单独地移植居住权制度难以融入我国的物权体系。[③]

（2）居住权不符合现代物权法“物尽其用”的原则。现代物权制度的价值取向是注重物的利用效率、效益及物之流转。但传统居住权具有很强的人身依附性，不得转让、继承和出租，不可以就居住权设定任何权利负担。尽管居住权可以为特定人提供一定的居所，满足特定人的生存需要，但这无疑又会限制房屋所有权人对房屋的有效利用。[④] 此外，对居住权在适用范围和功能上进行拓展也不具立法可行性，若是对居住权本身在适用范围和功能上进行拓展，势必会大大弱化它的本来功能，也不利于发挥它的商事功能。[⑤]

（3）居住权制度不利于标的物的维护。[⑥] 在居住权制度的适用中，所有权人和居住权人分离，彼此没有积极的权利义务：前者只能消极等待居住权的终止而回复所有权，不收取“租金”且没有维修义务；而居住权人除了日常维护外也不负其他义务，即使能使房屋增值的行为也在

①张晓娟：《居住权与我国物权法》，《重庆工商大学学报》（社科版）2006年第5期。
②杨柳、李卫华：《论物权法中的居住权》，《桂林航天工业高等专科学校学报》2006年第2期。
③陈信勇、蓝邓骏：《居住权的源流及其立法的理性思考》，《法律科学》2003年第3期。
④房绍坤：《居住权立法不具有可行性》，《中州学刊》2005年第4期。
⑤蒋懿：《对我国居住权立法的思考》，《时代法学》2006年第5期。
⑥同②。

排除之列。这造成所有权人与居住权人都不关心房屋的维护，妨碍了标的物的改良，不利于经济的发展。

（4）居住权的功能可以为其他制度所替代。保留居住权的房屋买卖以实现自己养老的功能，似乎可由附条件的房屋买卖替代，而遗嘱遗赠设定居住权则可由附条件的遗赠或遗嘱所替代。虽然理论上它们的效力不同，但在中国的文化传统和现有制度下，可谓殊途同归。另外，亲属间扶养义务的履行，并非法定的居住权所能承担，如果到了非得主张居住权不可的地步，即使让他们住在一起也并非理性的最佳选择。①

梁慧星先生则从居住权适用对象角度反驳了创设居住权制度的必要性。从居住权适用对象上看，其主要是在于解决三类人的居住问题，一是父母，二是离婚后暂未找到居住场所的前夫或前妻，三是保姆。对于父母，梁慧星先生认为我国《婚姻法》《继承法》等法律中有关于夫妻互有继承权、父母是子女第一顺序继承人和子女对父母有赡养义务等等规定，故理论上父母居住问题在法律上没有障碍；针对离婚后暂未找到居住场所的前夫或前妻，梁慧星先生认为我国现阶段实行的住房商品化政策使得离婚后居住问题可以通过买房来解决，夫妻感情已经交恶到离婚程度，自无必要创设什么居住权再住在一个屋檐下；针对保姆，梁慧星先生认为，在中国使用保姆的家庭只占少数，而准备给保姆以物权性居住权的雇主，恐怕是少之又少。因此，梁慧星先生认为，为了极少人的问题而创设一种新的物权和一个新的法律制度，是不合逻辑的，也不合情理。②

（5）居住权的规定不符合中华民族的优良传统及人的正常心理，特别是影响到离婚双方新生活的创设。以居住权这样一个冷冰冰的法律条文来代替原本充满亲情的父母子女关系，会导致父母子女关系淡漠甚至出现精神上虐待老人的情况。对于离婚双方而言，我们知道，法院一般只有在“夫妻感情完全破裂”的情况下才会判决离婚，那么既然双方毫无感情可言，当一方主张法律上的“居住权”，离婚双方仍然处于“同一屋檐下”的情况下，后果可想而知。双方从心理上就接受不了。还有

---

①杨柳、李卫华：《论物权法中的居住权》，《桂林航天工业高等专科学校学报》2006年第2期。

②梁慧星：《不赞成规定“居住权”》，《人民法院报》2005年1月12日。

一点我们必须注意的是，一般人离婚后还会寻找新的伴侣，寻求新的生活。而“房子”问题无疑是一大精神与物质障碍。因此，很多学者认为“居住权”在我国现实中无实用性，也行不通，而且会带来更多的社会不和谐与诉讼的出现。法律不是万能的，用一种冷酷无情的僵硬的法律条文来解决温情脉脉的家庭成员关系从情理上是说不通的。纵使法律生效，家庭成员可生活于一处，但心理上的裂隙与伤痕是无法缝合的。①

（6）从居住权产生的社会基础来看，我国物权法无设置居住权的可行性。任何一项法律制度的产生必有其相应的社会基础，居住权也不例外。居住权产生的社会基础在于需要解决一些特定人“生有所靠，老有所养”的问题，也即解决特定人的生存问题，而这些问题往往是无法通过家庭得到解决的，② 而在我国却不存在这些情况。

（7）从制度创立的社会成本来看，居住权的立法成本过高，传统的居住权制度丧失了效率效益，居住权人与所有权人之间不是一种互惠互利的制度安排。③

三、关于居住权的设定方式

关于居住权的设定方式问题，理论界还未达成共识，概括而言，主要有以下几种方式：

1. 遗嘱设定

罗马法和西方各国都承认居住权的遗嘱设定方式。所谓居住权的遗嘱设定方式，是指房屋所有权人以遗嘱的方式为他人设定居住权，并于遗嘱人死亡时生效的方式。遗嘱是遗嘱人对其死后财产和相关事项作出安排的法律行为，充分体现了当事人的意识自治，遗嘱设定居住权的方式因此也具有强大的生命力。首先，它尊重当事人的意愿。遗嘱人可以为特定人设定居住权，同时又可以顾及到继承人继承权的行使，两全其美。其次，遗嘱经过法定程序，具有法律效力。继承人作为房屋所有权人必须为居住权人提供居住的便利，这样就可以很好地保障居住权人的

---

①王红五、章鸿：《论我国居住权立法不具有可行性》，《台声·新视角》2005年第6期。

②房绍坤：《居住权立法不具有可行性》，《中州学刊》2005年第4期。

③陈信勇、蓝邓骏：《居住权的源流及其立法的理性思考》，《法律科学》2003年第3期。

利益。[①] 对该设立方式，学界并无太多争议，大多数学者认为，居住权应可依据遗嘱而设立，这是对设定人意思自治的尊重与保护，亦合乎情理。而物权法的起草过程中，全国人大法工委公布的《物权法》草案第181条也规定了遗嘱设立居住权的方式。

2. 合同设定

所谓合同设定，是指房屋所有权人以合同的方式为他人设定居住权。钱明星老师认为，合同设定是居住权设定的最主要形式。[②] 有的学者进一步指出，合同设定居住权宜采登记要件主义。原因在于，比较而言，能够依靠自己的力量与所有权人协调，且以合意的方式取得居住权的当事人，应该具有较强的维权意识，而登记作为以合意方式取得物权的生效要件，符合大陆法系传统的物权变动理论。[③] 多数学者认为居住权可以通过合同设定方式取得，其认为，该设定方式与遗嘱设定相似，是对设定人意思自治的尊重与保护，亦合乎社会习俗。在物权法的起草过程中，全国人大法工委公布的《物权法》草案第181条也规定了合同设立居住权的方式。但有的学者则并不认同居住权的合同设定方式，因为，居住权的设立有其特定的目的，它是为了特定人的生活需要而在他人所有的房屋上设定的用益物权。其本身就具有一定的特殊性，如果允许当事人通过合同的方式加以任意设立，既不利于对居住权制度的维护，也不符合居住权为特定人生活需要而产生这一前提。[④] 所以，在居住权的设定中，应对合同设定方式加以严格的限制。

3. 法定设定

居住权的法定设定是指居住权人基于法律的规定取得他人住房进行居住的一种方式。设立法定取得居住权的目的主要是基于对弱势群体保护的需要，不允许所有权人通过约定方式加以排除。一般认为，依据法定规定而直接取得居住权包括以下两种情况：一是父母对成年子女享

---

①李莉、梁鹏：《关于我国居住权立法的理性思考》，《广西社会科学》2006年第2期。
②钱明星：《关于在我国物权法中设置居住权的几个问题》，《中国法学》2001年第5期。
③陈耀东、贺立群：《论居住权制度在我国的建立》，《南开学报》（哲社版）2005年第2期。
④同①。

有的居住权；二是未成年子女对父母享有的居住权。[①] 法定取得方式的支持者认为，由于法律的强行性，以法律规定方式取得的居住权非经过法定程序不能加以排除，因而更有利于对社会弱势群体的保护，不仅必要，而且可行。[②] 而反对者则认为，能够用现有制度解决的问题，没有必要通过设置一项新的权利来解决，这样既增加了成本，又不利于法律的适用，会造成法律适用的冲突。可行的方案就是，基于现有法律制度的规定而产生所谓法定居住权，仍然通过婚姻家庭法中的抚养义务和赡养义务来解决，没有必要纳入物权法的居住权调整范围之中。[③]

4. 裁判设定

所谓裁判设定，是指在离婚裁判中，法官以裁判的方式为一些有特殊需求的人设定居住权。法院判决是国家意志的直接体现，此类居住权应自判决生效之时而同时生效。[④] 以裁判设定取得居住权主要有以下两种情况：一是已成年但无收入来源的子女对父母享有居住权；二是离婚后暂未找到住所的夫或妻一方对另一方的住房享有的居住权。采用裁定取得的方式设定居住权主要是弥补成文法的缺陷与不足。[⑤] 我国在《最高人民法院关于适用中华人民共和国婚姻法若干问题的解释（一）》第27条间接规定了居住权的裁判设定方式，“离婚时，一方以个人财产中的住房对生活困难者进行帮助的形式，可以是房屋的居住权或者房屋的所有权”。裁判设定的支持者认为，裁判设定方式不同于法定取得方式，法律规定于什么人享有居住权非常明确，而法院裁判则需要法官进行自由裁量赋予一些有特殊需要的人，具体对象是不确定的。[⑥] 两者相比，就可操作性而言，法院裁判的方式明显更可行、更具有灵活性。

5. 时效取得

有的学者认为，时效取得是居住权设定又一重要方式，即居住权可

①王彬彬：《构建我国的居住权制度——基于弱势群体的保护》，《法制与社会》2009年第34期。
②李莉、梁鹏：《关于我国居住权立法的理性思考》，《广西社会科学》2006年第2期。
③申卫星：《视野拓展与功能转换：我国设立居住权必要性的多重视角》，《中国法学》2005年第5期。
④陈耀东、贺立群：《论居住权制度在我国的建立》，《南开学报》（哲社版）2005年第2期。
⑤同①。
⑥同②。

以依取得时效而取得。[①] 支持者认为，现实中存在因时效而取得居住权的可能性，而且这样规定有利于维持长久形成的居住现状，且不会加重所有权人的负担。[②] 而反对者认为，居住权具有强烈的人身性，一般以特定的身份关系为前提，不适用时效取得。因此，在我国物权法中不宜对此作出规定，以免徒增居住权问题的繁杂，并导致权利义务关系的复杂。[③]

【相关法律法规及司法解释】

最高人民法院《关于适用〈中华人民共和国婚姻法〉若干问题的解释（一）》

第二十七条　《婚姻法》第四十二条所称“一方生活困难”，是指依靠个人财产和离婚时分得的财产无法维持当地基本生活水平。一方离婚后没有住处的，属于生活困难。离婚时，一方以个人财产中的住房对生活困难者进行帮助的形式，可以是房屋的居住权或者房屋的所有权。

【案例】

案情简介

市民刘某双腿有残，且未娶妻，多年来一直与其兄一家共同生活。2008年7月，刘兄因病去世，刘某的嫂子苏某及其侄子依法继承了刘兄生前所拥有的房屋。2010年初，苏某和其子决定将该房屋出售，因此，要求刘某尽快搬出。刘某希望能在该房屋继续居住，因为自己没有能力购买或租住房屋，确实无处可去。苏某母子表示不能接受刘某的要求。不久，苏某与张某就该房屋的买卖达成共识，由张某以45万元的价格购买该房屋，并正式签订房屋买卖协议，张某也依照协议约定将定金10万元交予苏某。当日，苏某母子将房屋买卖事宜告知刘某，要求其马上搬离该房屋，以便尽快将该房屋交付张某。刘某表示不能接受，于是一纸诉

---

①钱明星：《关于在我国物权法中设置居住权的几个问题》，《中国法学》2001年第5期。

②申卫星：《视野拓展与功能转换：我国设立居住权必要性的多重视角》，《中国法学》2005年第5期。

③吕杰、朱呈义：《论居住权在我国民法典中的具体设计》，《河南省政法管理干部学院学报》2004年第3期。

状将苏某母子二人诉至所在县人民法院。

审理及判决

法院经审理认为，原告刘某与被告苏某母子一家共同生活二十余年，已成为被告家庭成员之一，因此，享有在讼争房屋内居住的权利，而且这种居住权不会因原告兄长的死亡而被剥夺。法院最终判定：刘某享有对诉争房屋的居住权，同时责令被告苏某母子不得妨碍刘某在该房内居住。

分析

本案是一起关于居住权纠纷的典型案例。

从本案的实际情况来看，法院所作出的判决合理合法，并无不妥之处。一方面，法院肯定刘某居住权的判决合乎社会公理及人情事理。在本案中，作为原告的刘某，其身存残疾，且别无依靠，如果剥夺其对诉争房屋的居住权，将使其处于无处可居的境地。这为社会公理所不容，也不符合一般的人情事理；另一方面，我国现行法律虽对居住权问题并未作出明确规定，但在司法实践中，居住权已被肯定承认，由本案的实际情况来看，刘某对诉争房屋享有居住权是确定无疑的事实。此外，法院对于刘某居住权的保护，也可以从《民法通则》的原则性规定找到依据。《民法通则》第七条明确规定，“民事活动应当尊重社会公德”。

本案值得深入研究的地方在于，在保护刘某居住权的同时，如何实现对苏某母子房屋所有权的有效保护？在本案中，苏某母子因享有诉争房屋的所有权而当然有权对该房屋予以处置，即有权出售该房屋。由此看来，苏某母子与第三人张某所签订的房屋买卖协议无疑是合法有效的。那么，如何平衡居住权人（刘某）、所有权人（苏某母子）与买受人（张某）的利益呢？综合考虑，或许有以下三个解决办法：一是若苏某母子还有其他房产，且刘某居住便利，不妨在该房产上为刘某设定居住权；二是由苏某母子出资为刘某租赁房屋，以变相实现刘某的居住权；三是在房屋买卖协议中对刘某的居住权进行约定，即约定诉争房屋的一部分由刘某居住使用。需要说明的是，以上解决办法是在法律未对居住权作出明确规定情况下的一种变通处理，要解决现实中大量存在的居住权纠纷问题，亟须法律对居住权问题作出明确规定。

最高额抵押适用

【法理】

一、最高额抵押概述

依据我国现行法律规定，所谓最高额抵押，是指抵押人与抵押权人协议，在最高债权额限度内，以抵押物对一定期间内连续发生的债权作担保。最高额抵押是针对持续交易中连续发生的债权的担保，尤其适合于高度发达的交易关系的需要，有极强的生命力，它对市场经济的发展具有重要意义。一方面，它可以极大地促进融资。最高额抵押制度，仅需要当事人设定抵押的最高限额，不需要就其中每个债权关系分别设定抵押即可长期受到担保，这无疑为社会提供了便捷的融资手段。另一方面，它可以促进交易的发生。最高额抵押就持续发生的交易提供担保，即使中间债权一度消灭，最高额抵押也不消灭，因此，它可以为当事人提供长期担保。①

最高额抵押权作为一种抵押权，其具有抵押权的共性，但又有不同于普通抵押权的特性。具体来说，主要表现在以下几个方面：

（1）从属性上的特殊性。从属性是普通抵押权的重要特性，但作为一种特殊的抵押权，最高额抵押权的从属性与普通抵押权有异。一是存在上的特殊性。最高额抵押权成立在先，债权可能成立在后，而普通抵押权则是债权成立在先，抵押权成立在后。二是处分上的特殊性。最高额抵押权所担保的债权是连续发生的债权。在最高额抵押权没有确定时，债权总额是不确定的，随时会发生变化，尽管某一具体债权转让了，但将来还有发生债权的可能，基于抵押权的不可分性，最高额抵押

①程宗璋：《论我国最高额抵押制度的完善》，《广西财政高等专科学校学报》2000年第6期。

权自然不能随之转让。这就是最高额抵押权在处分上的特殊性。即它不随某一具体债权的转让而转让，而只随基础关系一同转让。三是消灭上的特殊性。最高额抵押权所担保的债权不再存在，则最高额抵押权也绝不会存在。但是，当只有某一具体债权消灭时，最高额抵押权不会因此而消灭。因为最高额抵押权担保的并不是某一特定的债权，某一具体债权消灭了，其后还有可能发生其他的债权。①

（2）相对的不特定性。最高额抵押设定时，其担保的债权或尚未发生，或虽已发生却仍处于变动的不特定之中。因此，最高额抵押所担保的债权具有不特定性。但基于债权公示的需要，最高额抵押所担保的债权仍需相对限定。限定的方法有两种：一是担保债权质的限定，即最高额抵押担保的债权须来自基础关系中所产生的不特定债权，脱离此基础关系而产生的其他债权则非最高额抵押权所担保之列；二是担保债权量的限定，即最高担保限额的预定，因有最高限额存在，有人亦称之为框子或盒子支配权。该框子所围，即为最高限额，但并非债权实际发生额。框子入口即当事人约定的基础关系，被担保债权由此入口进进出出而流动不止，于最高限额抵押权确定时，框子入口即封闭，框子范围内的债权即为抵押权所担保的范围，溢出或未进入框子内的债权不在担保范围内。②

（3）适用范围上的特殊性。所谓最高额抵押权的适用范围，是指最高额抵押权可担保的债权范围。最高额抵押适用范围上的特殊性，就在于只能适用于连续发生不特定债权，而不适用于仅发生一个独立债权的情况，并且比普通抵押权的适用范围窄。③ 此外，在基于票据关系而发生的请求权设定最高额抵押时，因票据关系的无因性，故可不考虑引起票据关系的发生原因关系是否继续或相同。④

（4）实现的特殊性。作为一般的抵押权，其实现要具备如下条件：一是抵押权有效存在；二是债务人的债务清偿期届满；三是债务人未清

①刘润发：《对最高额抵押的法律思考》，《长沙民政职业技术学院学报》2003年第1期。
②马兆军：《简析最高额抵押的特征》，《人民法院报》2000年11月3日。
③同①。
④同②。

偿债务；四是债务人未清偿不是由于债权人方面的原因。而对于最高额抵押权，除具备以上条件外，还需具备最高额确定的条件，主要是决算期届至。[①]

二、概括最高额抵押效力

所谓概括最高额抵押，是指当事人之间未对抵押权担保的债权范围进行限制，仅约定对于当事人之间发生的一切债权在最高额限度内进行担保的最高额抵押。我国现行法律对最高额抵押所担保债权的范围未有明文限制。概括最高额抵押的效力是否应予承认，或者说最高额抵押担保债权是否受基础关系限制，一直是理论界和实务界争论的焦点。

1. 否定说

持该观点的学者认为，概括最高额抵押的效力不应承认，基础关系外之债权一律不得纳入最高额抵押担保债权的范围。其理由在于：

（1）否定概括最高额抵押效力，系由其从属性所决定。最高额抵押权所担保的债权虽生生不息，但其仍受基础法律关系的约束，抵押权虽不附从于每一被担保之债权，但确定之后，其附从性与一般抵押权无异，确定之前也要依附于基础法律关系。[②] 最高额抵押的设定如果没有基本合同可从属，应当认定最高额抵押有违抵押权从属性而归于无效。概括最高额抵押权是担保抵押权人对债务人的一切债权，当事人之间没有可从属的基本合同作为被担保债权发生的基础关系，因此违反了抵押权的从属性，应当认定无效。[③] 概括最高额抵押下的抵押权不仅不从属于特定的债权，甚至也不从属于任何基础关系，使抵押权的从属性完全丧失，即其并非对从属性的缓和，而是对从属性之否定。[④]

（2）否定概括最高额抵押效力，系出于保护包括相关者权益的考虑。由于不划定被担保债权之范围，不仅偶然发生之债权可随时进入担保范围，甚至抵押权人可以不当方法收集或受让无担保之债权而将其列

①刘润发：《对最高额抵押的法律思考》，《长沙民政职业技术学院学报》2003年第1期。

②张可、吴娟：《最高额抵押制度的沿革》，《法制与社会》2006年第18期。

③谢在全：《民法物权论》（下），中国政法大学出版社1999年版，第719页。

④孙鹏、王琴芳：《最高额抵押法律适用问题研究》，《甘肃政法学院学报》2009年第5期。

入担保范围。[①] 从实务言之，承认概括最高额抵押会损害债务人、抵押人、抵押物上的其他担保物权人及一般债权人的利益。因为，此种抵押权未对担保债权加以限定，偶然发生的债权均可进入担保范围，致使抵押人负担不可预测的债务，而后次序抵押权人或一般债权人也因而难做合理的预测。[②]

（3）否定概括最高额抵押效力，系由“物尽其用”的物权立法目的所决定。概括最高额抵押违反了物权法的立法目的。我国《物权法》的立法目的之一是实现物尽其用。而在概括最高额抵押的情况下，因为债权的发生原因不确定，就很可能使得最高债权额较高，从而使得抵押财产的交换价值将陷于窒息状态，影响抵押财产价值的有效利用，[③] 致使抵押物在最高限额内受无限制之约束，不利于抵押物的物尽其用。

（4）承认概括最高额抵押效力，有违社会公平。在概括最高额抵押的适用中，抵押权人通常处于强势地位，其以格式条款之形式，使弱势地位的抵押人（债务人）不得不接受概括最高额抵押，然后利用对抵押物交换价值之独占，获得比其他债权人更为优越之地位，使抵押人在经济上臣服于自己控制之下，产生压迫经济上弱者之不公平后果，违反社会正义之理念。[④] 因此，不应承认概括最高额抵押的效力。

（5）概括最高额抵押难以满足物权公示的需要。为了公示的需要，必须对最高额抵押权所支配的范围予以限定，包括限定担保债权的量和限定担保债权的质，这就是说，就担保债权的发生原因加以限定。[⑤] 概括最高额抵押显然难以满足这一要求。

2. 肯定说

持该观点的学者认为，概括最高额抵押的效力应予承认，即基础关系以外的债权亦可成为最高额抵押的担保范围。其理由包括：

（1）概括最高额抵押并不违反抵押权的从属性。从理论上讲，因

①孙鹏、王琴芳：《最高额抵押法律适用问题研究》，《甘肃政法学院学报》2009年第5期。
②张可、吴娟：《最高额抵押制度的沿革》，《法制与社会》2006年第18期。
③周友军：《最高额抵押制度的若干疑难问题》，《南都学坛》2008年第6期。
④同①。
⑤同③。

社会基于对最高额抵押权之需要，已就抵押权从属性作从宽解释，认为只要抵押权在实行阶段具有从属性即可，而概括最高额抵押权就其要求亦能具备，故而无违从属性。① 概括最高额抵押并不违反抵押权的从属性，是因为在实现抵押权时，其债权是确定的。

（2）不能以所存弊端否认概括最高额抵押的效力。概括的最高额抵押的确有妨碍抵押物交换价值有效利用之嫌，但这为最高额抵押固有之缺陷，不过该缺陷因概括最高额抵押的适用而有所扩大而已。即只要认可最高额抵押，则该缺陷已属不得已之"恶"。② 因此，不能以此来否定概括最高额抵押的效力，否则，将危及整个最高额抵押制度的安危。

（3）承认概括最高额抵押效力是对意思自治、契约自由原则的尊重。概括性最高额抵押权是在意思自治、契约自由原则之下，通过当事人的合意而设定的，没有对其进行限制的理由，因此应当承认概括最高额抵押的效力。③

（4）承认概括最高额抵押效力符合最高额抵押制度的效率价值目标。效率是最高额抵押制度的首要价值目标。因此，最高额抵押权之本质特征不在于其所担保的债权为将来债权，而在于其所担保的债权为不特定债权，且有最高限额，不特定债权之不特定性指变动性。④ 承认概括最高额抵押效力，有助于节约交易成本，促进经济流通，提高经济效率。

（5）最高额抵押登记与公示制度将大大降低概括最高额抵押的负面效应。概括的最高额抵押已有最高额之登记与公示制度辅助，其足以充分保护后次序抵押权人和一般债权人的利益。且在最高额范围内，担保权被利用乃其常态，也能为一般人所预见。⑤

（6）承认概括最高额抵押效力是对社会实际需要的必要应对。概括最高额抵押权已因社会需要而实际存在，承认其效力应属合目的性。从国外的情况来看，在日本等发达国家，一般都承认概括最高额抵押的效力。

---

①张可、吴娟：最高额抵押制度的沿革，《法制与社会》2006年第18期。

②孙鹏、王琴芳：《最高额抵押法律适用问题研究》，《甘肃政法学院学报》2009年第5期。

③杨宗平：《论最高额抵押的效力》，《比较法研究》2004年第2期。

④齐恩平：《最高额抵押的法价值分析》，《学习与探索》2011年第3期。

⑤同②。

3. 折中说

持折中说的学者认为，对于当事人设定的概括最高额抵押实际发生的债权，如果不涉及法律禁止的内容，应当承认其法律效力。即使当事人设定的概括最高额抵押权以及其后实际发生的债权涉及法律禁止的内容，也应当认定涉及部分无效，而不是全部无效。[①] 在相对承认概括最高额抵押效力的同时，对于因当事人约定不明造成的第三人的相关损害，设定概括最高额抵押权的当事人应当承担相应的不利后果，并由法律赋予物上保证人、取得抵押物的第三人在抵押权人恶意损伤抵押人利益时，随时提出确定请求的权利，以防止债权人过于强大而有失公平。

三、最高额抵押转让

目前，在理论界，关于最高额抵押所担保的主债权和抵押权能否转让的问题仍存在分歧。

1. 否定说

持该观点的学者，最高额抵押所担保的主债权和抵押权不得转让。其理由包括：（1）不得转让有利于稳定最高额抵押法律关系。对我国这样一个第一次规定最高额抵押的国家来说，人们对最高额抵押尚不熟悉，因此，应禁止最高额抵押所担保的主债权和抵押权进行转让，以避免在此情况下的转让所引起的一些混乱。（2）最高额抵押的性质决定其所担保的主债权和抵押权不能转让。最高额抵押是对一定时期连续发生的债权做担保，而不是对于其中的某一项债权做担保，而且所担保的债权在合同约定的期限内经常变动，处于不稳定状态，如果允许最高额抵押权担保的主合同债权转让，必然引起最高额抵押权的转让，而且如何转让以及如果几个债权分别转让于不同的权利主体时，最高额抵押不能确定由谁行使，这样会危及信贷和交易的安全，造成经济秩序的混乱。

2. 肯定说

持该观点的学者认为，应允许最高额抵押权及其所担保债权一并转让。其理由在于：（1）最高额抵押可以转让是意思自治原则应有之意。

---

①杨宗平：《论最高额抵押的效力》，《比较法研究》2004年第2期。

意思自治是民事活动的一项基本原则，在不违反法律和社会公共利益的前提下，民事主体完全可以而且应当由自己做主决定自己的经济行为，法律不应作强制性限制。按照民法意思自治原则，合同债权的转让与否，完全取决于当事人的自由意志，即使合同债权附有抵押担保，也不妨碍债权的转让，债权人只要不改变债的内容，无须债务人的同意可以直接将债权移转第三人享有。最高额抵押的转让亦是如此。维护最高额抵押关系的完整性不能以牺牲民事关系当事人意思自治和当事人自主处分其权利的基本原则为代价，同时，根据国外立法经验，只要为最高额抵押权及其债权的转让制定明确的规则，也不会出什么大的乱子。[①] 此外，随着债权的资本化、证券化，为促进商品流转，降低交易成本，世界各国均承认债权让予，并对债权让予的限制呈弱化趋势。[②]（2）最高额抵押的独立性使其可以转让。最高额抵押具有独立性，对于主债权并无严格的从属性，性质上为抵押权，具有可让与性。在被担保的债权确定前，最高额抵押权虽然不能随具体的合同债权的转让而转让，但可以随着引起被担保债权发生的基础关系的转移而转移。[③] 有的学者进一步指出，由于最高额抵押的独立性，它所担保的债务发生转让时，不管最高额抵押由债务人自身提供还是由物上保证人提供，最高额抵押权并不及于该具体债务，该债务脱离最高额抵押担保的范围，成为普通的无担保债务。[④]

3. 折中说

持该观点的学者认为，最高额抵押一般不得转让，但在两种情形下可以转让，且受让债权人有权继续享有抵押权。（1）担保债权可以在通知债务人并取得债务人同意后整体予以转让，不论转让时的债权金额是否已经确定。由于担保债权整体转让于一个确定主体，因此不会产生分割转让债权所引致的抵押权份额不清的后果，并且在实际操作中便于登

---

①杜文聪、王瑞：《论最高额抵押》，《河南省政法管理干部学院学报》2006年第3期。

②樊立兵：《最高额抵押主合同债权的可让予性》，《人民法院报》2005年9月13日。

③刘小鹏、孙晓芸：《论最高额抵押权的效力》，《郑州轻工业学院学报》（社科版）2002年第4期。

④屠世超：《论最高额抵押的独立性及其在立法中的体现》，《广东商学院学报》2003年第3期。

记管理。这样的整体债权转让对债务人、抵押人不产生额外的负担，却有益于债权流通。（2）担保债权在债权得以确定后可以进行转让。最高额抵押所担保的债权金额均已得到确定，此时的最高额抵押与一般抵押的实质差别已经消失，完全可以与一般抵押所担保的债权一样进行转让，因此不应再对之有任何附加限制。①

【相关法律法规及司法解释】

《物权法》

第二百零三条　为担保债务的履行，债务人或者第三人对一定期间内将要连续发生的债权提供担保财产的，债务人不履行到期债务或者发生当事人约定的实现抵押权的情形，抵押权人有权在最高债权额限度内就该担保财产优先受偿。最高额抵押权设立前已经存在的债权，经当事人同意，可以转入最高额抵押担保的债权范围。

第二百零四条　最高额抵押担保的债权确定前，部分债权转让的，最高额抵押权不得转让，但当事人另有约定的除外。

第二百零五条　最高额抵押担保的债权确定前，抵押权人与抵押人可以通过协议变更债权确定的期间、债权范围以及最高债权额，但变更的内容不得对其他抵押权人产生不利影响。

【案例】

案情简介

2008年1月2日，个体工商户蔡某通过签订最高额抵押担保贷款协议的方式向该县农业银行申请20万元贷款，以用于其茶叶经销生意。该协议规定：（1）蔡某为借款人，其好友张某为抵押人，张某以其所有的临街商铺一间为蔡某贷款进行担保；（2）自2008年1月2日至2010年1月1日止，贷款人县农业银行向借款人蔡某发放最高贷款限额不超过20万元的贷款，在此期限和最高贷款限额内，不再逐笔办理抵押担保手续；（3）抵押人张某愿以本人所拥有的临街商铺作为抵押物，为借款人的借款提

①巩海平：《论最高额抵押担保债权的转让》，《甘肃理论学刊》2005年第1期。

供担保；（4）抵押担保的范围包括贷款本金、利息以及贷款人实现债权的费用；（5）其他事项。同日，抵押人张某在房地产抵押物清单上签名并办理了抵押物登记手续，贷款人县农业银行向借款人蔡某发放贷款20万元。

2009年1月1日，蔡某贷款到期，由于当时经营资金还比较紧张，所以，蔡某再次向县农业银行申请贷款20万元，以新贷款偿还其旧贷款，并办理相应手续。2009年6月30日，蔡某所申请第二笔贷款到期，蔡某无力偿还。该县农业银行于是将蔡某诉至县人民法院，请求法院判令蔡某归还借款本息，并主张对抵押人张某所抵押的临街商铺享有优先受偿权。抵押人张某认为，蔡某两次贷款总额超过了20万元的最高额限制，因此，对于到期的第二笔贷款，不应就其所拥有的临街商铺享有优先受偿权。

审理及判决

法院在审理过程中，对于该案的处理存在分歧，共有三种不同意见：第一种意见认为，贷款人蔡某两次贷款总额超过了20万元的最高额限制，与当初所签订的最高额抵押担保贷款协议不符，因此，抵押人张某对于贷款人蔡某的第二笔贷款及其相应利息不负担保责任；第二种意见认为，抵押人张某对于贷款人蔡某的第二笔贷款的本金应该承担担保责任，而对于由此产生的利息不承担责任；第三种意见认为，抵押人张某对于贷款人蔡某的第二笔贷款及其相应利息均应承担担保责任。主审人员最终采信了第一种意见，即判定张某对蔡某的第二笔贷款及其相应利息不负担保责任。

分析

从我国现行法律对于最高额抵押制度的规定来看，第二种意见对案件的定性相对准确。

首先，在最高额抵押的适用中，其所担保的是一定期间内连续发生的债权，而所谓的最高额应是指债权余额，而非债权的发生额。结合本案的情况来看，一方面，借款人蔡某通过再次贷款20万元用于还贷后，其贷款余额仍是20万元，并未超过合同约定的最高限额；另一方面，借款人蔡某的第二次贷款发生在最高额抵押担保贷款协议所约定的有效期限内。因此，贷款人蔡某的行为并未违反最高额抵押担保贷款协议的约定，而抵押人张某以两次贷款超过20万元而主张不承担担保责任的理由亦不能成立。县农业银行要求对抵押人张某所拥有的临街商铺行使优先受偿符合法律规定，应予支持。

其次，在本案中，县农业银行与蔡某、张某所签订的最高额抵押担保贷款协议不仅对担保的最高限额进行明确规定，而且对担保的范围亦进行了明确界定，即“抵押担保的范围包括贷款本金、利息以及贷款人实现债权的费用”。由该约定来看，抵押人张某以其临街商铺不仅对蔡某的贷款本金负担保责任，而且对由此产生的利息及实现债权的相关费用亦应承担担保责任。但是，由于蔡某的最终贷款余额除包括本金20万元外，还包括因此而发生利息，其已明显超过20万元的最高限额约定，因此，抵押人张某以其临街商铺仅承担20万元的担保责任。另外，在实践中，也没有必要区别这20万元是对贷款本金承担责任，还是对贷款利息承担责任。

物权法定原则

【法理】

一、物权法定原则概说

物权法的诸原则中，物权法定原则有着重要的地位。物权法定的思想，自罗马法就已存在，而物权法定原则更是大陆法系各国物权法普遍奉行的一项基本原则。我国学界关于物权法定原则的解释，也有各种不同表述。主要有：（1）物权法定原则指除法律直接规定外，物权不得由当事人自由创设，亦即物权的种类和具体内容，均依民法和其他法律所规定者为限，严禁当事人以约定任意创设。[①]（2）物权法定原则包括三方面：一是由法律直接规定物权的种类，禁止当事人创设法律没有规定的物权；二是由法律直接规定物权的内容，禁止物权人超越法律规定行使物权；三是由法律直接规定各种物权设立及变动的方式，非依法律规定的方式不产生物权设立及变动的法律效果。[②]（3）物权法定原则有四个方面的内容：一是物权必须由法律设定，不得由当事人随意创设；二是物权的内容只能由法律规定，不能由当事人通过协议设定；三是物权的效力必须由法律规定，不能由当事人通过协议加以确定；四是物权的公示方法必须由法律规定，不得由当事人随意确定。[③]（4）物权法定原则以种类与内容法定为主，兼及其他，包括物权种类法定、物权内容法定、物权效力法定、物权的公示方法法定以及物权的取得方式法定。[④]（5）物权法定仅指法律对物权设定之当事人意志自由的剥夺，法律对物

①孙宪忠：《中国物权法总论》，法律出版社2003年版，第150页。

②李开国：《民法基本问题研究》，法律出版社1997年版，第267页。

③王利明：《物权法论》（修订版），中国政法大学出版社2003年版，第77~79页。

④刘保玉：《物权法》，上海人民出版社2003年版，第161~162页。

权设定方式的限制、对物权变动形式的限制、对物权行使的法律限制、物权效力的法定性质、公示方法的法定性都与物权法定原则无关。[①] 这是关于物权法定原则的最狭义的理解。

我国大陆学者多采纳第三种观点，即物权的种类、内容、效力和公示方法均由法律规定。从我国《物权法》的规定来看，采用的显然是第三种观点。我国《物权法》第5条规定："物权的种类和内容，由法律规定。"第6条规定："不动产物权的设立、变更、转让和消灭，应当依照法律规定登记。动产物权的设立和转让，应当依照法律规定交付。"第8条规定："其他相关法律对物权另有特别规定的，依照其规定。"由上述规定可见，我国现行立法中的物权法定原则，应包括四方面内容：（1）物权种类法定，是指物权类型除法律有明确规定的外，不得创设。物权种类法定是物权法定原则的核心内容，建立完善的物权法体系，尤以物权种类的选择为重要。一般地，各国物权法把物权分为完全物权（即所有权）和定限物权（包括用益物权和担保物权），并分别予以规定。从我国以往的法律规定来看，物权的种类主要包括：所有权、承包经营权、土地使用权、宅基地使用权、采矿权、自然资源使用权、国有企业经营权、典权、抵押权、质权、留置权等等。（2）物权内容法定，即物权权能的法定，是指物权主体的权利义务的内容由法律明确规定，禁止任何法定物权权能以外的新创设。物权内容法定，要求物权人在行使其物权时，必须严格遵守法定的物权权利的范围；超出或违反法律对物权权能的规定，即权利滥用，为法律所不许。（3）物权效力法定，是指物权的效力由法律明确规定，不得由当事人创设。物权效力是指物权基于其对物的支配性和排他性而产生的特殊法律效力，是物权权能进一步发挥作用的结果。物权因法律赋予直接支配性和排他性会产生不同的效力。各物权既有共同的效力，也分别有其自身特有的效力，但均以法律规定为限。物权的共同效力是各物权依法共同具有的法律上的强力。关于物权的共同效力，学者一般认为包括：优先效力、追及效力和物上请求权效力。（4）物权变动的公示方法法定，是指法律明确规定物权变动时应当

①尹田：《物权法理论评析与思考》，中国人民大学出版社2004年版，第109~113页。

采用的公示方法，非以法定方法公示，物权变动行为无效或不得对抗第三人。由于物权的绝对性、对世性，物权变动直接影响相对人及第三人利益，关涉到社会经济秩序和交易安全，客观上要求物权变动应当采取一定方式公之于众，使外人能清楚地认识物权变动的内容。[①] 物权变动的公示方法法定，是法律对公示方法的选择。从各国物权立法来看，物权的公示方法基本相同，即动产的公示方法以交付（占有）为原则，以登记为例外；不动产的公示方法为登记。这是现代各国物权立法的通例。

二、物权法定原则立废

1. 肯定说

持该观点的学者认为，在我国物权立法中应坚持物权法定原则的地位。其理由包括：

（1）坚持物权法定原则，是由物权的特性所决定。物权作为绝对权，效力及于一切人，物权也具有直接支配性，如果允许当事人自由创设物权，无疑将会对社会造成损害。正因为物权是支配性的财产权，是绝对权，具有强烈的排他性，因此其较之债权而言具有更广泛的涉及范围，对社会其他成员，对社会和国家都有直接的关系。如果对其创设不加限制，则很容易发生当事人任意创设新的物权种类或滥用权利，损害第三人的利益，危害社会的经济秩序的现象。[②]

（2）坚持物权法定原则，是保障交易自由的必然之需。契约自由是市场经济的本质要求，也是民法的基本原则之一。保障契约自由，避免强行法对私法上的交易秩序的介入，有赖于预先确定作为交易标的的物权的内容。物权与债权相区别，物权实行法定原则，而债权则委于当事人的意思自治。私法自治之所以成为可能，是以物权法定为其前提。在不采行物权法定主义的情况下，对契约进行外部的控制是不可避免的，契约自由会遭到破坏。因此，只有采行物权法定主义，才能保障完全的契约自由。

（3）坚持物权法定原则，有助于保障交易安全与便捷。物权法定原

①宗志翔：《我国物权法的物权法定原则》，《江西社会科学》2007年第5期。
②齐恩平：《对物权法定原则的检讨》，《社会科学战线》2003年第6期。

则便于物权公示，有利于保障交易安全及降低交易成本，并促进交易迅捷。一方面，物权法定原则通过限定物权的种类和内容，以强制性的规范规定有关制度，使得物权归属关系明朗化，使得财产秩序更加透明，从而有利于交易得到安全。[①] 另一方面，物权种类和内容既已法定并予以公示，则交易当事人无须反复调查即可获知物的真实有效信息，大大降低了交易中信息搜寻和传递费用，市场效率极大地提高，交易变得极为便捷。而在一个完全开放的物权体制下，物权的自由创设，无疑会为第三人大大增加信息成本，阻碍交易的高效率进行。[②]

（4）坚持物权法定原则，有利于建立明确、统一、开放的物权体系，有利于维系整个民法制度体系的稳定。从体系解释的角度而言，物权法定原则的确立为潘德克顿民法体系的当然要求。物权法定原则是基于物权和债权的区别而存在，而德国法系正是通过物权和债权的区分确定财产法的体系，进而确定民法的结构。[③] 物权法定主义的存在为物债严格划分提供了必要条件，如果放弃物权法定主义，“物权”丧失其与债权最大的区别，整个民法体系都将出现混乱与危机。[④] 在我国现行物权法尚处于重整阶段，决不应当否定物权法定主义原则，必须以法律的形式确立我国的物权的基本类型和体系以建立财产流转的统一规则和安全体系。[⑤] 只有采行物权法定原则，才足以确保物权体系的内在统一性及物权制度的稳定性。[⑥] 反之，若不采行物权法定原则，任由私法主体自由创设物权，则物权体系必定会变得庞杂混乱，毫无稳定性。

（5）坚持物权法定原则，有利于构建私法自治的规范结构，是私法自治原则的内在要求。物权法定原则限制物权种类的目的在于权利之保护而不在于权利之限制；物权法定原则限制物权的自由创设但不限制权利人对物权的选择自由，限制物权之权限但不限制权利人的行为自由。物权法定原则既能简化物权交易成本，又能使权利状态透明可知，降低

①齐恩平：《对物权法定原则的检讨》，《社会科学战线》2003年第6期。
②曾江波：《物权法定原则缓和之质疑》，《新疆大学学报》（哲人社版）2008年第5期。
③同②。
④刘文婷：《论物权法定主义命运之抉择》，《法制与社会》2007年第9期。
⑤同①。
⑥叶永宏、林智远：《论物权法定原则之局限性及其克服》，《法制与社会》2011年第28期。

交易风险，为当事人的意思自治提供了条件和保障，是私法自治原则的内在需要。[①]

（6）坚持物权法定原则，有利于限制公权力扩张，保护私权利。物权法定原则通过对自由创设物权种类和内容的限制，限制了公共权力的扩张，保障了权利人的物权利益的实现。[②] 如果贸然允许自由创设物权，公共权力机构对公有制财产的管理权力将很难被限定在法定框架内，导致公共权力机构权力寻租机会的扩大，最终危害社会主义市场经济秩序和交易安全。

（7）坚持物权法定原则，有利于发挥物的经济效用。物权与一国经济体制以及社会生活密切相关，若允许物权的任意创设，则创设物权的第三人极有可能对他人的所有权设种种限制或负担，这势必影响物的利用。依法律明定物权的种类及内容，建立物权类型体系，有助于发挥物的经济效用。

2. 否定说

持该观点的学者认为，物权法定原则作为物权法的基本原则之一，其僵化性缺陷尽显，阻碍了物权法的发展和社会的进步，因此，应对其加以否定。其理由包括：

（1）物权法定原则存在致命缺陷。第一，因立法时，由于人的有限理性，不可能就未来社会所需，先为周延至当的考虑，巨细无遗地预定各种物权制度。第二，因民法制定时，由于物权法的传统性和民族性，无法将习惯法上的物权全部纳入，或提供的物权虽切合当时社会需要，然其后经济发展结果，却与社会需要相脱节。一些新型的物的交易与利用方式不能及时得到立法的吸纳，而被排斥在物权制度之外，势必发生法律滞后于经济发展的现象。[③] 物权法定原则对物权种类和内容的限制使法律失去了应有的灵活性，抑制了新型权利的出现，压抑了民间社会

①刘昱林、刘益众：《物权法定原则现实意义之探究——我国是否应当坚持物权法定原则》，《法制与社会》2011年第4期。

②同①。

③胡绪雨：《物权法定主义价值演进与合理性分析——我国物权法的制定是否应当坚持物权法定原则》，《法学论坛》2006年第2期。

对权利的创新功能，将权利的源泉更多地视为来自国家权力，而不是来自市民社会的自发运动。[①] 随着市场经济的勃兴，这种以时时交易为常态的市场经济对物权法定主义提出了挑战，经济发展越迅速，物权法定主义对新型的物的利用与交易方式抑制越明显，物权法定主义的局限性也越来越明显地显露出来了。物权法定主义的局限性更深层次地表现为人的认识能力与社会发展之间的矛盾。社会的发展并不是在人们的设计中完成的，当物权法定制度不能适应社会发展的需要时，物权法定的效用更主要地体现在它的负面影响上，其原先所具有的整理物权的功能转而成为限制新的物权种类创设发展的障碍，其对稳定与安全的保障则转化为刻板严苛的教条而压抑了社会的活力。

（2）物权法定原则存在逻辑错误。有的学者认为，物权法定原则的两个错误逻辑起点：一是从哲学理念上讲，物权法定主义者在哲学认识论上采思维至上主义。二是从法律意识上讲，物权法定主义者奉行法律完美主义。[②] 有的学者认为，物权法定原则存在以下矛盾：其一，立法上将物权与债权的相互独立性与对立性混为一谈，通过物权与债权的相互区别对立性，便认为债权法规范原则的反面就必定适用于物权法规范原则。这在形式逻辑上是难以成立的，否则，债权和人身权也相互区别对立。基于债权上的契约自由原则，岂不也可推论出“人权法定主义”这一原则？其二，物权与债权的界限存在模糊的可能性。“物权债权化”和“债权物权化”现象的出现，使得债权与物权纠缠不清，更遑论由债权法上原理演绎出来的便确定可以适用于物权法原理了。[③]

（3）物权法定原则与意思自治原则相违背。整个民法的核心理念是意思自治，即法律应该充分尊重社会中每个主体的内心意思表示，尽量少干涉每个主体的自由交易及生活。而物权法作为民法的重要组成部分，当然亦应贯彻意思自治原则。市场主体依自己意志，理性地判断、选择、参与交易，管理生活，这是每个人应该具有的基本权利。物权的种类与内容没必要在立法上予以终局性的确定。在私法领域，权利的来

①刘晟昱：《对物权法定主义的分析与反思》，《研究生法学》2007年第3期。
②刘雪斌：《质疑物权法定原则》，《求是学刊》2003年第6期。
③叶永宏、林智远：《论物权法定原则之局限性及其克服》，《法制与社会》2011年第28期。

源是多元的，权利不仅可以产生于立法文本，而且可以产生于民事主体的自由行为，由民事主体运用自身的智慧并通过与他人的合作创设权利，立法者不能垄断权利的“产出”。[①] 物权法定主义显然是违背法理和法治精神的，物权法定主义从一开始就限制了交易主体的自由选择，无法依自已意志形成预期的权利关系。[②]

（4）物权法定原则限制了交易发展。现代社会是鼓励交易的，因为交易能创造出更多的社会财富，市场经济的一大特性是物尽其用、人尽其才，即资源的优化配置和充分、合理、高效的利用，充分保护社会的流动性，即使对所有权的保护也是以保障交易为目的的。随着市场经济的发展，物权由原本注重对标的物的现实支配的实体权，演变为注重于收取代价或者获取融资的价值权，故发挥物的交换价值应成为物权立法的取向。而物权法定原则封闭了物权体系，限制了物的利用方式，显然是不利于交易发展和社会财富充分的利用。[③]

（5）物权法定原则的制度优势或不存在，或可被替代。物权法定原则非像论者所述那样有着众多的、非其莫属的功能，其制度优势或不存在，或可被替代。第一，是物权公示而非物权法定原则保障物权的对世效力。第二，是物权标准化与类型固定而非物权法定原则促成物权交易的安全与便捷。第三，物权法定原则只能阻碍而不能促进“物尽其用”的价值目标实现。第四，物权法定原则的民主政治价值已不复存在。第五，物权法定原则已被英美法系财产法移植的观点系部分学者的错误认识。学术界所主张的物权法定原则的制度优势要么本不存在，要么已不再存在，要么是学术界将物权法其他具体制度的制度价值张冠李戴给物权法定原则的结果。[④]

（6）物权法定与我国现实国情不相符。其一，就当前中国而言，正

---

①杨代雄：《物权法定原则批判——兼评〈中华人民共和国物权法〉第五条》，《法制与社会发展》2007年第4期。

②郭义、牛玉璞：《物权法定原则——兼评物权法定原则之否定》，《沈阳工程学院学报》（社科版）2009年第1期。

③同上。

④刘正峰：《论无名物权的物权法保护——从对物权法定原则的检讨展开》，《法商研究》2006年第2期。

处在激烈变革的社会转型时期，各种权利的制度创新大量涌现。在这个时候采用物权法定主义，以单一化的制度模式统一、固定权利的种类和内容，排斥其他不断新生的、符合社会发展需要的物权权利，无疑会引发大量的问题，使法律的规定与社会的现实之间脱节。① 其二，我国幅员辽阔，各地经济发展程度高低不同，自然与社会状况也千差万别，针对我国国情的多元化，如在立法上简单采用“物权法定”原则，以“物权法定”的刚性来应对现实社会生活中的多样性，似有不妥。②

3. 缓和说

持该观点的学者认为，新产生的权利，如不违反物权法定的立法宗旨，又有一定的公示方法，可以适用物权法定内容从宽解释的方法，解释为非新种类的物权。③ 缓和说的支持者认为，物权法定的缓和是物权法发展的趋向，其原因在于：一方面，物权法定作为物权法的指导原则，具有不可取代的地位，没有了物权法定，也就没有了物权存在的基础，失去了物权与债权的划分标准，所以物权法定作为基本原则应该遵守；另一方面，应承认物权法定的缓和现象，根据我国的法律发展方向、国家的经济发展水平以及立法技术等多种因素的考虑，采取柔性的物权法定原则，给私法自治留有一定的空间，使物权法朝着有利于自身完善、有利于经济发展的方向发展。④

国内多数学者持物权法定缓和说的主张。梁慧星先生指出，“从宽解释的方法，在一定程度上认可了反映社会经济需要的习惯，这不仅能满足社会经济发展的需要，而且维护了法律的权威”。王利明先生也认为物权法定主义在运用中不能过于僵化，以至于认为物权只能由法律确认，对任何以行政法规以及最高人民法院的司法解释所创设的物权都不予承认，这就不利于规范和调整新型物权法律关系和保护当事人的利益。陈华彬教授也持此观点，他认为因物权法定主义将所言之“法”拘

①刘雪斌、张元城：《我国物权立法应放弃物权法定原则》，《江西教育学院学报》（社科版）2004年第1期。

②毛瑞兆：《物权法定原则的存与废》，《山西大学学报》（哲社版）2006年第4期。

③黄茂荣：《法学方法与现代民法》，中国政法大学出版社2001年版，第372页。

④庞兵：《物权法定主义之思考》，《西南农业大学学报》（社科版）2009年第4期。

泥于民法等成文法，结果会使自身陷于僵化的泥坑，并与社会的需要脱节，甚至成为社会经济进一步发展的桎梏。可见物权法定主义，必须时刻追随社会生活的变迁而不断注入新的因素。① 杨立新老师认为，物权法定缓和说不仅解决了上述这些物权的法律地位的确定问题，而且还给其他物权发展以更大的空间，使物权法具有了更为灵活的弹性和包容性。在这样的法律原则之下，物权法具有了开放性，能够适应市场经济的发展需要，不仅对于非法定物权，而且即使是市场经济有新的设置物权的要求，开放性的物权法也能够发挥其弹性的作用，确认其为物权，适应社会的发展，推动社会的进步。②

就目前已有的研究来看，“物权法定缓和”大致有以下几个思路：

（1）适当扩大物权法定主义之“法”。有的学者认为，基于人类认识能力的有限和经济发展的迅速，立法总是呈现滞后的特点，表现在物权法上则是物权种类和效力的残缺遗漏。可以把某些必要的一般条款纳入“法律”的范畴，使某些必要的一般条款也可以创设物权，以弥补立法本身总是滞后社会生活的不足，待物权法修改时再将其提升到物权法中，有利于保护当事人的利益，也不违反立法法。③ 具体来说，扩大“法”的外延，授权其他规范性文件承认新型物权种类和内容。传统民法认为，物权法定中的“法”仅仅只能是“法律”。但面对现实生活中新型物权种类和内容生成的现实需求和“法律”制定的滞后性，有学者建议，“法”的范围应当包括行政法规、司法解释，有些学者甚至认为应当包括国家政策。

（2）承认习惯创设的物权。持此观点的学者认为，赋予社会中已形成习惯的物权形式以物权效力。从物权法定主义的存在理由看，如社会惯性所产生的物权不妨碍物权体系的建立，且不有碍于公示时，可突破物权法定主义之拘束，而直接承认该惯性上的物权为有效。④ 承认习

---

①李先波、罗小红：《论物权法定原则之缓和》，《湖南师范大学社会科学学报》2011年第3期。

②杨立新：《物权法定原则缓和与非法定物权》，《法学论坛》2007年第1期。

③庞兵：《物权法定主义之思考》，《西南农业大学学报》（社科版）2009年第4期。

④张鹏：《物权法定原则的肯定与否定——评〈物权法草案〉对物权法定原则的新近修改》，《法学》2006年第12期。

惯创设的物权。我国有这方面的先例可循。例如在我国相当长的历史时期，全国人大及其常委会制定的法律中欠缺典权等规范，但是典权早已被习惯所承认，随之又被最高人民法院的司法解释所认可便是实例。在这种情况下，就不宜再固守物权法定主义之“法”非成文法不可的观念。在一定条件下承认习惯创设的物权，符合人们的认识规律，符合经济关系法制化的过程，没有必要僵化地固守严格的物权法定主义。①

（3）允许通过契约形式创设新型物权种类或内容。王利明先生认为，“在物权法定以后，并不完全禁止当事人可以以约定来增加法律所规定的物权的内容，从而弥补物权法定的不足。”② 另有学者认为，对于物权法中某些并非强行性法规的规定，可以直接以契约形式予以变更。“针对立法者所表示出来的债权法规定=任意法规，物权法规定=强行法规的单纯图式，在认识到物权法规定并非全部都是强行法规的前提下，承认即便是有关规定一定的权利内容的条文，也可对照该物权的性质和目的解释为依据合意可以变更的任意规定。”可再如，类推适用旧物权，将旧物权种类扩大解释或类推适用于新生的物权形式，以使新的物权种类在物权法定原则下能够存立。“就一般所承认之现有物权制度加以利用，以弥补物权法定之不足。例如让与担保，即系以所有权移转之构造与信托约款之债之关系，获其法律上之地位。”③

（4）区分物权种类，部分可以突出物权法定原则。持此观点的学者认为，物权类型的性质不同，在法律体系和社会生活中的地位和作用也不相同。具体来说，可以把物权分为基础性物权与功能性物权。前者主要包括所有权、基地使用权等用益物权、典权和自然资源使用权；后者主要包括抵押权、质权、让与担保和留置权等。④ 当事人设定功能性物权的根本目的是利用物的基础性权利（如所有权）来担保债权的实现。在法律上，对于基础性物权应当坚持物权法定主义，而功能性物权则可

---

①崔建远：《物权法定主义及物权种类》，《人民法院报》2005年7月20日。

②王利明：《物权法研究》，中国人民大学出版社2002年版，第76~78页。

③吴国平：《物权法定主义的立法取舍及其局限与缓和途径论析》，《福建政法管理干部学院学报》2007年第2期。

④梁上上：《物权法定主义：在自由与强制之间》，《法学研究》2003年第3期。

由当事人自由创设。

（5）物权种类法定，但物权内容可以由当事人自由设立。此种观点认为，物权种类必须法定，以维护物权的绝对性和交易安全，但物权的内容不宜法定，应当允许当事人有权变更他物权的内容。[①] 就物权的内容而言，只要行为人不设定与“法定”物权内容相抵触的内容即可。

【相关法律法规及司法解释】

《物权法》

第五条　物权的种类和内容，由法律规定。

第六条　不动产物权的设立、变更、转让和消灭，应当依照法律规定登记。动产物权的设立和转让，应当依照法律规定交付。

【案例】

案情简介

2009年8月，个体工商户王某租用某大型商场场地，用于经营某品牌灯具。在租赁合同中，双方约定，每月租金58000元，按季度交付，若不能按期交付资金，商场有权对王某等值财产予以留置。2010年2月，王某在经营中出现资金周转困难，遂向好友刘某借款30万元。2011年1月5日，该借款到期，王某无力偿还，于是与刘某达成协议，王某在商场内的所有财产顶账给刘某，以用于偿还欠款，由刘某继续经营。2011年1月10日，刘某到商场办理财产移交事宜时，获知因王某拖欠商场两个月租金，商场已对王某置于商场的财产行使留置权，由此导致该财产未能如约移交给刘某，刘某也无法在该商场内经营灯具业务。刘某再行联系王某时，发现其负债潜逃。刘某于是向所在地人民法院提起财产保全申请，要求对刘某置于商场内的所有财产进行查封。该商场了解到这一消息后，遂向法院提出异议，请求法院不要对其留置物进行查封。

审理及判决

在审理中，审判人员对该案处理存在分歧，形成以下三种意见：第

①朱庆育：《物权立法与法律理论——评〈物权法草案〉第一章》，《中外法学》2006年第1期。

一种意见认为，法院不能对该商场留置的财产采取保全措施；第二种意见认为，法院可以对该商场留置的财产采取保全措施，但商场对留置物享有优先受偿权；第三种意见认为，法院可以对该商场留置的家具采取保全措施，商场对该财产并不享有留置权，且不能优先受偿。法院最终采信了第三种意见，因此，裁定刘某置于商场内的家具可以查封保全。

分析

从我国现行法律规定来看，第三种意见的定性准确。我国现行《物权法》确立了物权法定这一基本原则，并通过第5条、第6条以及第8条对物权法定原则的内容进行了规定，由以上规定来看，物权法定原则的一个核心内容就是物权的种类和内容必须由法律予以明确规定，方为有效，而本案中所涉及的留置制度就是这一个显著例子。

相对于抵押权、质押等制度而言，留置制度的效力更为强大，留置权人径行留置相对人的财产以实现自己的债权。正是因为这个原因，现行法律对留置制度的适用作了严格界定，这也是国际通行做法。依据现行《担保法》的相关规定，留置制度的适用需满足以下两个条件：（1）留置权须为依约占有，即只能适用于“债权人按照合同约定占有债务人的动产”的情形；（2）只有在因保管合同、运输合同、加工承揽合同、仓储合同、行纪合同中发生债务人不履行债务的，债权人才享有留置权，除此之外，其他债权关系中的债权人都不享有留置权。而现行《物权法》第230条则规定：“债务人不履行到期债务，债权人可以留置已经合法占有的债务人的动产，并有权就该动产优先受偿。”由此可见，债权人留置的动产，应当与债权属于同一法律关系，且只有在债权人“已经合法占有的债务人的动产”的情形下，其才可行使留置权。而在通常情况下，租赁合同中的承租人依约占有的是出租人的处所、场地、设备等，而出租人并不占有承租人的财产。所以，在租赁合同中，即便双方有关于留置权的约定，因为出租人不能合法占有承租人的财产，其留置权仍然是无法实现的。

综上可见，在本案中，法院对所争财产予以保全的裁定是正确的，但同时认为商场对该留置财产享有优先受偿权的认识又是不妥当的。

物权追及力

【法理】

一、物权追及力概说

作为物权的重要效力之一，所谓物权追及力，是指物权标的物无论辗转流落于何人之手，物权均的追及其所在而直接支配该物的法律效力。物权追及力属于民法体系中位阶较低的基本概念之一，其上犹有物权效力、物权，物权追及力与民法体系的关系犹如原子与物质世界，是民法体系化的基础。所以，对物权追及力的正确界定亦关系着民法体系的形成。

物权追及效力具有以下特征：（1）权利主体特定。物权追及效力不是任何人都享有的，物权追及权只能由物权人享有，只有享有物权的权利人在所有权失去占有的前提下才能行使，非物权人是不享有这个资格的。相对于该权利的权利主体而言，除物权人外的任何人均可构成该权利的义务人。（2）法律关系特定。物权追及效力中物权人与标的物占有人的关系具有两个特点：一是物权人与标的物实际占有人之间没有直接的法律事实，二者之间既不存在直接的法律行为，也没有发生直接的事实行为；二是物权人与标的物占有人都与另一主体存在直接的法律关系。（3）产生效力的后果特定。物权追及效力的后果是恢复物权人的物权，这是该效力的最主要的特点。通过恢复物权，合法占有人就从对物的失控状态恢复到掌控状态。[①]

---

①马新文：《物权追及效力对公安追赃工作的影响》，《山西警官高等专科学校学报》2009年第3期。

二、物权追及力的性质

1. 请求权说

持该观点的学者认为，物权追及力从本质上讲，应该属于请求权。依“请求权说”的主张，所谓追及权的效力，是指物权的标的物不管辗转流通到什么人手中，所有人可以依法向物的占有人索取，请求其返还原物。[①] 持该说的学者在表述上有一些细微的差别。王利明先生认为：“所谓追及的效力，是指物权的标的物不管辗转流通到什么人手中，所有人均可以依法向物的占有人索取，请求其返还原物”。杨振山先生提出：“追及力，即谓物不论辗转于何人之手，权利人均可基于其物权的请求权，追及物之所在，请求返还。”“请求权说”指明了行使追及力的手段，即通过“请求”使其“返还原物”。请求权作为一种派生性权利，系由“基础权利而发生，依其所发生基础权利的不同可分为债权请求权、物上请求权等”。所以，“请求权乃权利的表现，而非与权利同属一物”。[②]

2. 支配权说

持该观点的学者认为，物权追及力在本质上，应是一种支配权。所谓物权的追及效力，是指物权成立后，其标的物不论辗转于何人之手，物权人均得追及物之所在，而直接支配其物之效力。[③] 我国台湾学者姚瑞光、王泽鉴和大陆学者陈华彬等支持“支配权说”。该说指明了追及到物之后的权利状态，即“可直接支配其物”。物权的本质，在于对物为直接支配，这是物权追及力得以产生的根源，也是其行使的最终归宿。物权追及力作为物权效力无法脱离物权的本质，所以，从该角度对物权追及力进行界定，亦属合理。

3. 追及权说

持该观点的学者认为，物权追及力在本质上，是一种与物权属同种权利类型的追及权。这种学说紧紧把握“追及”这一特点，表述最为直

---

①王利明：《物权法论》，中国政法大学出版社1998年版，第95页。

②王泽鉴：《民法通则》，中国政法大学出版社，2001年版第92页；史尚宽：《物权法论》，中国政法大学出版社2000年版，第11页。

③王泽鉴：《民法物权·通则·所有权》，中国政法大学出版社2001年版，第62页。

接、简洁，不易滋生歧义，并有立法例可以援引。我国民国时期（1919年）大理院第844号解释称："凡属物权无论其为权利标的之物，辗转归于何人之手，得追及物之所在，而实行其权利，此称为追及权"。彭万林先生曾对此进行总结，即"物权的追及效力，是指物权的标的物无论辗转落入何人之手，除法律另有规定外，物权人均可追及至物之所在行使物权的法律效力"。[①] 该学说存在的问题在于，由于"物权法定"，物权中并无追及力（追及权）这一权利类型。追及力既自物权产生，物权显然为追及力的上位阶权利，二者并不在一个层面上。

三、物权追及力的独立性

物权追及力是否为一项独立的物权效力，学界对此有肯定和否定两种主张。

1. 否定说

持该观点的学者认为，物权追及力不是物权之独立效力，可为物权其他效力所包含。其中又可分为两种见解：第一，以刘心稳老师等为代表的学者主张，物权追及力是物上请求权之一侧面，无单独列为一种独立的物权效力之必要；第二，以郑玉波、史尚宽、谢在全等为代表的学者认为，追及权可由优先权与物上请求权所涵括：如以追及权解释为得追及权利所在之意，则优先权足以说明之；如以追及权解释为追及物之所在之意，则物上请求权亦足以说明之。故无将其单列之必要。[②]

更有学者认为，所谓物权追及力理论只是一个虚假问题。其原因在于，物权追及力理论从其概念至理论展开均无法契入物权法的逻辑体系：其概念无法定义，其理论与物权法理论相矛盾。因此无法在物权法体系中找到其生存空间。同时，假使承认物权之追及效力，物权法的价值体系将被违反，它与现代民法之价值取向恰为两极，背道而驰。故从根本上说，所谓物权追及力理论只是一个虚假问题，我们似乎不应在这

①邱曼丽：《对物权追及力界定的几点反思》，《北京交通管理干部学院学报》2007年第2期。
②郑玉波：《民法物权论》，中国政法大学出版社2011年版，第22页；史尚宽，《物权法论》，中国政法大学出版社2000年版，第9页。

个问题上浪费太多的智力。[①]

另有学者从维护交易安全角度来论证否定物权追及力的必要性。认为，物权追及效力与交易安全的要求天然不符，而在近代民法以“不公正胜于无秩序”为理念，物权价值的变动取向由静的安全转向动的安全的趋势下，为维护交易安全，物权的追及力当不可崇拜。为维护善意第三人，保护交易安全，采用公示公信原则、善意取得制度，都是对物权的追及力的有效限制；为平衡原物权人之权利保护与维护交易安全之第三人利益保护，恶意第三人当不受法律保护。[②]

2. 肯定说

持该观点的学者认为，物权追及力是物权的独立效力。[③] 其理由包括：（1）追及效力不能为物权请求权或优先效力所完全包括，考虑到使物权得到周到保护的需要及更彻底认识物权的本质，有必要将追及效力作为一项独立的效力来认识。“在辗转取得或占有标的物之人，系合法取得或占有之情形下，非承认物权有追及的效力，殊难解决问题”；或着意于“周到保护物权的需要，以及更助于彻底地认识物权的本旨”。（2）物权追及效力是物权绝对权性质的题中之意，否认追及效力，等于否认物权的绝对性。[④] 物权追及效力是物权绝对权的典型体现，它所调整的法律关系及所体现的物权作用具有独立性，应为一项独立的物权效力。尽管物权追及效力受到物权公示公信原则的修正，但二者是无法取代的，物权追及效力仍有其存在的意义与必要。

四、物权追及力的限制

追及效力作为物权的一种独立效力，它是物权效力的极致，它使得物权得到法律最为精心的呵护，但其又表现出一定的有限性。[⑤] 对物权追及力予以限制是近代市场经济发展的产物。随着交易数量的增多，这

①朱庆育：《寻求民法的体系方法——以物权追及力理论为个案》，《比较法研究》2000年第2期。

②康佑发：《物权变动规则探究——以物权追及力与交易安全相互关系为视角》，《佛山科学技术学院学报》（社科版）2007年第6期。

③王泽鉴：《民法物权·通则·所有权》，中国政法大学出版社2001年版，第60页。

④宿敏：《物权追及效力初探》，《山东审判》2002年第2期。

⑤程芳丽：《论物权的追及效力》，《无锡职业技术学院学报》2006年第4期。

使任何交易都不过是无数交易者所组成的买卖长链中的一环，不论在哪儿出现一次障碍，整个链条都会发生震荡。[①] 为维护交易安全，唯有对物权追及力作出一定限制，具体来说，体现在以下几个方面：

1. 善意取得制度对物权追及力的限制

所谓善意取得，又称即时取得，是指无处分权而占有他人财产的非所有人将其占有的动产或不动产转让给受让人，受让人取得该财产时是善意的，则受让人将依法取得该财产的所有权。善意取得制度旨在保护交易安全，为交易对方即第三人所创设。在第三人善意、支付合理对价、该登记的已登记或该交付的已交付后，第三人即取得财产的所有权。[②]

该制度的适用将对物权人追及权的行使产生如下的限制：一方面，受让人从实际占有财产之日起，即取得动产所有权或其他财产权利，此为善意取得制度的基本法律后果，并且其取得性质为原始取得，此即构成对物权人追及权的限制，因而存在于该动产上的其他负担，即归于消灭，因该负担消灭而受有损失之人，只能向让与人请求损害赔偿。另一方面，原所有人丧失所有权，并且同时取得其他权利。在所有人和受让人之间，受让人取得权利系基于法律的直接规定，具有法律上的原因，不构成不当得利，亦非侵权行为，原所有人丧失了所有权，不得对受让人行使追及权，亦不得依不当得利或侵权之规定请求返还或请求损害赔偿。在原所有人和非法让与人之间，关系较复杂。原所有人可对让与人选择行使下列权利：（1）若原所有人和让与人之间有债权关系，原所有人可依债务不履行制度，主张让与人承担违约责任，向让与人请求损害赔偿。（2）让与人处分原所有人之动产，属无权处分，构成侵害物权的侵权行为，原所有人可依侵权行为制度向让与人请求损害赔偿。（3）让与人处分原所有人的动产取得的对价，构成不当得利，原所有人可依不当得利之债制度向让与人请求返还不当得利。[③]

---

①邱曼丽：《论物权追及力的限制与适用》，《交通管理干部学院学报》2008年第3期。

②黄云霞：《物权追及效力与善意取得平衡机制研究》，《太原理工大学学报》（社科版）2007年第4期。

③程芳丽：《论物权的追及效力》，《无锡职业技术学院学报》2006年第4期。

我国《物权法》106条明文规定，在受让人受让该不动产或者动产是善意的、并以合理的价格转让、且转让的不动产或者动产依照法律规定应当登记的已经登记，不需要登记的已经交付给受让人的情形下，受让人取得该不动产或者动产的所有权。可见，我国物权法为了维护交易安全，也通过善意取得制度限制物权追及力的适用。

2. 公示公信原则对物权追及力的限制

动产物权的变动以交付为公示手段，而不动产物权的变动则以登记为公示手段。但法律公示的权利状态与真实的权利并不一致时，则需借助公信原则。一般而言，公示公信原则是以限制真正权利人的物权追及效力为代价，以保护信赖公示的善意第三人的信赖利益。①

物权公示原则要求物权的享有及变动须具备可取信于社会公众的外部表现方式，并由此派生出物权公信原则，即信赖物权公示方式而为的法律行为不因公示的权利与实质权利的不符而失效。物权的公示公信原则与物权追及效力同样植根于物权的绝对权性质，但它却着眼于如何保护第三人免受无法预知的物权绝对效力的侵害。如果只强调物权的绝对性，缺乏相应的制度将物权状态公之于众，将导致众多不特定的义务主体在交易中，或者承担起查明真实物权状况的责任，使交易成本大增；或者面临被真正所有人追索的风险，导致交易财产总处于不确定的状态。而在交易日益频繁的市场经济社会中，这些弊端是极不利于商品的流通与经济的繁荣的。物权公示公信原则一方面满足了所有人有效证明自己对物享有绝对所有权的迫切要求，有效限制了原权利人任意行使物权追及效力的现象，有利于人们安全高效地从事经济活动；另一方面，物权的绝对性是物权的本质属性，也是物权公示公信原则的前提。如果物权不是绝对权，不具有追及效力，物权公示公信原则也就失去了存在的必要。总而言之，物权的追及效力与物权公示公信原则是一对矛盾的统一体。它们既统一于物权的绝对性，又各执一端，分别从权利人和义务人的立场出发，一个主张权利人的积极效力，一个避免义务人的消极损害。正是由于两者的彼此对抗，才实现了物权人与义务人的利益平衡

①邱曼丽：《论物权追及力的限制与适用》，《交通管理干部学院学报》2008年第3期。

与和谐。

如上所述，通过公示使物权具有可识别性，通过公示赋予物权以公信力，使与公示名义人进行交易的善意第三人的利益受到法律保护。如公示错误，即公示的物权名义人不是真正的物权人，因相信物权公示而与公示的物权名义人为交易的善意第三人受法律保护。此时，真正所有人的所有权消灭，也当然没有追及至善意受让人处行使其所有权的追及权，只能请求公示名义人返还不当得利或赔偿损失。①

3. 表见代理对物权追及力的限制

无权代理人处分本人之物，并转交于第三人，第三人即使善意信赖无权代理人有代理权，也不发生权利移转的效果。合同的效力取决于本人追认与否，本人不追认该合同的效力，则所有权人（本人）得依法追及己物。因本人与代理人之间有一定关系存在，足以使人相信其有代理权。但在表见代理关系中，本人事实上并未授予代理权，本不应负责。从保护交易安全的角度考虑，法律规定本人对第三人负授权人的责任。在无权代理人让与所有权的情况下，该物之所有权移转于第三人，本人的所有权追及力受到阻断，所有权人只能向表见代理人请求赔偿。

4. 法律行为无效或撤销中保护善意第三人的规定

法律行为无效、撤销中保护善意第三人的规定在民法理论中称为法律行为的相对无效，但限于法律明文规定。在相对无效的情况下，原所有权人（表意人）的追及力被阻断，只能向相对人请求赔偿，由物权的保护变为债权的保护。善意第三人乃交易安全的化身，对其进行保护必然以牺牲原权利人的部分利益为代价。②

【相关法律法规及司法解释】

《物权法》

第三十四条　无权占有不动产或者动产的，权利人可以请求返还原物。

---

①马新文：《物权追及效力对公安追赃工作的影响》，《山西警官高等专科学校学报》2009年第3期。

②邱曼丽：《论物权追及力的限制与适用》，《交通管理干部学院学报》2008年第3期。

第一百零六条　无处分权人将不动产或者动产转让给受让人的，所有权人有权追回；除法律另有规定外，符合下列情形的，受让人取得该不动产或者动产的所有权：（一）受让人受让该不动产或者动产时是善意的；（二）以合理的价格转让；（三）转让的不动产或者动产依照法律规定应当登记的已经登记，不需要登记的已经交付给受让人。受让人依照前款规定取得不动产或者动产的所有权的，原所有权人有权向无处分权人请求赔偿损失。当事人善意取得其他物权的，参照前两款规定。

第一百零七条　所有权人或者其他权利人有权追回遗失物。该遗失物通过转让被他人占有的，权利人有权向无处分权人请求损害赔偿，或者自知道或者应当知道受让人之日起二年内向受让人请求返还原物，但受让人通过拍卖或者向具有经营资格的经营者购得该遗失物的，权利人请求返还原物时应当支付受让人所付的费用。权利人向受让人支付所付费用后，有权向无处分权人追偿。

【案例】

案情简介

2009年，市民王某，因偶然机会获得秘鲁产纯种羊驼一只，对其十分喜爱，平时对其照顾有加。2010年7月，王某所在公司决定将其派往位于美国洛杉矶的总公司进行培训，为期一年。接到公司培训通知后，王某非常高兴，因为这种培训对于自己以后的发展大有帮助，但高兴之余，王某又有些顾虑，主要是自己心爱的羊驼不知如何处理。考虑再三，王某决定将该羊驼交由其好友高某代为照顾，王某和高某沟通，高某欣然应允。2010年8月15日，王某将羊驼交给高某，并将饲养的相关注意事项一一告知。2010年8月16日，王某正式前往美国。高某对羊驼也比较喜爱，开始之初，兴致盎然，对羊驼的照顾也非常好，但后来发现，羊驼的饲养并非易事，加之工作较忙，高某感到有些心力交瘁。2010年10月12日，高某致电王某，想让王某另请他人代为照顾羊驼，但因王某手机关机，未能联系上。高某后来又两次联系王某，但均未联系上。2010年12月8日，高某发现羊驼有些发蔫，好像是生病了，于是更加焦急。思索再三，高某决定将羊驼出售，等王某回国后，再将所卖价款交予王某，由其再另行购买一只羊驼。2010年12月10日，高某的好友陈某获知了这一消息，由于陈某对羊驼也是非常喜爱，于是找到高某，表示愿意以6万元的价格购买这一羊驼。高某经了解得知，陈某所出价格较为合理，于是，表示接受，二人于2010年12月12日，完成买卖，高某将羊驼交予了陈某，而陈某则将6万元价款交予了高某。2012年1月5日，王某培训结束回国，高某遂将羊驼出售相关事宜告诉了王某，王某十分惊诧，表示不能接受。2012年1月6日，王某与高某找到陈某，王某表示其并未同意高某将羊驼出售，因此，请陈某将羊驼返还给自己，并表示其不仅会将6万元价款退还给陈某，而且还会对陈某做适当经济补偿。陈某表示不能接受王某的安排，而且羊驼已经转赠给了其女友苏某。协商解决不成，王某一纸诉状将陈某、高某以及苏某等人诉至所在区人民法院。

审理及判决

经法庭调查，获知以下信息：（1）陈某在购买羊驼时，虽知道羊驼并非是高某所有，而是代为他人饲养，但对于所有人是否授权高某出售羊驼并不知情；（2）高某并未将自己私自决定出售羊驼的情节告知陈某；（3）陈某所支付的6万元价款，符合当时的市场价格；（4）陈某确实已将羊驼转赠于其女友苏某，苏某只知道羊驼是由陈某以6万元价款购得的，对其他事宜均不知情。

经综合考虑，法院作出如下判决：高某出售羊驼的行为属于无权处分，其与陈某所达成的羊驼买卖协议应属无效，但由于陈某已将羊驼转赠于苏某，无法追回，因此，判定由高某对王某予以经济补偿。

分析

本案属于物权追及力适用的典型案例，其中，又涉及无权处分、善意取得等多种制度。

一方面，法院以无权处分为由判定高某与陈某所达成的羊驼买卖协议无效，其定性恰当。无权处分制度与物权追及力问题关系密切，正是通过对物权处分行为的否定，而实现了对于物权追及力的强化。所谓无权处分，简言之，是指行为人没有处分权，却以自己的名义实施的对他人财产的法律上的处分行为。一般认为，在权利人未追认或无权处分人未获得处分权之前，无权处分应属效力待定状态。本案中，高某出售羊驼的行为属于典型的无权处分行为，在羊驼出售前，高某虽几次联系王某，但都因各种原因而未联系，即出售羊驼时，其并未获得羊驼所有人王某的授权；在羊驼出售后，所有权人王某并未对其处分行为予以追认，且明确表示反对。由此决定，高某与陈某所达成羊驼买卖协议因属无权处分而应认定为无效，审理法院对此的定性恰当。

另一方面，法院以羊驼转赠于苏某为由，而判定由苏某拥有羊驼所有权的合理性值得商榷。善意取得制度与物权追及力问题关系亦非常密切，如果说对于无权处分的否定是对物权追及力的强化，那么，对于善意取得行为的肯定则是对物权追及力的限制。所谓善意取得，又称为即时取得，无权处分人将其受托占有的他人的财物（动产或者不动产）转让给第三人的，如受让人在取得该动产时系出于善意，则受让人取得该物的所有权，原权利人丧失所有权。依据现行《物权法》第106条规定，善意取得一般由以下三个要件构成：（1）受让人受让该不动产或者动产时是善意的；（2）以合理的价格转让；（3）转让的不动产或者动产依照法律规定应当登记的已经登记，不需要登记的已经交付给受让人。由是观之，在本案中，作为第三人的苏某，应该不符合善意取得的要求，因为，其受让羊驼是由男友赠与而并未支付合理对价。权衡利弊，依据物权追及力，由王某取回羊驼似乎更符合现行法律规定，也更符合社会公理及一般大众的认识。

建筑物区分所有之共有权

【法理】

一、建筑物区分所有之共有权的概念、特征

1. 概念

建筑物区分所有权中的共有权不同于一般的共有权。它是建筑物区分所有权所包含的三个复合权利中的一种重要权利，与专有权共同构成建筑物区分所有权中的“物法性”要素，成为建筑物区分所有权制度的“两个灵魂”，即所谓共同性灵魂和单独性灵魂。所谓建筑物区分所有权之共有权，就是指建筑物区分所有权人依照法律或管理规约之规定，对区分所有建筑物之共有部分所享有的占有、使用、收益及受一定限制的处分权利。

2. 特征

概括而言，建筑物区分所有之共有权具有以下特征：

（1）主体身份的复合性。“从主体上看，区分共有所有权人的身份具有复合性，他不仅是共有所有权人，而且也是专有所有权人和区分所有权人管理团体的成员。”共有权、专有权和成员权缺一不可，构成紧密联系和相互制约的整体。

（2）对专有部分的从属性。建筑物区分所有权是在建筑物区分所有的状态下，所有权人因建筑物而客观结合在一起形成的共有关系，这种共有关系是与专有部分紧密联系在一起的，具有不可分割性。作为建筑物整体和专有部分的附属物，共有部分是为专有部分服务的，对专有部分具有从属性。因而，专有权是主权利，而共有权则是从权利。专有权的设定、移转和消灭决定了共有权的设定、移转和消灭。专有权人不得

在将专有部分转让予他人的情形下，单独保留对于共有部分的处分权，也不得单独转让共有部分的所有权。

（3）共有权的不可分割性。第一，共有权本身的不可分割性。根据共有部分的属性、使用方法和使用目的，区分所有建筑物的共有权在除建筑物拆迁、征用或毁损的情形下将永远不得分割，否则将影响对于共有部分的正常使用，违背其使用目的。第二，与专有权的不可分割性。区分所有权人的专有权移转并不导致其共有权的分割和消灭，共有关系的性质也不会发生改变。区分所有权人因移转所有权退出共有关系，所有权的受让人将自动加入共有关系，共有关系的内容将不会因此受到影响。第三，与成员权的不可分割性。“区分所有权人之所以对共有部分享有共有权不仅是因为他们共同占有和使用建筑物的共有部分，而且由于各区分所有权人集中在一栋建筑物或一个住宅小区居住，产生相邻关系和共同居住关系，使区分所有权人之间形成了具有‘人合性’的相对密切的共同关系。”

（4）权利客体的复杂性。区分共有权的客体并非完全独立的标的物。共有部分与专有部分紧密结合，具有一体性，不得作为独立的所有权客体进行交易。而区分共有权的客体范围也较为广泛，根据规定形式的不同可以划分为法定共有权和约定共有权，根据共有人的范围不同可以划分为全体共有权和部分共有权，根据共有部分的范围不同可以划分为针对建筑物整体的共有部分享有的共有权，针对建筑物一部的共有部分享有的共有权，针对建筑物一部上设立专有使用权而产生的共有权，针对建筑物基地的利用而发生的区分所有权人与土地所有人之间的共有权。[①] 根据是否负担，又可以进一步分为有负担的共有权和无负担的共有权。

二、建筑物区分所有权之共有权的性质界定

共有权是建筑物区分所有权中的核心权利，但目前对其所进行的理论研究还明显不足，许多问题还有待深化。其中，对共有权性质的界定，就存在很大分歧。[②]

①丁可夫：《浅谈建筑物区分所有权的共有权》，《福建教育学院学报》2011年第1期。

②焦富民、陆一：《论建筑物区分所有权中业主共有权的保护》，《比较法研究》2007年第5期。

1. 按份共有说

持该观点的学者认为，建筑物区分所有之共有权在性质上属于一种不可分割的按份共有。一方面，区分所有建筑物之法定共用部分，因不具有构造和利用上的独立性，共用人也就无从请求分割和让与，但共用人仍可按其份额来行使权利和承担义务，所以应解释为不得请求分割的按份共有。另一方面，约定共用部分虽在构造上、利用上仍具独立性，但依区分所有权人之规约而成为共用部分，如允许共用人请求分割或转让，将有违约定共用的宗旨。并且，其对共用部分的使用、收益乃至处分，基于公共安全的考虑，须受到团体规约的约束。因而同样认定为不得请求分割的按份共有较妥。[①] 其理由包括：

（1）按份共有说有利于明确权利的行使界限和义务的承担范围。共有权既然作为一种权利，必然涉及权利的行使，体现在对共用部分的使用权、收益权和修缮改良权上，权利的行使与当事人的利益联系密切，如果不能合理地界定份额，必然导致权利的冲突，最终影响共有权的行使。而共同共有说则没有考虑到建筑物区分所有权的复杂结构，看似平等，实则损害了全体共有人的利益。同理，共有权作为一种权利，根据权利、义务一致的原理，必然涉及义务的承担。所以，建筑物区分所有权首先应当界定为按份共有。

（2）不可分割的按份共有性质的界定，有利于避免一般按份共有中应有份随时分割的问题。普通按份共有，各共有人原则上得请求分割，并定得处分其应有部分，但在建筑物区分所有的前提下，如果允许各共有人可以随时分割应有份额，理论上不可行，事实上也难以操作。因为普通按份共有的形成大都基于约定产生，根据意思自治的基本法理，当然应当遵循个人的意思决定自主退出。而建筑物区分所有之共有权并非来自约定，而是法定，即是法律明确赋予各专有权人当然对共用部分享有共有的权利。也就是说，共有权人身份的获得是基于专有权人的身份前提的，这种共有权人的身份是不能够随意变更，想退出就退出，想加

①程宗璋：《建筑物区分所有人对共有部分使用之立法》，《广西经济管理干部学院学报》2000年第1期。

入就加入的，它是一种法定的资格赋予。[1] 因此，只要某个人仍然是某专有部分的所有权人，他就当然成为共有权人，行使共有人的权利，履行共有权人的义务，根本不存在所谓分割的问题。

反对者则认为，将建筑物区分所有权的共有权划分为按份共有同样存在一系列不可回避的问题。第一，区分共有权从属于区分所有权的专有权。区分所有权人在对专有部分享有所有权期间，尽管可以依据共有持份比例确定其对共有部分潜在的应有份额，但仍然不得请求分割和自由处分其共有部分。这与按份共有人对其应有部分享有相当于所有权的权利的原则相悖。而共有持分比例是根据专有部分所确定，因而其并不是具体、确定的比例，而是抽象模糊的概念，这也不同于按份共有对于应有份额的明确要求。第二，仅仅据此尚不能确定共有权的性质，按比例享有收益和分担对共有部分所承担的义务，并不意味着所有权人对共有部分也应当按比例享有占有、使用和处分的权利。第三，在按份共有权上强加不可分割的属性无异于为了使区分共有权符合按份共有的概念而人为地将按份共有的所有权能进行分割，不但造成了按份共有概念的混乱，也无法切实反映区分共有权的特征。[2]

2. 共同共有说

持该观点的学者认为，建筑物区分所有之共有权在本质上属于共同共有，建筑物区分所有权之共有权是依法律之规定或者依契约之规定而结成共同关系之数人，基于共同关系而享有一物之所有权。各共同所有物之全部所有权属于共有人全体，而非按应有部分享有所有权。各共有人对于共有物不仅有占有、使用、收益权，而且也有管理、处分权。在共有关系维持期间，不得请求分割共有物。建筑物共有部分之共有，是为了共同目的禁止请求分割，也禁止让与应有部分。其依据在于：（1）建筑物的各共有人在同一建筑物共同生活，基于管理共用部分和维持共同生活的秩序的需要，制订规约和选任共同管理人，彼此之间已经形成事实上的合伙关系。从而，区分所有建筑物的共用部分乃为全体区分所有权人合有（共同

①李志君、于向花、张玉涛：《建筑物区分所有权之共有权的性质评说》，《理论界》2007年第8期。

②丁可夫：《浅谈建筑物区分所有权的共有权》，《福建教育学院学报》2011年第1期。

共有）。（2）“共有部分的共有性质，应以区分所有人间是否因共同目的形成‘合手’的共同关系为判断依据。”建筑物区分所有权人之间业已形成一种受团体制约的共同关系，因而属于共同共有。

反对者则认为，共同共有说存在不妥之处：一是与共同共有的传统民法理论不符，传统的共同共有是基于特定的身份关系形成的，如夫妻关系、合伙关系等。而区分所有的共有权是基于共有部分的存在产生的，是依附并从属于专有权所决定的。二是与《中华人民共和国物权法》（以下简称《物权法》）中的有关规定不符。共同共有说根据《物权法》第80条规定，建筑物及其附属设施的费用分摊、收益分配等事项，有约定的，按照约定；没有约定或者约定不明确的，按照业主专有部分占建筑物总面积的比例确定。显然，在我国，建筑物区分所有之共有权具有明确的份额划分，共同共有说忽略了对共有部分收益分配和小区物业等管理费用的承担等问题。[①] 三是共同共有说将影响房屋的物权流转，在房屋产权转让过程中包含着附属于专有部分的共有部分的对价，有对价就有份额，若为共同共有，便无从谈起。

3. 新型共有说

持该观点的学者认为，建筑物区分所有之共有权从本质上讲，是一种新型共有。该共有既非按份共有，又非共同共有；既不可定性为准共有，又不可定性为互有。就其独特的内在规定性而言，实为介于按份共有、共同共有、准共有以及互有之间的一种新型的共有。

此新型共有与按份共有、共同共有、准共有以及互有的内在规定性之间既有联系，又存在区别，其联系具体表现在：（1）具有按份共有的成分。按份共有的本质在于共有人具有按份额的权利和按份额的义务，权利愈多，义务也就愈多。虽然不同共有人之间的权利不同，但就某一共有人而言，其拥有的权利与承担的义务之间是平等的，这在建筑物区分所有权中亦有体现。即共有人在第一阶段以专有部分面积之大小为标准承担了共有部分的建造费用，这种按份义务由第一阶段的按份分制的权利给予补偿，确保共有人的权利和义务相一致，宏观共有人之间的平

①胡荣举:《建筑物区分所有权之共有权的行政及行使》,《安徽警官职业学院学报》2010年第3期。

等，因此具有按份共有的成分。[①]（2）具有共同共有的因素。为了确保共有人的权利与义务的平衡，共有人就共有部分所生之各类费用（电梯等除外）以均等份额承担，而与之相对应的则是不区分份额的平等的使用权。（3）具有准共有的标的物。于实践中，并非只有所有权才能共有，其他财产权如基地使用权、农地使用权、抵押权等定限物权亦可共有。（4）具有与互有相同的无分割请求权，从而保持其不可分割性。在区分所有建筑物中，为了专有权的行使，必须保持共有部分和专有部分的一体性和效用性，共有人无分割请求权。

4. 总有说

持该观点的学者认为，建筑区分所有之共有权从本质上讲是一种总有。详言之，区分所有建筑物的管理权能归属于具有合伙性质的团体（如管理委员会），而用益权能则属于区分所有权个人，总有权力的取得和丧失依赖于团体成员资格的取得和丧失。

反对者则认为，将区分共有权划归总有将存在一系列问题。第一，"总有作为数人共享一物的形式，将管理权能与用益权能相分离的做法，实际上是对于所有权的'质的分割'，而区分所有的共有权体现的是对所有权'量的分割'。"[②] 认定共有所有权属于总有事实上等于承认由所有权人组成的非法人团体对共有部分享有所有权，这与各区分所有权人对共有部分享有的所有权之间产生矛盾。第二，作为一种共有形式，总有已经几近绝迹。其能否作为现代所有权制度中对共有的一种分类尚有讨论的必要。第三，在总有中，各村民对于公社共同财产并没有其应有份额，故不得对其进行处分，且这种不得处分的状态具有永久性。但区分所有建筑物的共有部分并非永久不可分割，在建筑物被征用或灭失时，区分所有权人可以请求分割。[③] 而根据区分所有权共有部分从属于专有部分的性质，共有部分将随专有部分的所有权的移转而移转，因而所有权人对于专有部分进行处分事实上也等同于处分了其共有

---

①陈晓林：《建筑物区分所有权之共有权定性新探——以其内在规定性和我国实际为视角》，《经济经纬》2011年第2期。

②胡敬涛：《浅谈建筑物区分所有权之共有权》，《东岳论丛》2009年第1期。

③丁可夫：《浅谈建筑物区分所有权的共有权》，《福建教育学院学报》2011年第1期。

部分。

5. 区分说

持该观点的学者认为，对建筑物区分所有之共有权的性质界定，“不应一概而论，而应分别依区分所有建筑物的不同类型予以确定，或属共同共有，或属按份共有。”[①] 如果不能具体将哪一部分的财产确定为他人使用，也不能按照一定份额确定使用范围，则只能认定该财产为共同共有的财产。如果某些财产能够确定为何人使用，能按照一定份额确定使用范围，可认为是按份共有的财产。[②] 具体来说，对于共有楼梯、电梯、设备以及附属建筑物等由各区分所有权人共同使用的财产，既不能确定各部分的使用人，也不能按照一定的份额确定各区分所有权人的使用范围，因此应当认定其属于共同共有。而对于隔墙、楼层专用楼梯等可以确定使用人和可以按照份额确定区分所有权人的使用范围的共有财产，当事人可以依据约定按照一定的份额享有权利和承担义务，应当认定其属于按份共有。

反对者则认为，根据建筑物的类型和使用情况对建筑物区分所有之共有权进行分类，事实上是对建筑物不同使用方法的分类，无法显著反映共有权的特征。第一，这种分类方法忽视了作为区分所有权的共有部分对专有部分的附随性。不论是将不同类型的建筑物或者同一建筑物的不同部分划分为共同共有或者按份共有都无法改变共有部分不能单独要求分割和处分和在专有部分所有权发生移转时其所有权也将发生移转的事实。根据这一特征，区分共有权就不能简单地被划分为共同共有或者按份共有。第二，根据建筑物的不同类型对区分共有权的性质进行分析，将建筑物的形态以纵割式、横切式和混合式为标准进行区分实属没有必要，而且现实中的建筑物多为横切式或混合式的形态，纵割式形态已经较为少见。将横切式和混合式的共有部分划分为共同共有仅仅解决了建筑物内部的共有部分的归属问题，并没有涉及对建筑区划内建筑物之外的其他共有部分的所有权性质的讨论。第三，建筑物的共用部分涉及种类广泛，而不同种类在具体的建筑物结构中其使用情况也存在显著

---

①陈华彬：《建筑物区分所有权研究》，法律出版社2007年版，第170页。

②王利明：《物权法论》，中国政法大学出版社1998年版，第390页。

差异。试图有效地认定其使用范围和应有份额在实践中存在困难，势必将引起广泛的争议。[①] 而上述所谓能够明确其使用范围和应有份额的所谓“共有部分”，似乎容易与专有部分的范围发生混淆。

【相关法律法规及司法解释】

《物权法》

第七十条　业主对建筑物内的住宅、经营性用房等专有部分享有所有权，对专有部分以外的共有部分享有共有和共同管理的权利。

第七十二条　业主对建筑物专有部分以外的共有部分，享有权利，承担义务；不得以放弃权利不履行义务。业主转让建筑物内的住宅、经营性用房，其对共有部分享有的共有和共同管理的权利一并转让。

第七十三条　建筑区划内的道路，属于业主共有，但属于城镇公共道路的除外。建筑区划内的绿地，属于业主共有，但属于城镇公共绿地或者明示属于个人的除外。建筑区划内的其他公共场所、公用设施和物业服务用房，属于业主共有。

【案例】

案情简介

名苑物业管理有限公司（以下简称名苑公司）受开发商乾潮物业开发有限公司（以下简称乾潮公司）委托，对“都市名苑”小区进行前期物业管理，并取得相关审批机关的许可，实际对该小区提供物业管理服务。2002年11月14日，杨某与乾潮公司签订两份商品房买卖合同，约定购买乾潮公司开发的住宅添福阁C单元1层101号、102号房屋两套。杨某于11月29日办理入住手续时预交了6个月物业管理费用，并交纳装修押金后开始进行装修。装修中，杨某将两间房屋后阳台沿防水渠装置了整面防护网，并在防护网中间安装两扇大门以方便其使用。该防护网覆盖了两间房屋阳台之间的公共空间。此外，杨某在该空间上搭设顶棚，形成了一个独立区域。物业公司发现此事后，遂找到杨某，要求其对该改装

①丁可夫：《浅谈建筑物区分所有权的共有权》，《福建教育学院学报》2011年第1期。

予以恢复原状，杨某表示拒绝。名苑公司作为原告杨某诉至法院，要求被告杨某拆除违章设置的防护网和违章搭建的附属物，封闭私自开设的后门，恢复建筑物原状。

审理及判决

某市莲湖区人民法院一审认为：被告杨某在装修时所设置的房屋后面阳台外的防护网，不仅改变了房屋外墙外观，且已侵占了小区公共空间。原告作为小区物业公司，有对小区公共房屋部位的维护与管理权利，其要求被告拆除所设立的防护网及附属搭建物，并恢复原状的理由正当，法院依法予以支持。遂依据《民法通则》第106条、《物业管理条例》第2条及第7条第2项之规定，判决被告将其设置的添福阁C座101、102号房屋后面的防护网及其搭建的附属物拆除，并恢复房屋外观原状。宣判后，被告杨某不服判决提起上诉。

二审法院认为：杨某作为该小区房屋业主，为居住安全，贴窗安装防护网并不影响小区的管理和其他住户正常生活。但其在101和102号房屋南阳台之间沿防水渠安置防护网和在101号房屋以东沿防水渠搭建防护网，占用了公共区域，给小区管理造成妨碍，该防护网应予拆除。改判杨某将其居住的添福阁C座1层101、102号房屋南阳台之间及101号房屋以东沿防水渠搭建的防护网予以拆除，并恢复房屋外观原状。

分析

1. 屋主安装防护网是否侵权，在法律方面应严格予以区分。其在专有部分所建附属设施应予保护；其在公共区域所建附属设施，侵占了全体业主的利益，应予拆除。

楼房等建筑物所有权构成，通常应区分为专有部分所有权和共有部分所有权专有部分所有权有两个明显的特点，一是构造上的独立性（通常指四壁具有确定的遮蔽性）；二是利用上的独立性。建筑物区分所有人对共有部分的共有所有权，是指区分所有权人依据法律、合同或区分所有人之间规约的规定，对建筑物的共用部分所享有的占有、使用、收益的权利。本案中，被告杨某紧贴窗户安装的防护网是其专有所有权的实现，并未侵占建筑物的共用部分，亦不影响其他业主的生活，法律应予保护。因此一审法院的判决显属失当。二审在查明事实的基础上，对被告杨某所建防护网进行了必要的区分，认为其在101和102号房屋南阳台之间沿防水渠装置防护网和在101号房屋以东沿防水渠装置的防护网侵占公共区域，侵占了其他共有人的权利，判决被告杨某拆除其在公共区域的装置是正确的。

2. 业主侵占公共区域搭建防护网，物业管理企业诉讼法院，属于适格的诉讼主体。

物业管理企业获得物业管理权的法律基础是物业管理合同，是物业管理企业受业主委托处理物业管理事务。本案原告名苑公司正是基于这样一种法律事实，才获得了相应的诉讼地位。原告名苑公司行使排除妨害的权利，实际是在行使以业主为相对人的合同权利。

原告名苑公司具备本案主体资格，源于其对小区物业的管理权。那么，被告杨某是物业服务合同的委托人，能不能以其权利对抗受托人物业管理企业的管理权呢?

在物业管理法律关系中，存在着双重法律关系。一是业主内部的法律关系，即个别业主与全体业主之间的关系。反映为个别业主的利益与全体业主的共同利益的冲突问题。这是由建筑物的不可分性决定。按照物权法建筑物区分所有的基本理论，建筑物的共用部分为区分所有人共有。区分所有人除对其自有部分拥有独立的所有权外，基于建筑物功能的需要，无论其个体意志愿意与否，都必须与建筑物中其他业主共同使用建筑物的共同部分及设施。事实上共同部分及设施的价款在购房时已分摊到区分所有人自有部分的房价款之中。这种共同使用关系确定了共有权利。而且共有部分的权利不能为某一区分所有人单独转让、设定负担或抛弃。因此，当某一区分所有人的利益与全体所有人的利益冲突时，个别利益必须服从整体利益，是法律的价值取向。二是物业管理企业与业主之间的服务合同关系。物业管理企业提供的物业服务，既包括整体上的服务，如公共设施的维修管理、公共秩序的维护等，也包括个体业主的特殊服务。如与个别业主就某些特定事项约定的特别服务。就前者而言，物业管理企业实施管理，代表的是全体业主的整体利益，这时，与个别业主的利益如果发生冲突，物业管理企业为维护整体利益，依据其管理权，可以向个别业主提出诉讼。

取得时效制度

【法理】

取得时效，又称占有时效或时效取得，是指无权利人以行使所有权或其他财产权的意思公然、和平地持续占有他人的财产，经过法律规定的期间，即依法取得该财产的所有权或其他财产权的法律制度。取得时效制度是传统民法中的重要制度。王利明教授认为，取得时效有以下功能：（1）确定财产归属，定纷止争；（2）促进物尽其用，充分发挥财产的利用效率；（3）维护社会秩序和交易安全；（4）有利于证据的收集和判断，并及时解决纠纷。[①]

一、取得时效的立废

我国现行民事立法尚未规定取得时效制度，关于我国应否设立取得时效制度，民法理论界向来颇有争议，主要存在两种基本观点，即否定说和肯定说。

1. 否定说

持否定说的学者认为，取得时效制度不过是历史的“残留物”，仅有历史沿革上的理由，而没有法理上的根据，没有存在的价值，我国不应建立取得时效制度。其理由包括：

（1）规定取得时效制度可能会造成一些负面影响。取得时效制度，对于私权被他人侵害的行为，不但不加以适当保护，而且对于侵害他人权利的人，反而承认其可以取得权利。这种法律制度如果允许其留于后代，则会使道德沦丧，并且与“拾金不昧”“公物还家”“物归原主”的道德观念相矛盾。取得时效制度一方面剥夺了权利人的权利，另一方

①王利明：《建立取得时效必要性探讨》，《甘肃政法学院学报》2002年第1期。

面赋予占有人或准占有人以权利。取得时效的存在，只会是平添若干风波与困扰。法律规定取得时效的目的，本来是保护社会秩序的稳定，而实际上却适得其反。取得时效有奖励恶意占有人或准占有人之嫌。导致国有资产的“合法”流失。有些人担心，确立取得时效制度会给国有财产流入私人口袋提供合法途径，会加重原本已很严重的国有财产流失问题，威胁到社会主义公有制的经济基础。取得时效制度的法律后果，往往与善意权利人的意思相悖。所有人往往怜惜占有人的贫困，善意地容许占有人无权占有，于是延搁数年，时效期间经过，法律确认发生权利变动的法律后果，这一后果显然与善意权利人的意思相悖。

（2）从现有的民法制度体系看，取得时效制度已经没有建立的必要了。随着商品经济的发展，调整财产关系的民法也得到了高度发展，特别是近现代不动产登记制度和动产善意取得制度相继问世，最终使取得时效丧失了其存在的价值。具体说，对于不动产物权来说，一方面土地法已独立，取得时效作为民法上对土地物权的取得方式已失去了作用。另一方面由于不动产物权登记制度的普及，民法对土地物权的取得可依物权登记的公信力来解决，无须由取得时效来调整；对于动产来说，善意取得制度已经对善意取得人的利益进行了保护，对恶意取得的则视为侵权行为，由消灭时效调整。至于其他财产权，也因特殊的性质和消灭时效制度的完善，而使取得时效失去了适用余地。

（3）取得时效与诉讼时效并存也不科学。对同一个民事法律关系，同时适用两种时效制度，必然产生两个不可解决的矛盾。其一，对于一个权利客体来说，一方取得权利，就意味着对方丧失权利。但在两种时效并行的体制下，一方丧失权利，对方却并不能因此而取得权利，这就造成了权利和客体的脱节，这种脱节与时效制度的宗旨相悖。其二，只要权利人在诉讼时效期间内提出争议，就会阻止取得时效的完成，因此谈不上取得时效的适用，两种时效并行没有实际意义。

（4）取得时效制度本身存在着许多的缺陷和不足，司法适用过程中同样也存在着诸多法律问题。一是关于取得时效适用的范围问题。如果我国建立时效取得制度，对于社会主义公共财产是否可以适用呢？如果适用了取得时效制度，那么势必会造成违宪问题，如果不适用，那么取得时效制度恐徒有其表了，亦会产生对物权法中平等保护原则的违反。对于登记的动产和不动产是否可以适用时效取得制度，如果适用如何与这些制度衔接，如果不适用将进一步会缩小其适用范围等等这些问题，都是需要考虑解决。另外，关于国有土地使用权和集体土地使用权的时效取得问题，一些学者认为，就我国目前的国有土地和集体土地的利用制度来看，基本没有适用时效取得的空间，我国相关土地法律法规已经详细地对土地的使用、期间等作了规定，特别是在当前土地寸土寸金的情况下，极少会出现土地利用权不明晰的状况，更不用说我们还有专门土地管理机构和相关的管理办法来维护土地的利用了。因此，随着我国社会主义市场经济的迅速发展和社会经济保障制度的完善，时效取得制度已经失去了它存在的社会基础和条件，特别是物权法的出台，不动产登记制度和即时取得制度的完善以及其他相关配套制度的完善，逐步地加强了对物的归属和物的利用效率，使时效取得制度的适用空间极其狭小，我国将来的民法典中已无建立时效取得的必要性，在当前市场经济条件下，我国的民法体系的现有制度完全可以解决物尽其用，促进各种财产的有效利用率，维护交易安全和社会秩序，明晰物的所有权。[①]

（5）设立取得时效制度在我国存在观念上的障碍。取得时效制度的本身的价值取向客观上与我国的传统道德和国情不和谐。虽然取得时效制度的价值取向和功能是为了解决所有权不确定的状态，但是在客观上产生的效果与我国的精神文明建设和传统文化有着不和谐的因素，与我国拾金不昧、物归原主的道德原则和优良传统相背离，特别是当社会处于不稳定状态时更是会刺激鼓励无权占有、哄抢、私占公共财产等等社会不文明现象的出现。

（6）取得时效制度存在的社会和经济条件已不复存在。我国当前的经济发展水平和社会发展的条件决定了我国目前的民法体系无需建立时效取得制度。[②] 我国当前市场经济迅速发展，物尽其用，现代社会的生产与建设充分地利用了各种社会物质资源，极少产生闲置不用之物，取得时效制度因此失去了其存在的现实基础。

---

①吕维刚：《浅论我国〈民法典〉不应建立取得时效制度》，《学术交流》2008年第7期。

②同上。

2. 肯定说

持肯定说的学者认为，我国应建立取得时效制度。其依据在于：

（1）建立取得时效制度具有重大的现实价值和社会意义。第一，有利于稳定社会关系，保护交易秩序。时效制度设立的目的在于维护社会的稳定状态，如果权利人的请求权长时间怠于行驶，而由实际占有人代为行使权利，若能持续并经过一定的期间，则社会上势必会对这一事实状态产生信赖利益，也会因此形成新的法律关系和社会秩序。第二，可以避免举证困难并代为证据之用，从而迅速解决民事纠纷。由于权利人长时间怠于行使权利，举证的机会常常因时间的经过而恶化，或原先存在的证据灭失，法官和当事人往往花费大量的时间精力也未必能找到有价值的证据。取得时效制度的功能就在于，法官只需确定占有人对财产的占有达到取得时效要求的期间，并符合取得时效的规定，就可以直接以此作为证据来确定权利归属。这有利于证据的收集，降低诉讼成本，从而迅速地解决民事纠纷。[①] 第三，有利于预防与减少错误成本支出。取得时效还可预防与减少错误利用他人财产行为的发生，进而避免社会成本的浪费。[②] 第四，取得时效制度的适用能够促进物尽其用，加速财产的流转、增进社会效益。取得时效的确立能促使所有权人积极行使权利，从而充分发挥资产的利用效率。第五，有利于督促财产所有人更加精心地关心和管理自己的财产。如果财产所有人对自己的财产长期不闻不问，任凭他人占有，实际上等于财产所有人放弃了自己的权利，维护其所有权并无必要，由长期占有人取得所有权也并无不可。

（2）取得时效与诉讼时效并非不可并存。取得时效和诉讼时效并存的情况下，出现一方丧失权利，对方却不能同时取得权利的情况是正常的，因为诉讼时效期间届满后，权利人因此丧失的是胜诉权，而非实体权利，权利人的实体权利仍然存在，只是不能通过法院强制实现。如果义务人主动履行的，权利人仍可受理。因此认为两种时效并存出现弊端而否定取得时效的理由是不充分的。从制度设计上来看，建立取得时效和诉讼时效同时存在、互相补充的制度体系，有利于完善我国时效制度

①王瑞雪、袁洋：《论我国取得时效制度的构建》，《法制与社会》2010年第18期。

②钟淑健、孙超：《法经济学视域中取得时效的价值分析》，《山东社会科学》2010年第10期。

的法律体系构建。从理论上讲，建立取得时效制度是法律制度协调性的内在要求。建立取得时效制度，是实现民事时效制度体系以及物权制度体系协调性的内在要求。

（3）从制度的功能性上来看，取得时效制度不能被公信制度和善意取得制度所代替。从现实角度分析，在我国，目前由于法律的不健全，实际生活中存在大量的产权不清的现象：不动产登记制度目前在我国还不完善，即使一部完善的不动产登记法也不可能涵盖所有的财产占有关系；动产虽然有善意取得制度，但实际生活中存在的一些动产权属不清的情形并不能通过善意取得来解决。因此，取得时效制度在今天市场经济条件下仍有存在的必要。

（4）任何一项法律制度的实施都可能伴随着一定潜在的消极影响，对于规定取得时效可能引起的与消灭时效的上述理论矛盾，完全可以通过立法技术的改进予以克服。取得时效制度的法律后果，不仅不违背善意权利人的意思，而且多数场合下与其意思相符。就所有人而言，其允许占有人多年占有其物，或允许准占有人多年间行使该项权利而不否认，皆可推定其已经放弃了该项权利，占有人通过取得时效取得权利，不能理解为违背权利人的意思。否则，权利人自始就不应有长期允许他人占有或准占有其财物的状态。

（5）从与国际接轨的角度看，目前大陆法系国家（或地区），甚至英美法系国家（或地区），都建立了取得时效制度。我国作为大陆法系国家，特别是确立社会主义市场经济体制目标以及加入世界贸易组织以后，要参与世界经济循环，适应经济全球化、市场化的要求，就必然引起法律制度的变革，设立取得时效制度正是顺应形势发展的必然结果。①

（6）取得时效制度并不违反道德观念。私权绝对主义并非衡量道德性的尺度，在近现代民法上绝对的权利是不存在的。财产所有人没有适当行使自己的财产权利，对他人占有自己的财产无动于衷，足以说明其对自己的权利并不需要，从社会公共利益保护的角度来看，财产所有人

①余海华、朱奕：《我国取得时效制度的立法选择之探讨》，《今日湖北》2007年第2期。

的权利并不值得保护。在这种情况下，法律使占有人或准占有人取得多年经营的成果，实际上是发挥所有人闲置、废弃财产的效益，这无论对占有人还是对社会都是有益的事情，谈不上是获取不义之财和违背道德准则。取得时效旨在解决悬而未决的法律关系，不能认为是奖励恶意占有人或准占有人。

二、取得时效的构成

取得时效在构成上，是否应以善意为必要条件，在理论界还存在很大的分歧。

1. 肯定说

持肯定说的学者认为，取得实效必须以占有人善意为必要构成要件，我国未来在建立取得时效制度时，必须要坚持这一原则。其原因在于，让恶意占有者取得时效利益，有悖于民法的诚信原则，不利于维护社会正义。从国外的情况来看，德国民法典和瑞士民法典对于取得时效的规定，都是以善意为取得时效的构成要件的。罗马法上的善意，是指占有人在实现占有时抱着正直人的态度。因为时效取得的前提一般是一种错误，人们认为是从所有者或者其代表或者至少不是以违背所有者意志的方式从持有物品的人手中接受该物品。现代意义上的善意有两种解释：一是对事实的不知；二是不知且无过失。对善意，各国一般以推定解决，无须当事人举证；而无过失，是指虽尽善良管理人的注意，仍不知无权利，对此一般采当事人自己举证。判定占有人是否善意及有无过失一般为占有开始之时确定。

2. 否定说

持该观点的学者认为，取得实效应不以占有人善意为必要构成要件。其理由包括：第一，从立法例上看，不采善意为要件是现今各国立法趋势。第二，从司法实践来看，善意标准的模糊导致难以举证。由于善意本身是一种内心状态，需要运用推定的方式进行，而推定的结果在很大程度上使善意流于形式。现实生活中因善意占有而发生时效取得的实例很少，若规定善意这一要件，必将极大地限制取得时效在实践中的适用。第三，从取得时效的功能来看，不宜采善意为要件。取得时效制度设立的功能在于维持既定社会秩序稳定，维护社会公共利益。此与善意取得制度侧重于交易时受让人主观上的善意显有不同。相反，若规定善意为取得时效的要件，反而与取得时效的宗旨相悖；同时也模糊了动产时效取得制度和动产善意取得制度的界限。[①] 第四，区分善意和恶意并不影响设立取得时效的主旨。取得时效之设，是为鼓励权利人利用其财产，促进物尽其用、维护社会秩序的稳定或求得纠纷解决的便捷，而占有人的内心意思并不影响这几项目标的实现。[②]

有的学者则认为，虽然时效取得不以占有人之善意为构成要件，然而，善意也有其存在的价值，即占有人之善意对时效期间之长短存有影响。例如，在法国和日本，对于不动产，即区分占有人善意与否分别规定了不同的时效期间。善意占有的，其时效取得之期间要短于恶意占有的时效取得期间。这可为我国未来民法典所借鉴。[③] 如果无论占有人是否为恶意，取得时效的适用都完全一致，则对善意占有人是一种不公平对待。[④] 在动产取得时效中规定善意一个更短的期间，可以促进物之效用的发挥和社会秩序的稳定，符合取得时效制度的宗旨。同时，由于动产取得时效制度中，占有人出于善意，不存在故意或者重大过失导致权利人无法行使权利的情形，与社会正义价值相契合，理应获得一个较短的时效期间。综上，虽然善意在取得时效制度中有其存在的合理价值，但取得时效制度无须以善意为要件，占有人的主观状态不能影响取得时效制度的功效。[⑤]

3. 折中说

持折中说的学者认为，善意不是时效取得的必要要件，但是恶意是时效取得的否定要件。原因在于：其一，善意是一种主观的状态，交易人一般很难知道也无必要知道。在很多场合，出于交易的快速流转的

---

①相书记：《‘第一桶金’适用时效取得的法学思考》，《黑龙江政法管理干部学院学报》2011年第4期。

②陈年冰：《取得时效的概念和构成要件》，《当代法学》2004年第4期。

③季秀平：《〈物权法〉未确立取得时效制度之所失及补救》，《法治研究》2009年第12期。

④朱一飞：《论取得时效制度在中国的建立——法律经济学视野下的初步探讨》，《哈尔滨工业大学学报》（社科版）2005年第1期。

⑤温世扬、廖焕国：《取得时效立法研究》，《法学研究》2002年第2期。

需要，不应该规定善意是时效取得的主观要件。但是，如果行为人在某种明显具有恶意的行为时仍然承认其能够时效取得，无疑不能促进一种良好的社会风俗的形成，也使民法失去了其应有的功能。其二，以善意为要件可能会导致与消灭时效制度间出现矛盾。因为消灭时效仅以权利人怠于行使权利为开始条件，便于证明。而若取得时效以善意为构成要件，却难以证明与认定，因而就会出现消灭时效已经完成原权利人丧失向占有人为请求的权利，而占有人因恶意占有也无法取得所有权，此时，物的归属处于不确定状态，导致以后物的交易关系也难以开始。其三，因善意具有主观性，在实践中难以被认定。所以，即使规定善意是作为时效取得的一个要件，只是反面规定恶意不能时效取得而已，导致在很大程度上使善意变得流于形式。因此，虽然善意在取得时效制度中有其存在的合理价值，但取得时效制度无须善意为要件，占有人的善意状态不能影响取得时效制度的功效。[①]

【相关法律法规及司法解释】

国家土地管理局《确定土地所有权和使用权的若干规定》

第21条　农民集体连续使用其他农民集体所有的土地已满20年的，可视为使用者所有。

《安徽省土地权属争议处理条例》

第9条　农民集体使用另一农民集体所有的土地，连续使用满20年，原所有者在此期间未向现使用者或有关部门提出归还要求的，其土地所有权属于现使用者；连续使用不满20年，或者虽满20年但在20年期满之前原所有者曾向现使用者或有关部门提出异议要求归还，经查证属实的，由县级人民政府依法确定土地所有权。最高人民法院《关于贯彻执行民事政策法律若干问题的意见》。

第56条　买卖双方自愿，并立有契约，买方已付了房款，并实际使用和管理了房屋，又没有违法行为，只是买卖手续不完善的，应认为买卖关系有效，但应补办房屋买卖手续。

---

①崔灿：《论取得时效制度的构成要件》，《重庆行政》2010年第5期。

【案例】

案情简介

某村民郭某因年老体迈，且膝下无儿无女，于是就认本村村民李某为干儿子，郭某与李某约定：由李某负责郭某的生养死葬，而郭某则将其所拥有的房屋两间赠与李某。1970年，郭某去世后，李某一家便一直居住在郭某的房屋里，之后，还办理了宅基地及房屋产权凭证。1980年，因生活困难，李某举家南下，前往深圳打工。李某外出时，由于没有委托任何人对这两间房屋进行照管，且李某在该村属于独户，也没有相应的近亲属，由此导致该房屋因无人管理、年久失修，很快便破烂不堪。三年后，李某一家仍杳无音讯，村委会认为李某一家是不会回来了，于是接手将破败的房屋重新整修一新，作为办公场所使用。1985年，村委会建好新的办公场所，又以每月120元价格将这两间房屋租给村民周某开食杂店。2008年底，李某回乡，发现房屋被周某占用，于是向村委会反映，此房系自己所有，要求收回。村委会不同意李某主张，认为李某的房屋若没有村委的修葺及维护，早已不复存在。李某于是向县人民法院提起诉讼，要求村里返还房屋并赔偿相应损失。

审理及判决

一审法院经审理后，驳回了李某的诉讼请求，理由是李某的诉讼请求已超过最长20年的诉讼时效规定。李某不服判决，于是上诉至市中级法院。中院在审理此案时，存在两种截然不同的观点：一种意见认为李某外迁时并未抛弃房屋的所有权，亦未将房屋处理给他人或委托他人管理，李某仍应享有该房屋的所有权。而所有权为绝对权，在我国当前法律体系中，只要李某主张此房的权利，无论何年何月，也不论历时多少年，均应受法律支持。另一种观点认为，李某及其家属20余年未主张权利，其诉讼请求已过最长诉讼时效20年，不再受法律保护，故应驳回。两种意见相持不下，主审法官采信了第二意见，于是作出了驳回起诉、维持原判的决定。

分析

这起纠纷实际上涉及两个问题：

其一，诉讼时效的适用问题。在本案例中，一审、二审法院均以李某的诉讼主张超过20年最长诉讼时效为由，予以驳回。从形式上讲，一审、二审法院的判决是符合现行法律规定的，因为根据现行《民法通则》第137条的规定："诉讼时效期间从知道或者应当知道权利被侵害时起计算。但是，从权利被侵害之日起超过二十年的，人民法院不予保护。"但是，一审、二审法院的判决又缺乏合理性，这表现在两个方面：首先，《民法通则》第137条虽然规定了诉讼时效最长为20年，且明确界定其应从权利被侵害之日起开始计算。但是，《民法通则》第137条还有一款补充规定，即"有特殊情况的，人民法院可以延长诉讼时效期间。"从这一规定看，一审、二审法院应考虑是否将该案认定为"特殊情况"，而决定是否适用"延长诉讼时效"的规定。其次，在村委会不同意将房屋返还李某，且法院对李某诉讼请求予以驳回的情况下，李某应如何在法制框架内维护自己的权益？

其二，取得时效的建立问题。由于我国现行法律上没有关于取得时效的规定，仅仅规定了诉讼时效制度，因此在本案中李某作为房屋所有人不能行使相应的权利，而村里也不能使自己的占有合法化，法律调整在此出现了真空。设立取得时效制度主要在于使无权利人以行使所有权或其他财产权的意思，公然和平地继续占有或使用他人的财产，经过法律规定的期间，从而依法取得他人财产所有权或其他权利。究其实质，是在特定情形下排除真正权利人的权利。如果我国在法律中规定了取得时效制度，上述案例中出现的问题便可迎刃而解，村里可以依据取得时效而取得李某原房屋的所有权。由此来看，在制定民法典时确立取得时效制度有其必要性。

由该案例来看，在我国的民事立法中，确立取得时效制度有其必要性。但是，在建立取得时效制度时，应注意以下两个问题：第一，取得时效的适用范围不宜过宽，主要适用于公民个人的生产和生活资料，包括动产或不动产，而不动产只限于未进行产权登记的部分；法人的财产只限于动产，包括机器设备、货物、货款，但以身份关系为前提的财产权，如继承权、领取离退休金、扶养费等权利不能因时效取得；与人身权紧密相连的知识产权（专利权、商标权、著作权、发明权）不能因时效取得。第二，取得时效的法定期间要合理。为了切实保护财产所有人的合法权益，取得时效的法定期间不宜太短。参照各国立法情况及我国《民法通则》《继承法》关于诉讼时效和除斥期间的相关规定，取得实效的法定期间，不动产以20年为宜，动产以5年为宜。但对那些不易保存，容易损坏的动产，为了加速财产流转，促进市场经济的发展，期限还可相对缩短，以3年左右为宜。

赃物的善意取得

【法理】

虽然赃物与遗失物一样都属于占有脱离物，但现行《物权法》并没有对赃物是否适用善意取得制度作出规定，立法机关对此作出的解释是，“之所以不规定赃物的善意取得，立法考虑是，对被盗、被抢的财物，所有权人主要通过司法机关依照刑法、刑事诉讼法和公安管理处罚法等有关法律的规定追缴后退回。”但这种解释并没有终止对该问题的讨论，赃物是否适用善意取得制度一直是理论界与实务界所关注的重点问题。

一、否定说

持该观点的学者认为，赃物不能善意取得制度。其理由在于：

（1）赃物不适用善意取得制度，是由赃物的性质所决定。从赃物的性质来看，其属于民法上的禁止流通物，赃物不能流通，自然亦不能适用善意取得。（2）赃物不适用善意取得制度，是由善意取得制度的构成所决定。从善意取得制度的构成来看，须原权利人具有可归责性，仅第三人的善意尚不能正当化原权利人权利之剥夺。盗赃物非基于原权利人的意志而失去占有，此时原权利人不具有可归责性；赃物适用善意取得，将有失公正，是对原所有权合法利益的一种侵害。（3）赃物不适用善意取得，从某种意义上是对“社会利益”的一种维护。赃物流通进入交易领域，会不利于保护所有人的利益，不利于维护社会的正常秩序，更不利于维护社会的治安。为“赃物”洗“赃”而为“物”，要求物权人向经过公开市场购得赃物的受让人支付对价的规定脱离了我国现有国情，在经济利益上对受让人百般体恤的一个直接的恶果就是变相鼓励买赃。善意取得制度的目的在于保护交易安全，以适应社会经济发展和财富增长的需要。但在具体设计时，更不能忽视所有权的安全，让“有恒产者有恒心”，以免把物权法搞成“掠夺物权法”。[①]（4）赃物不适用善意取得，是精神文明建设的需要。买卖赃物是违法行为，如果承认其善意取得，将会违背一般民众朴素的法律感情。且如果对盗窃物一律无条件保护，可能会鼓励盗窃行为。而排除善意取得对盗赃物的适用，可弘扬社会主义精神文明、制约销赃。（5）取得时效制度的缺失使得赃物适用善意取得失去了制度基础。在规定赃物适用善意取得制度的国家或地区，都有取得时效制度相配套。取得时效指财产占有人以所有人的意思，公开地、善意地、和平地持续占有他人财产达到法定期间，即依法取得对该项财产所有权的法律制度。而我国法律包括物权法并没有规定取得时效制度。在没有构建取得时效制度的情况下，规定动产赃物可适用善意取得在立法上是不严谨的，尤其是要同遗失物适用同一规则的情况下。[②]（6）赃物不适用善意取得是基于保护被害人的需要。我国市场交易秩序尚不规范，如果不彻底追赃，极有可能引起鼓励销赃的恶果，彻底追赃有遏制买赃犯罪的作用，从而对被害人予以应有保护。（7）赃物不适用善意取得制度是由公法利益优位保护原则决定的。在社会利益中存在公法利益和私法利益的保护。公法利益的保护应优于私法利益的保护，为了维护社会的公共秩序，赃物不适用善意取得。

二、肯定说

持该观点的学者认为，无论从法理还是情理角度来看，赃物都能够善意取得。

持肯定说的学者首先对否定说的依据进行了批判：（1）赃物不能在市场上流通的结论没有法理上的必然性。“赃”不是“物”本身具有的并且永远不变的法律属性，而只是在特定时间、特定主体控制下具有的属性。我们只能得出非法获取财物者无权处分赃物的结论，而不能得出任何主体在任何时间都不能处分赃物的结论，更不能得出赃物不能在

---

①沈占明：《保护善意取得的赃物应有底线》，《中国改革报》2005年8月3日。
②王蕊、吕景美：《论动产赃物不能善意取得》，《学理论》2011年第13期。

市场上流通的结论。（2）保护所有人利益不能成为否认赃物适用善意取得制度的理由。财产所有权神圣不可侵犯（静的安全）是法律的重要原则，但维护社会的商品交换秩序（交易安全，即动的安全）也是法律的重要任务，在第三人善意取得让与者无权处分的财产时，静的安全与动的安全便发生了矛盾，善意取得制度正是法律为了解决二者矛盾作出的一种选择。（3）赃物适用善意取得制度不影响社会正常秩序。善意取得制度的本意就在于维护交易安全，在这点上，赃物的善意取得制度与其他商品的善意取得制度的功能是一样的。当赃物进入市场后，可能在多个当事人之间转让易手，当事人可能变换多次，如果赃物不适用善意取得制度，即允许原所有人向现在的占有人追夺赃物，势必推翻以前所有的交换关系，使大量人力、物力、财产陷入无休止的举证之中，这势必影响商品的正常交换秩序，也会由于利益分配的不公平，给有关当事人带来矛盾，从而影响社会秩序的稳定。（4）赃物适用善意取得制度并不影响精神文明的建设，也不会影响社会治安。① 在缺乏充分的实证资料之前，认为盗赃物善意取得会违背民众的朴素法律感情，显然有些主观臆断。而认为否认盗赃物善意取得具有制约销赃功效可能是一厢情愿。②（5）善意取得的构成要求原权利人具有可归责性，是把道德评价引入原权利人与善意第三人之间的利益分配机制中。否认说直接认为盗赃物场合下原权利人无可非难性，显然过于武断。在双方无过错时，道德评判的衡量意义应受到限制，而此时，在市场经济下广为接受的“动的安全优先于静的安全”应成为一种主导性的价值选择。③

持该观点的学者认为，赃物都能够适用善意取得制度的原因在于：（1）赃物适用善意取得是源于公法规范的价值取向转变。司法实践中对善意取得制度是否适用于赃物发生了从否定到肯定的转变。这一转变表明公法规范中隐含着这样的价值取向：应当强化对善意第三人利益的保护，将法律保护的重心由静态的归属安全转向动态的交易安全。④（2）

---

①赵石麟：《关于赃物适用善意取得制度的思考》，《江苏公安专科学校学报》2001年第6期。
②罗施福：《论盗赃物的善意取得》，《法制与社会》2008年第2期。
③同上。
④董彪、何延军：《公法对善意取得制度的影响——以赃物为例》，《法学杂志》2008年第6期。

赃物适用善意取得符合法理逻辑。占有的公信力可以作为善意取得的逻辑依据，一方面，市场中人们对交易的安全性具有强烈的渴望，于是赋予动产占有以公信力成为市场经济的必然要求；另一方面，正是因为法律赋予动产占有公信力，基于对无权处分人之占有的信赖而发生交易的人，其交易预期才能获得法律的积极评价。一旦赃物进入正常的市场流通领域，按照商品的正常价格转让，善意第三人是难以识别赃物的，并且让善意第三人去承担这种识别不能的后果也是不公平的。（3）赃物适用善意取得符合现代民商法价值取向和基本原则。从效益优先、兼顾公平的角度看，只从所有权神圣这一思想出发，单方维护所有者利益，显然是有所偏颇的。而且，现代商品的丰富已使物对于所有者的意义有所变化，多数物对于所有者来说都是可以替代的种类物，给予所有者在失去所有物后一定补偿即可接受，这也符合公平原则。另外，从过错方面看，有些赃物丧失占有对于权利人来说，是有一定过失的，而对于善意取得人来说，可以说是并无过失。（4）赃物适用善意取得有利于发挥善意取得制度的意义和价值。学术界普遍认为善意取得有利于有维护商品交换的正常秩序，促进市场经济有秩序地发展；有利于及时解决民事纠纷；有利于充分发挥物的经济效用。赃物适用善意取得在维持交易秩序的稳定、促进纠纷的解决、提高效率与效益方面的意义与普通物是无区别的。[①]（5）赃物适用善意取得是基于物权公示公信而产生的信赖。物权的公示是物权享有及变动可取信于社会公众的外部表现形式。权利推定对于第三人的意义在于“公示的公信力”，即凡是符合公示形式的物权对于社会公众而言，就是权属正确的物权，他人信赖这种形式，纵使公示的物权不存在或有瑕疵，纵使公示外观显示的权利人并非真正权利人，也不得对抗信赖公示的第三人。[②]在复杂的商品交换中，受让人要判断出让人是否为真正权利人已属不易，更何况要判断财产是否属于盗赃物。为了维护交易安全，稳定交易秩序和现有的经济关系，促进商品经济的发展，盗赃物应该有条件地适用善意取得制度。这不仅符合民

①周旦旦、吕景美：《论赃物可以善意取得》，《学理论》2011年第12期。

②罗忻全、颜双玲：《对〈物权法〉未规定盗赃物善意取得的反思》，《成都理工大学学报》（社科版）2008年第2期。

法的公平原则，也符合社会的公平价值观念。[①]（6）赃物适用善意取得有利于维护社会的安定。在当今市场经济迅速发展的时代，商品处于高速流转之中，当原所有人向善意占有人请求索回其物时，该物很可能已经过多次转手，在这种情况下，如果法律规定善意占有人应当按原所有人之要求而返还赃物，则必然推翻已经形成的多个新的财产占有关系，破坏既存的经济秩序。如果对赃物适用善意取得制度，则能避免因推翻已有的财产关系而带来的无休止的权属纷争，将有利于维护商品交易秩序，从而保障社会的稳定。[②]（7）基于经济分析法学，适用赃物善意取得制度所需支付的代价最小。波斯纳有一经典定义：在法律上，事故责任应当归咎于能以最低成本避免事故而没有这样做的当事人。在赃物所涉及的三方当事人中，犯罪嫌疑人当然是最应归咎之人，除此之外，则应归咎于被害人。在部分犯罪如诈骗犯罪中，被害人是能够预见到其将失去赃物的所有权的，但仍交出了赃物，其完全能够避免事故的发生。且如果被害人无法追回其物，那么其将投入更多的资源用于防盗，而这部分资源本可以投入新的生产来创造新的价值；相反，如果被害人可以从第三人处追回其物，则上述“盗赃相关成本”就会降低。[③]在市场经济条件下，若要求每一个进入市场进行交易的民事主体，在购买财产或取得财产上设定权利时，都需对财产的来源情况进行详尽确实的调查，受让人为查明受让物的真正来源，不仅要花费时间，而且要花费人力、物力，无疑会滞缓交易进程，增加交易成本，影响社会经济效益，不利于市场经济的健康发展。[④]

同时，肯定说的学者认为，赃物适用善意取得制度不是绝对和无条件的，应该有节有度，即赃物因为其特殊性应该有一个适当的限度，不然就达不到善意取得制度设置的价值目标，是对善意取得制度的曲解。[⑤]具体来说，赃物适用善意取得制度，需满足以下条件：（1）必须

①赵石麟：《关于赃物适用善意取得制度的思考》，《江苏公安专科学校学报》2001年第6期。

②匡慧敏：《关于赃物适用善意取得制度的思考》，《江苏经济报》2009年6月26日。

③王蕊：《论赃物的善意取得》，《法制与社会》2011年第26期。

④尹继良：《论赃物的善意取得制度——兼评〈物权法〉第106条》，《法制与社会》2008年第1期。

⑤张志：《论赃物的善意取得》，《企业经济》2009年第6期。

符合善意取得的一般条件，关键要查明是否通过有偿交易的途径取得对赃物的占有，占有人是否出于善意。如果对无偿取得受让物的受让人不适用善意取得制度，这样对受让人也不会产生任何损害结果。因此，对于无偿取得受让物的受让人的权益，自然也没有适用善意取得制度保护的必要。善意取得，顾名思义，其前提应是受让人的善意，如果受让人受让该物时没有善意，那么也就不存在是否适用善意取得的问题了，对受让人因此所取得的该物的所有权自然也就没有必要给予其法律保护。（2）受让人必须是从以下场所取得的受让物才能适用善意取得制度。一是，从合法的公开的交易市场上取得受让物。这里所说的交易市场包括一般商店、百货公司、超市、早市、夜市及庙会、展销会等大家所熟知的一般交易场所。二是，从公开拍卖场所取得受让物。“所谓拍卖，既包括国家有关机关主持的强制拍卖，也包括一般的拍卖机构所主持的一般拍卖”。三是，由贩卖同种物品的商人处取得的受让物。（3）该转让物必须依照法律规定已经发生物权转让的效力，这样该受让物才实际归受让人所有。这是基于物权法的公示公信这一基本原则的要求。①

三、折中说

持该观点的学者认为，不应一味地肯定或否定赃物的善意取得，而应当区分具体情况，以特定的条件来确定是否可以适用善意取得制度。客观地说，在赃物适用善意取得与不适用之间作出非此即彼的选择是两难的，如果以保护权利人利益及物的静态安全为重，排斥赃物善意取得，势必对善意第三人及交易安全极为不利；如果以保护善意第三人和交易的动态安全为重，完全适用善意取得，则法的正义性将受到质疑。② 在对相关利益充分衡量的基础上，对赃物善意取得采取折中的方法，是必然的选择。

其理由是：一是保障交易安全，实现物尽其用的需要。随着市场经济的发展，商品交换日益频繁，人们的需求逐渐扩大，对效率的要求

---

①吕楠、何阳阳：《论赃物的善意取得》，《法制与社会》2009年第26期。

②应秀良：《论我国赃物善意取得的法律适用——兼论物权法第一百零六条、第一百零七条的理解》，《人民司法》2008年第15期。

也越来越高。赃物进入流通领域时，在外观上与普通的商品并无差别，人们很可能因不知情而购得赃物。在这种情况下，如果要求买受人在交易前均要查清对方是否对商品具有处分权，有悖于情理。另外，赃物追回后应交还于原权利人所有，但在大多数情况下，是无法查清原权利人的，此时我国通常的做法是将这些找不到原权利人的财物收归国有，这在一定程度上造成了财物的闲置。二是实现公平和诚实信用法律价值的需要。就赃物的善意取得这一制度来说，虽然牺牲了原所有权人的权利，其损失却由违法分子予以补偿，同时善意第三人取得物的所有权，实现了物尽其用，各方利益达到了一个最大的平衡，因此基于公平原则的要求，应当对善意第三人和原所有权人采取不同的保护方式。承认赃物的善意取得，正是对善意的第三人基于诚实信用而从事的买受行为的一种肯定，理应受到法律的保护，这样才不至于使人们在交易中因不能确定占有人是否为有权处分人而产生疑虑，降低交易效率，才不至于使善意的买受人对法律失去信心。

持折中说的学者认为，在判定赃物是否适用善意取得时，应综合考虑以下几个因素：（1）赃物的种类。有的学者认为，应将赃物分为盗赃（如盗窃赃物、抢劫赃物）和其他赃物，如诈骗赃物和侵占赃物，盗赃不适用善意取得制度，其他赃物适用善意取得制度。[①] 有的学者则认为，赃款和无记名证券的善意取得受让人适用善意取得。赃款属于赃物范围，但鉴于一般情况下货币持有人对货币的合法使用被视为有权处分，由此形成的债，对于善意取得受让人具有合法有效性。赃物为无记名证券，在合法交易场所的流通具有和赃款同样的性质，应当允许赃款和无记名证券的善意受让人适用善意取得。[②]（2）赃物的取得方式。对于经拍卖取得，或从公共市场上买得，或从贩卖同类物品的商人处获得的赃物应当适用善意取得，否则就会诱发新的民事纠纷，不利于维护正常的交易秩序和社会安定。[③]

---

①梁慧星：《中国物权法草案建议稿》，社科文献出版社2000年版，第1页。

②张立新：《受让赃物能否善意取得》，《广播电视大学学报》（哲社版）2008年第2期。

③杨敏：《善意取得制度中特殊问题研究——盗赃物、遗失物的善意取得问题》，《攀枝花学院学报》2005年第1期。

【相关法律法规及司法解释】

《票据法》

第十二条规定：以欺诈、偷盗或者胁迫等手段取得票据的，或者明知有前列情形，出于恶意取得票据的，不得享有票据权利。持票人因重大过失取得不符合本法规定的票据的，也不得享有票据权利。

《关于没收和处理赃款赃物若干暂行规定》

在“处理”部分的第六项　在办案中已经查实被犯罪分子卖掉的赃物，应当酌情追缴。对买主确实知道是赃物而购买的，应将赃物无偿追缴；对买主确实不知道是赃物的，而又找到了失主的，应该由罪犯按原价将原物赎回或赔偿损失，退还原主，或者按价赔偿损失；如果罪犯确实无力赎回或赔偿损失，可以根据买主与卖主双方具体情况进行调解，妥善处理。

《关于审理诈骗案件具体应用法律的若干问题的解释》

第十一条　行为人将财物已用于归还个人欠款、贷款或其他经济活动的，如果对方明知是诈骗财物而收取属恶意取得，应当一律予以追缴；如确属善意取得，则不再追缴。

《关于办理经济合同诈骗案件有关问题的通知》

第五条　行为人将诈骗财物已用于归还债务、货款或者其他经济活动的，如果对方明知是诈骗财物而收取，属恶意取得，应当一律予以追缴；如确属善意取得，则不再追缴。被害人因此遭受损失的，可依法提起附带民事诉讼解决。

《关于依法查处盗窃、抢劫机动车案件的规定》

第十二条　对明知是赃车而购买的，应将车辆无偿追缴，对违反国家规定购买车辆，经查证是赃车的，公安机关可以根据刑事诉讼法第一百一十条、一百一十四条规定进行追缴和扣押。对不明知是赃车而购买的，结案后予以退还买主。

【案例】

案情简介

社会青年李某是一惯偷，曾因盗窃被处罚过数次。2006年7月8日晚，在从网吧回家的路上，李某发现一小区二楼住户王某家的窗户未关，于是便通过攀爬一楼住户防盗网的方式进入王某家中，李某不仅窃取了现金800余元，而且还将王某家的笔记本电脑窃走。2006年7月15日，李某找到该市二手家电交易商厦的商户范某，以1500元的价格将其卖给了范某。2006年8月6日，范某又以2500元的价格将该笔记本电脑出售给了市民梁某。2006年12月5日，李某在入室行窃过程中，被住户发现，并被扭送至公安机关。在审讯过程中，李某主动交代了2006年7月8日晚的盗窃事件，并交代了赃物的流向。根据李某的供述，公安机关找到了商厦商户范某，并根据范某的供述，找到了市民梁某，最终将王某失窃的笔记本电脑取回。案件处理完毕后，公安机关将该笔记本电脑退还给了失主王某。梁某于是找到商厦商户范某理论，要求其退还其购买费用2500元。范某不同意梁某主张，并认为自己也是受害人。梁某于是将商户范某起诉至所在区人民法院。

审理及判决

该区人民法院审理认为，商户范某与市民梁某所买卖的标的物系赃物，属于禁止流通物，因此，二人之间的买卖行为应认定为自始无效，双方互负返还义务。考虑到笔记本电脑作为赃物已被公安机关收缴，市民梁某已无返还义务，因此，法院判定，商户范某应返还电脑购买款2500元于市民张某。

分析

就法院的审理来看，其对于范某与梁某电脑买卖行为的认定合乎法律规定。依据我国现行《合同法》第52条规定，“有下列情形之一的，合同无效：（1）一方以欺诈、胁迫的手段订立合同，损害国家利益；（2）恶意串通，损害国家、集体或者第三人利益；（3）以合法形式掩盖非法目的；（4）损害社会公共利益；（5）违反法律、行政法规的强制性规定。”在本案中，范某与梁某所买卖的笔记本电脑系李某盗窃的赃物，属于法律上的禁止流通物，二人的买卖行为实际上违反了法律、行政法规的强制性规定，因此，应认定为无效。虽然法院的判决符合满足合法性的要求，但将该案例置于物权法乃至整个民事法律制度的视野下，其合理性有待商榷。这主要表现在以下两个方面：其一，在本案例中，作为笔记本电脑的购买人梁某自始至终并无任何过错，这是因为：（1）梁某是在作为公共市场的二手家电交易商厦中所购得的笔记本，加之是从专门经营二手家电的商户中购买，因此，其有理由认定该笔记本电脑并非赃物，而属于合法流通物。（2）梁某在购买笔记本电脑时，支付了合理的市场价格，而该价格也是其认为所购笔记本电脑并非赃物的一个依据。既然购买人梁某并无过错，那么就应该对其合法权益予以保护。虽然，法院判定商户范某返还电脑购买款于梁某，也是对梁某权益的一种保护。但是，实际上，对于梁某而言，对其权益最有效的保护是由其继续拥有笔记本电脑的所有权。其二，在本案例中，法院判定商户范某与市民梁某的电脑购买合同无效，由范某返还电脑购买款于梁某，仅是终止他们之间的法律纠纷，而由此又会引起新的法律纠纷，即商户范某与犯罪嫌疑人李某之间的买卖合同纠纷，而从实际情况来看，范某的利益可能连基本的保障都不会获得。综上来看，法院的判决不仅导致善意第三人的权益受损，而且直接危及到了市场交易安全。

权衡利益得失，比较合理的解决办法，就是确立赃物有限适用善意取得制度，即在特定条件下，赃物可适用善意取得制度。具体来说，赃物有限适用善意取得制度必须满足以下条件：（1）从主观上讲，第三人必须是善意，而非恶意。（2）从客观上讲，必须有充分的外在条件，证明第三人必须是善意，而非恶意。这些条件包括：赃物的购买价格、赃物的购买场所等等。（3）只有特定赃物才可适用于善意取得。赃物必须限于不以登记为公示要件的动产以及无记名的有价证券。

抵押权顺位界定

【法理】

所谓抵押权顺位，也称为抵押权次序或顺序，学说上有狭义和广义之分。狭义的抵押权顺位，是指在同一抵押物上存在数个抵押权时，各个抵押权相互之间就抵押物优先受偿的关系；广义的抵押权顺位，除了包括狭义的抵押权顺位外，还包括抵押权与其他优先权之间就抵押物优先受偿的关系。换言之，是指在同一抵押物上存在多个优先权时，各个不同的优先权相互之间的效力顺位。它不仅包括抵押权与抵押权相互之间的效力顺位，而且包括抵押权与留置权、抵押权与质权以及抵押权与其他优先权之间的顺位。本专题所讨论的抵押权顺位属于狭义意义上的。我国《物权法》对抵押权顺位问题的规定主要有以下三个方面：（1）抵押权已登记的，按登记的先后顺序清偿；顺序相同的，按照债权比例清偿；（2）抵押权未登记的按照债权比例受偿；（3）抵押权已登记的先于未登记的受偿。

一、抵押权顺位调整

当同一抵押物上存在数个抵押权时，各抵押权之间如何确定就抵押物价值优先受偿的顺序，此即抵押权的顺位问题，而抵押权人就此享有的权利则称为顺位权。各国或地区一般规定其相互之间的顺位先后以抵押权是否登记以及登记的时间先后来确定，并无疑问。但是如果发生先顺位抵押权所担保的债权消灭，或者抵押权本身因为某种原因而归于无效等情况，那么后顺位抵押权能否依次递进而取得在先顺位？这在理论上还存在较大争议。

1. 固定主义说

持该观点的学者认为，先顺位抵押权因实现以外的原因消灭时，后顺位抵押权不得升进，仍维持原有的位置不变。陈华彬老师认为，基于民法公平正义观念与对等正义原则，以及为了平衡各方当事人的利害关系，在制定物权法或民法典时应采取顺位固定主义。[①] 陈本寒老师也认为，顺位升进主义存在明显弊端，基于公平原则的考虑，日后我国在修改《担保法》时，在确定抵押权顺序的变化原则问题上应采顺位固定主义的立法例。[②] 其理由包括：

（1）顺位固定主义可以防止后顺位抵押权人获得不当利益。在同一抵押物上存在数个抵押权的情况下，后顺位抵押权人就同一标的物取得抵押权，是在先顺位抵押权已经存在的情形下发生的。一方面，后顺位抵押权人对于将来标的物卖得的价金，应先由先顺位的抵押权人受偿，自己只能受偿剩余的价值的情况已经完全知悉，并在预料之中。另一方面，由于后顺位抵押权的风险大，可能因先顺位抵押权实现而不能足额受偿，所以通常后顺位抵押权在设立时的条件也较苛刻，如高利息、高违约金等。如果因前顺位的抵押权消灭，而使后顺位的抵押权随之升进，进而使后顺位的抵押权人的债权得到充分满足，对后顺位抵押权人而言，实际上，是出乎于其预料之外的收获。后顺位抵押权所能获得的清偿，本仅以其原来的顺位所能获得者为限，今却因意外的原因而获得全额清偿，颇有不当得利之嫌。[③] 而顺位固定主义则能有效地阻止后顺位抵押人取得该不当利益。

（2）顺位固定主义有助于保护一般债权人的权益。在同一抵押物上存在数个抵押权且先顺位抵押权消灭的情况下，若允许后顺位抵押权依次升进，使本来难以全额受偿的抵押债权却因偶然的原因顺位升进而得以全额受偿，可能会损害一般债权人的利益。其原因在于，在正常顺位情况下，处于末位的抵押权人，其受偿概率其实与一般债权人无异，但如果允许其顺位升进而获得优先受偿权，实际上是降低了一般债权人的

①陈华彬：《物权法》，法律出版社2004年版，第501页。
②陈本寒：《担保法通论》，武汉大学出版社1998年版，第182页。
③史尚宽：《物权法论》，中国政法大学出版社2000年版，第616页。

受偿机会。而在顺位固定主义模式下，保持顺位不变，使原本无机会优先受偿的末位抵押权人与一般债权人享受同样的受偿机会，无异是对一般债权人权益的有效保护。

（3）顺位固定主义符合抵押权现代化的需要。抵押权现代化的一个重要标志，就是抵押权由保全抵押权而转向流通抵押权。流通抵押权，不仅是抵押权的现代化的形态，而且也是各国抵押权立法所追求的理想和目标。抵押权要流通，必须与证券相结合，而抵押权的证券化又是以抵押权独立性与顺位固定为前提。[①] 抵押权的顺位固定，表明各抵押权所支配的标的物的交换价值确定不变，先顺位抵押权所担保的债权，虽然因为清偿而消灭，但是其所支配的交换价值仍然存在，这为先顺位的抵押权提供了可以独立存在的基础。所以要实行抵押权证券化，则必须实行抵押权顺序固定主义。[②]

（4）顺位固定主义有利于债务人或抵押人扩大融资。在同一抵押物上存在数个抵押权且先顺位抵押权消灭的情况下，若适用顺位固定主义，那么，债务人或抵押人则有可能以抵押物设定新的抵押，进而获得更大的融资机会。

2. 升进主义说

升进主义说主张，先顺位抵押权因实现以外的原因消灭时，后顺位抵押权得当然依次升进。采此说者以王利明教授为代表。学界普遍观点认为我国采用的是顺位升进主义，实务界也多是按照顺位升进主义来操作的。

一方面，持该观点的学者对固定主义说的批评进行了反驳：（1）适用顺位升进主义并不会导致后顺位抵押权人获得不当利益。在同一抵押物上存在数个抵押权且先顺位抵押权消灭的情形下，后顺位抵押权人依次升进，获得受偿，实际上是其“合理期待”的实现，而非是获得不当利益。（2）适用顺位升进主义不会损害抵押物所有人的利益。受让人愿意受让抵押物，说明受让人愿意承担风险，但其风险已在受让的价格中考虑了进去，故抵押权与所有权混同时，顺位升进不会损害所有人的利益。（3）适用顺位升进主义不会对普通债权人造成损害。后顺位抵

①沈雄杰：《论抵押权行使之次序》，《唐山师范学院学报》2006年第1期。
②刘星球：《抵押权次序若干问题的讨论》，《广西师范学院学报》（哲社版）2009年第3期。

押权人毕竟仍然享有抵押权，具有优先于普遍债权人的地位。他优先于普通债权人以抵押物的价值优先受偿，是完全合理合法的。顺位升进主义是否损害普通债权人的利益，应当在普通债权人的合理预见和实际结果的对比中体现。在抵押物之上设定了若干抵押是经过登记公示的，普通债权人完全可以通过查阅登记材料而知晓，普通债权人对把抵押物作为一般责任财产偿还其债务，应当具有多大的合理预期是明确的。如果普通债权人认为在顺位升进主义情况下，会导致债务人一般责任财产的减少，降低了其债权的保障，那么他也完全可以要求债务人为其提供担保。（4）适用顺位升进主义亦有利于融资。在融资方面，顺位升进主义也有自己的优势之处。采用顺位升进主义，虽不能对已经实现的价值部分再设定抵押权，但后顺位抵押权人的债权得到了保证，抵押人可就同一抵押物设定更多的抵押权。客观来说，设定更多的抵押权要比先顺位抵押权已实现部分再设定的抵押权的融资作用更大。

另一方面，持该观点的学者认为，适用顺位升进主义的合理性在于：（1）有利于保护后顺位抵押权人的利益。若适用顺位固定主义，则会使得无论先顺位抵押权是否因清偿变化，后顺位抵押权人均不得享受就抵押物整体受偿的机会，此时后顺位抵押权人所需承担不再是担保利益部分丧失的风险，而是丧失的必然。（2）符合所有权弹力性原则。选择顺位升进主义，乃是贯彻抵押权附随性原则以及所有权的弹力性原则之必然，抵押权作为一种他物权，本身是对所有权的一种限制，而其作为担保物权又具有附随性，所以当债权消灭时，抵押权当然也归于消灭，既然抵押权消灭了，那么所有权自然基于弹力性而恢复其内容，由此后顺位抵押权当然应当升进。（3）采用顺位升进主义符合我国当前的担保物权和抵押权制度。我国担保物权的制度设计的理论基础是担保物权的附随性理论。我国抵押权制度主要承袭法国、日本和我国台湾地区抵押权制度，将抵押权制度的目的限于保全债权，具有债权的严格从属性。而抵押权附属性与抵押权顺位升进主义密切相关。先顺位抵押权随着其债权的消灭而消灭，后顺位抵押权理应随之升进。[①]

①刘盈梅：《抵押权顺位制度分析》，《现代商贸工业》2009年第18期。

3. 折中说

持该观点的学者认为，原则上应坚持抵押权顺位升进主义，但在一定情形下应承认抵押权顺位固定主义的适用性。例如，由于同一物上之抵押权与所有权混同时，不承认抵押权的存在将造成明显的不公平。其理由在于：

（1）这是从价值判断中得出的最优选择。撇开其他问题不谈，单就一项制度进行优劣评判，应当说，顺位固定主义优于顺位升进主义。这首先由于顺位升进主义在公平问题上确实存在着难以克服的弊端。正如“固定说”所质疑的那样，顺位升进主义至少在如下三方面存在着公平性问题：其一，对抵押人不公平。其二，对一般债权人不公平。其三，后顺位抵押权人确有不当得利之嫌。顺位升进主义是以“挤占”他人利益为前提的，并对与之相关的相对人都构成了不公平。因此，单就一项制度的优劣进行价值评判，显然没有理由认为顺位升进主义比顺位固定主义更好。（2）采取折中说更具有实用性。抵押权的流通性是抵押权证券化的制度基础，既然我国的抵押权是一种保全性抵押权而非流通性抵押权，自然也就没有实行抵押权证券化的制度基础。因此，要为一项尚缺乏现实基础和制度基础的实践活动提供一项“制度供给”，显然是不现实的，尤其在这项制度的供给必须以改变现有法律制度为代价的时候，我们就更不能不考虑其现实实用性问题了。（3）采取折中说制度成本最低。改变一项制度，必须顾及其制度成本问题。采取顺位固定主义将导致我国整个法律体系的不和谐，破坏现已于抵押物上设立的稳固的法律关系，并将为之付出巨大代价。[①] 从制度成本上讲，应该适用折中说。

二、抵押顺位让与和抛弃

1. 抵押顺位让与

所谓抵押顺位让与，是指经先顺位抵押权人和后顺位抵押权人让与合意后，后顺位人并不取得先顺位，而是于抵押权实现时，该后顺位抵押权人可以就其所担保的债权先于先顺位抵押权人受偿。

---

①陈祥健：《抵押权次序立法例的多视角评判及其选择》，《法学杂志》2006年第1期。

对于抵押权顺位让与的效力，学者还存在不同认识，概括而言，有三种观点：第一种观点认为，抵押权顺位让与的效力是让与方与受让方的受偿顺位发生互换，即受让方取得让与方的位次，让与方取得受让方的位次。第二种观点认为，抵押权顺位让与的效力是受让仅得在让与方享有的债权额度内取得让与方的受偿顺位，其超出让与方债权额度而无法受偿的债权，仍在其原顺位受偿。第三种观点认为，抵押权顺位让与后，抵押权的原有位次关系并不发生改变，让与方与受让方仍在各自的位次受偿，但受偿后，应将双方的受偿金额相加，而对该受偿总额，受让方较让与方可优先受偿。①

一般认为，抵押权顺位的让与需符合下列条件：（1）让与方与受让方须为同一抵押物之抵押权人。（2）让与方与受让方须就抵押权顺位让与达成合意。即抵押权顺位让与应以订立合同的方式进行，由于抵押权顺位让与对债务人、抵押人及其他抵押权人不发生影响，故一般认为抵押权顺位让与合同的生效仅需让与人和受让人意思表示的一致，而不以上述当事人的同意为条件。（3）须办理抵押权顺位让与登记。由于抵押权顺位让与已涉及抵押权内容的变更，因此，根据物权变动之一般原理，应通过登记进行公示，否则其让与不得对抗第三人。

2. 抵押顺位抛弃

所谓抵押顺位抛弃，是指同一抵押物的先顺位抵押权人，为后顺位抵押权人的利益而抛弃自己优先受偿的顺位位置。② 抵押顺位抛弃，又分为绝对抛弃和相对抛弃。相对抛弃是指同一抵押物上先顺位的抵押权人为了特定后顺位的抵押权人的利益而将自己的优先受偿的利益加以抛弃的行为，其效力导致此抵押权人的顺位与其所为特定抵押权人顺位处于同一顺位，二者依债权比例受偿。而绝对抛弃，则是指抵押权人为了全体后顺位的人的利益而将自己的优先受偿的利益加以抛弃的行为，其效力则使此抵押权人的顺位置于所有抵押权人的最后。抵押权经绝对抛弃，即归消灭，原抵押权人成为普通债权人。

对于抵押顺位相对抛弃所引起的具体法律后果，学者们存在不同认

①高晓春：《论抵押权次序的让与》，《甘肃行政学院学报》2002年第2期。

②刘星球：《抵押权次序若干问题的讨论》，《广西师范学院学报》（哲社版）2009年第3期。

识，概括而言主要有以下两种：第一种观点认为，抵押权顺位发生相对抛弃的结果是各抵押权的归属与顺位均无变动，只是抛弃人与承受抛弃利益之抵押权人（以下简称受益人），成为同一顺位的抵押权人。在此观点下，对抛弃人与受益人之间如何就抵押物价值进行受偿的问题，又有三种不同认识：其一，认为抵押权顺位相对抛弃后，抛弃人与受益人是在抛弃人的位次，将两者的债权额相加，然后就抛弃人应得的清偿额在抛弃人与受益人之间按各自的债权比例受偿。其二，认为抵押权顺位相对抛弃后，受益人得不行使抛弃人之顺位权，而行使自己之顺位权，即受益人得先基于自己之顺位受分配，然后就抛弃人之应取得部分与抛弃人处于平等之地位，按两者的债权额比例，分别受偿。[①] 其三，认为抵押顺位相对抛弃后，抛弃人与受益人成为同一顺位，抛弃人与受益人将其所得受分配之金额，共同合计后，按个人之债权额比例分配。[②] 第二种观点认为，抵押权顺位发生相对抛弃的结果是抛弃人相对于受益人丧失先位次利益，并不是使抛弃人与受益人取得相同的位次，为了保护受益人的利益，同时，使抵押权的抛弃不致影响其他抵押权人的利益，顺位抛弃的后果应为使抛弃人与受益人取得对总受偿金额的同位受偿权。在实际操作上，可由抛弃人和受益人各自先按自己的抵押权位次行使抵押权，然后，将各自行使抵押权收益汇总，最后，由双方当事人按债权额比例对总收益进行分配。[③] 其依据主要有两个：首先，抵押权顺位的相对抛弃中，顺位抛弃人所放弃者实质为其相对于后顺位的受抛弃利益人享有的先位次优先受偿利益，因而，只要结果是使受益人同抛弃人之间就抵押物变价所得处于平等的受偿地位，就足以发生抵押权顺位相对抛弃的效果，而不需强调抛弃人与受益人形式上成为同一顺位的抵押权人。其次，抵押权顺位发生相对抛弃后，抛弃人与受益人是就二者从抵押物价值中的总受偿额处于平等的受偿地位，而非仅就抛弃人所得的清偿额进行平等受偿。因为抛弃人放弃的为其对受益人所享有的优先受偿的利益，而不是就抵押物价值进行受偿的利益，抵押权顺位抛弃是

①陈本寒：《担保法通论》，武汉大学出版社1998年版，第183页。
②史尚宽：《物权法论》，中国政法大学出版社2000年版，第311页。
③高晓春：《论抵押权次序的抛弃》，《甘肃政法学院学报》2004年第2期。

使抛弃人与受益人双方就抵押物价值处于平等的受偿地位。

对于抵押权顺位的抛弃需符合哪些条件，学者认为，因绝对抛弃和相对抛弃而有所不同，他们既有需要具备的共同条件，也有各自需具备的不同条件。其中，抵押权顺位抛弃需具备的共同条件有：（1）抛弃人与受益人须为同一抵押物之现存抵押权人。[①]（2）抛弃人与受益人只得是处于不同顺位的抵押权人。如同一顺位的数个抵押权人之间相互抛弃抵押权顺位，则不构成抵押权顺位的抛弃，亦不具有任何的实际意义。（3）需办理登记。（4）如果涉及第三人的利益，还应征得该第三人同意。例如，抛弃顺位之抵押权已随同主债权为其他债权提供了质押担保，则抵押权人抛弃抵押权顺位的行为必然会影响到质权人的利益，在此情况下，抵押权顺位的抛弃应事先征得该质权人的同意。需具备的不同条件是：在抵押权顺位的绝对抛弃中，由于抛弃行为并非是针对某个特定的后顺位抵押权人，并且，抛弃行为对所有现存的后顺位抵押权人均属有利，故只需抵押权顺位抛弃人单方的意思表示，即可发生抵押权顺位绝对抛弃的效力。而抵押权顺位的相对抛弃中，由于抛弃行为是针对特定后顺位抵押权人，且只在抛弃人与该抵押权人之间产生相对效力，故有学者认为应由双方意思表示达成一致，方可发生抵押权顺位相对抛弃的效力。[②]

【相关法律法规及司法解释】

《物权法》

第一百九十四条　抵押权人可以放弃抵押权或者抵押权的顺位。抵押权人与抵押人可以协议变更抵押权顺位以及被担保的债权数额等内容，但抵押权的变更，未经其他抵押权人书面同意，不得对其他抵押权人产生不利影响。债务人以自己的财产设定抵押，抵押权人放弃该抵押权、抵押权顺位或者变更抵押权的，其他担保人在抵押权人丧失优先受偿权益的范围内免除担保责任，但其他担保人承诺仍然提供担保的除外。

---

①许明月：《抵押权制度研究》，法律出版社1998年版，第290页。

②高晓春：《论抵押权次序的抛弃》，《甘肃政法学院学报》2004年第2期。

第一百九十九条 同一财产向两个以上债权人抵押的，拍卖、变卖抵押财产所得的价款依照下列规定清偿：（一）抵押权已登记的，按照登记的先后顺序清偿；顺序相同的，按照债权比例清偿；（二）抵押权已登记的先于未登记的受偿；（三）抵押权未登记的，按照债权比例清偿。

【案例】

案情简介

2006年6月5日，某市房地产开发集团有限公司（以下简称房地产公司）为竞拍一块处于该市黄金地段的住宅用地，以其自有的八层办公楼为抵押担保向该市建设银行贷款1500万元。2006年7月8日，在该住宅用地的竞拍出让过程中，房地产公司以7200万的价格获得该住宅用地使用权。在之后的开发过程中，房地产公司再次出现资金周转困难。为获得建设所需材料，2006年10月8日，房地产公司将其八层办公楼作为抵押担保，以换取供货商顺风商贸公司的2000吨钢材，价值800余万元。两次抵押，均依法办理了抵押登记手续。2009年初，受美国次贷危机影响，房地产公司的财务状况持续恶化，最终，于2009年3月5日宣告破产。在其宣告破产之前的2009年2月16日，房地产公司以其在该市建设银行的存款1600余万元，冲抵了其在该市建设银行的贷款，并依法办理了抵押注销登记手续。在该破产案件的审理过程中，该市人民法院发现，除顺风商贸公司的800余万元抵押债务外，房地产公司还负有大小12项一般债务，共计1600余万元，而房地产公司剩余的有效资产主要是其自有的八层办公楼。经专业机构评估认定，该办公楼价值1850万元。作为主债权人之一的顺风商贸公司主张，其债权属于抵押债权，因此，应就该办公楼的拍卖价款中优先获得受偿。而其余12个一般债权人则认为，在顺风商贸公司与房地产公司办理抵押担保时，其已获知该办公楼已抵押担保给该市建设银行这一事实，因此，顺风商贸公司的债权仅是部分享有担保保障的，从实际情况来看，顺风商贸公司的800余万债权，仅有350万元是可以就办公楼拍卖价款优先受偿，而办公楼剩余拍卖价款应按比例在13个债权人之间平等受偿。

审理及判决

市人民法院在审理中认为，房地产公司与顺风商贸公司就前者自有的八层办公楼所达成抵押协议合法有效，且依法办理了抵押登记手续，因此，在第一抵押权人市建设银行的债权消灭后，作为第二抵押权人的顺风商贸公司应自动升进为第一抵押权人。最终，市人民法院判定，在房地产公司破产财产分配中，抵押债权人顺风商贸公司有权就抵押物八层办公楼的拍卖价款全部优先受偿，顺风商贸公司受偿完毕后的价款由12个一般债权人按比例平均受偿。

分析

该案例是关于抵押权顺位调整的一个典型案例，即在同一抵押物上存在数个抵押权，且先顺位抵押权因实现以外的原因而消灭，后顺位抵押权是否应渐次升进的问题。在本案例中，审理法院采纳了顺位升进主义说，这一做法不仅为实务界所采用，而且也是理论界多数学者所支持的观点。抵押顺位升进主义的优点在于，一方面，能够很好地保护后顺位抵押权人的利益，使其本应享有优先效力的债权得以真正实现和全面保证；另一方面，能够使法律关系尽量简化，便于认定与把握。抵押顺位主义的不足则在于，在对后顺位抵押权人利益进行有效保护的同时，可能在一定程度上伤害一般债权人的利益，本案例就说明了这一点。审理法院适用顺位升进主义的直接后果就是，后顺位抵押权人顺风商贸公司的债权得以全面受偿，一般债权人可以分享的有效财产将大大减少，其债权只能部分实现，因而，会遭受一定经济损失。

但是，在讨论这一问题之前，就本案例而言，还有一个问题需要首先加以确认，即在顺风商贸公司与房地产公司签订抵押协议之时，其所担保的债权是否超出了该抵押物的实际价值。因为，根据《最高人民法院关于适用〈中华人民共和国担保法〉若干问题的解释》（2000）第51条规定：抵押人所担保的债权超出其抵押物价值的，超出的部分不具有优先受偿的效力。由此来看，如果顺丰商贸公司的债权超出了本案中作为抵押物的办公楼的实际价值，那么，超出部分的债权不具有优先受偿的效力。需要说明的是，对抵押物价值的认定，应以抵押协议签订时，即2006年时的实际价值为准，而不应以破产清算时的实际价值为准。

承租人优先购买权性质界定

【法理】

一、承租人优先购买权性质界定

1. 债权说

持该观点的学者认为，承租人优先购买权本身不是直接对租赁物享有权利，因而不具有物权的性质，仅具有债权效力，即承租人仅具有请求与出租人就租赁物订立买卖合同的请求权。而出租人出卖租赁物时，承租人依同样条件购买的，出租人有承诺的义务。如果出租人不通知承租人而直接与第三人订立合同出卖租赁物的，承租人只能对出租人主张损害赔偿，而不能主张优先购买租赁物。[①] 原因就在于，承租人优先购买权源于租赁合同。

反对者则认为，该观点的不足之处在于，若出租人向第三人首先作出了履行，承租人将无能为力，只能要求出租人承担相应的债务不履行的责任，对于承租人的房屋优先购买权的保护不足，[②] 因此，承租人优先购买权不宜定性为债权。

2. 物权说

持该观点的学者认为，承租人优先购买权具有物权的性质，其效力不仅及于出租人，更可以对抗第三人，即若出租人基于与第三人签订的房屋买卖合同进行所有权转移行为，而此行为有违承租人的优先购买权的，此行为无效。其理由在于：

---

①李群星：《论承租人的优先购买权》，《人民司法》2001年第6期。

②雷楚莹：《承租人房屋优先购买权的制度缺陷及理论重构——从法释（2009）11号司法解释谈起》，《广西政法管理干部学院学报》2011年第2期。

（1）承租人优先购买权具有对标的物的直接支配性。承租人的优先购买权存在着优先购买权人对租赁物占有、使用的事实，优先购买权是基于这一事实而由法律赋予的，所以，承租人的优先购买权人对租赁物直接支配关系是成立优先购买权的基础，也是其物权效力的来源。[①]（2）我国法律明确规定了承租人的优先购买权并赋予其物权效力。依据现行法律规定，“出租人出卖已出租的房屋，应提前三个月通知承租人，承租人在同等条件下，享有优先购买权；出租人未按此规定出卖房屋的，承租人可以请求人民法院宣告该房屋买卖无效。”因此，承租人的优先购买权在我国属于法定的优先购买权，并且侵害承租人优先购买权的法律行为无效，当事人之间的关系应恢复到合同订立前的状态，即使已经进行物权变更登记的也应涂销其登记，这正是承租人优先购买权具有强大物权效力的体现。

3. 期待权说

持此种观点的学者认为，优先购买权是一种期待权，标的物所有权人未将标的物出卖，则优先购买权人的权利尚未现实化，只处于期待权状态。承租人优先购买权并不是承租人在任何时候都能享有的一种现实的权利，在出租人出卖租赁物之前，承租人的优先购买权仅仅表现为一种可能，只有在特定的法律事实出现，即当出租人出卖租赁物时，承租人才能实际行使优先购买权，使这项权利由可能变为现实。

反对者则认为，该观点存在以下不妥之处：其一，期待权并非民事权利体系中的独立类型，此种权利的性质实际上处于不稳定状态，依赖于将来取得的权利的性质；其二，忽视了房屋优先购买权在生效的条件具备后的状态，即没有明确在出租人出卖标的物后优先购买权的性质；其三，期待权的法律效力过于弱小，对出租人的约束力不大，不能切实地保护承租人的优先购买权。

4. 形成权说

持该观点的学者认为，优先购买权就其性质来说，属于形成权，权利人得以一方之意思，形成以与义务人将租赁物出卖给第三人的同样条

①许尚豪：《承租人优先购买权性质之分析》，《邯郸学院学报》2005年第2期。

件为内容的契约，而无须义务人（出卖人）的承诺。但该项形成权附有停止条件，即只有在义务人出卖标的物于第三人时，权利人才能行使。优先购买权的存在，并不限制出租人是否转让房屋的自由，但在同等条件下，其选择合同相对人的自由即被限制，出租人只能与优先购买权人订立相同条件的买卖合同。一旦优先购买权人向义务人为购买之意思表示，即可在权利人与义务人之间形成义务人与第三人同等内容的契约，而无须义务人之承诺。这一法律效果是通过优先购买权人对相对人所作的意思表示来完成的。① 我国台湾地区学者王泽鉴先生认为，优先承买权，无论其为法定或约定，论其性质，系属形成权，即优先承买权人得依一方之意思，形成以义务人出卖与第三人同样条件为内容之契约，无须义务人（出卖人）之承诺。唯此项形成权附有停止条件，须候义务人出卖标的物于第三人时，始得行使。② 大陆的一些学者也认为优先购买权属于形成权，因为承租人在具备了法律规定条件的情况下，只需自己的一方意思表示，即可形成与出租人（出卖人）之间的买卖关系，无须征得出租人的同意。③

5. 请求权说

持该观点的学者认为，承租人房屋优先购买权是出租人对出卖人的买卖合同订立请求权，而依买卖合同订立请求权的法理，买卖合同尚须经出卖人之承诺才能成立。该学说又可以进一步分为订立合同请求权说、具有物权性质的请求权说和附有强制缔约义务的请求权说等三种不同主张。订立合同请求权说主张，先买权是先买权人对出租人的买卖合同订立请求权，而依买卖合同订立请求权的法理，买卖合同尚须经出卖人之承诺才能成立；具有物权性质的请求权说主张，承租人优先购买权是优先购买权人依法对出卖人即出租人享有的一种具有物权性质的请求权，得直接对抗第三人；附强制缔约义务的请求权说主张，虽然承租人

①冉克平：《论房屋承租人的优先购买权——兼评最高人民法院〈房屋租赁合同司法解释〉第21-24条》，《法学评论》2010年第4期。

②王泽鉴：《民法学说与判例研究》（1），中国政法大学出版社2005年版，第476页。

③房绍坤、郭明瑞：《合同法要义与案例析解》（分则），中国人民大学出版社2001年版，第216页。

得请求出租人将房屋出卖他，但出租人非有正当理由不得拒绝承诺。

反对者则认为，“请求权说”把承租人优先购买权的行使视为对出租人的要约，将其权利的实现建立在义务人承诺的基础上，承租人得在出租人承诺的情况下才能够订立合同确立买卖合同关系，这就弱化了优先购买权的效力，不利于保护承租人的权益。

二、次承租人优先购买权

转租是指原承租人与次承租人成立新的租赁关系而不退出原租赁关系。依据我国现行法律规定，“承租人经出租人同意，可以将租赁物转租给第三人。承租人转租的，承租人与出租人之间的合同继续有效，第三人对租赁物造成损失的，承租人应当赔偿损失。承租人未经出租人同意转租的，出租人可以解除合同。”由此可见，在合法转租的情况下，次承租人取得与承租人相同的法律地位，享有法律规定的权利。

1. 次承租人是否享有优先购买权

在肯定了次承租人作为合法承租人的地位的情况下，次承租人是否享有租赁房屋的优先购买权？对于这一问题，现行法律并未作出明确规定，而理论界亦存在不同认识。

（1）次承租人不享有房屋优先购买权说。持该观点的学者认为，作为次承租人，其不应该享有房屋优先购买权。其主要理由包括：①优先购买权是一项法定权利，是专属权，我国现有法律没有赋予次承租人享有优先权。[①] ②如果承认次承租人的优先购买权，会带来更多的麻烦，比如在房屋多次转租的情况下，数个承租人均有优先权，无形中加重了出租人的义务。出租人可能不知最终承租人是谁而无法履行通知义务；出租人作为房屋的所有权人，不能充分行使处分权，势必使权能被严重限制。③出租人在无法充分行使处分权的情况下，完全可能以不同意转租为由解除合同，从而阻断房屋转租，直接向承租人收取租金，免除以后的诸多麻烦，这样将不利于房屋使用权的流转，房屋转租成为空

①范李瑛：《房屋承租人优先购买权的几个问题》，《法学论坛》2007年第4期。

谈，次承租人的优先购买权更成为了空谈。[1] ④根据合同相对性原则，作为承租人优先购买权基础关系的租赁合同当事人，仅包括承租人与出租人，不包括次承租人，出租人与次承租人原则上没有任何权利义务关系，既然没有权利义务关系，次承租人就不能向出租人主张优先购买权，出租人也不承担向次承租人同等情况下优先转让的义务。[2]

（2）次承租人享有房屋优先购买权说。持该观点的学者认为，次承租人亦应享有承租房屋的优先购买权。

持该观点的学者首先对次承租人优先购买权否定说的依据进行逐一反驳：①以法律没有规定作为否决次承租人享有优先购买权的理由不充分。优先购买权的确是一项法定权利，但在转租法律关系中，次承租人相对于承租人而言，是广义上的承租人。因此，很难说法律所规定的承租人不包括次承租人。同时，从立法目的上来看，承租人优先权是为了充分保护承租人这一弱势群体的生存权和发展权而设定的，承租人相对出租人处于弱势地位，同时又有对租赁物需求的紧迫性，因此应赋予其优先权。按照目的解释的方法，设立承租人优先购买权既然是基于保护弱势群体的利益，那么次承租人相对于承租人、出租人来说，更显弱势。因此，没有理由将次承租人排除在外。②至于“在房屋多次转租的情况下数个承租人均有优先权，无形中加重了出租人的义务，出租人可能不知最终承租人是谁而无法履行通知义务。”这一说法不符合法律的基本精神。法律明文规定了承租人经出租人同意，可以将租赁物转租给第三人，承租人未经出租人同意转租的，出租人可以解除合同。也就是说，承租人转租房屋是要经过出租人同意的，出租人同意转租就应该审慎地了解次承租人的情况，否则对于一个漠视甚至放任自己权益保护的权利者，法律是不主张去积极保护的。因此，在尊重法律基本精神的前提下，根本不会发生无法行使处分权的情况，出租人的权能也不会受到限制，更不会出现所谓的“出租人无法充分行使处分权的情况下，以不同意转租为由解除合同，这样不利于房屋使用权的流转”的情况。③关于合同相对性之说，即“次承租人行使优先购买权违背了合同的相对

①韩锡博、刘智连：《关于承租人的优先购买权问题的思考》，《法制天地》2007年第5期。
②钟涛：《房屋承租人优先购买权若干争议之解决》，《法律适用》2005年第10期。

性原则，所以不宜赋予次承租人以优先购买权”。次承租人向出租人主张优先购买权并没有突破合同的相对性。不能认为作为承租人优先购买权基础关系的租赁合同当事人，仅包括承租人与出租人，不包括次承租人，出租人与次承租人在出租合同中是没有权利义务关系的。次承租人的优先购买权基础关系并非租赁合同关系，而是基于他与承租人之间的转租合同关系。也就是说次承租人的优先购买权是基于转租合同，因此，并未突破合同的相对性。[①] 由此可见，次承租人优先购买权否定说所主张的理由并不成立。因而次承租人应享有优先购买权。

此外，持该观点的学者，还对保护次承租人优先购买权的理由进行了进一步阐释：①赋予次承租人优先购买权是稳定转租社会关系的需要，避免因出租人以及承租人的任意处分给次承租人的生活带来大的变动。②因为次承租人实际占有租赁物，赋予次承租人优先购买权有利于简化交易程序、降低交易成本、提高效率。③次承租人是房屋的实际占有使用人，赋予次承租人优先购买权，更有利于物尽其用。

2. 承租人与次承租人优先购买权的竞合

从目前已有的研究来看，多数人主张次承租人亦享有承租房屋的优先购买权，但如果承租人与次承租人优先购买权发生竞合，该如何处置？现行法律对此并无明确规定，而理论界则存在不同认识。

（1）优位保护承租人优先购买权。持该观点的学者认为，在承租人与次承租人就承租房屋优先购买权发生竞合时，应优位保护承租人的优先购买权。其理由：①在转租情形下，出租人与承租人之间的租赁属于基础性关系，系转租法律关系发生的前提，而出租人所直接面对的法律关系主体应是承租人。从这个意义上讲，优位保护承租人优先购买权不仅有其法理基础，而且有助于简化法律关系，降低矛盾纠纷发生的可能性。②在房屋转租关系中，转租并非租赁权的全部转让，而只是在一定期限内房屋使用权的转让，承租人和出租人的租赁合同继续有效。虽然转租使得承租人的租赁权虚化，但承租人在房屋转租过程中并未脱离其原有租赁关系，承租人的租赁权仍将最终得到恢复，且对次承租人也负

---

①化国宇：《次承租人的优先购买权问题探析》，《发展》2010年第2期。

有一定的义务。因此，承租人应优于次承租人享有优先购买权。[①] ③在实际生活中，转租期限不能长于出租人与承租人约定的期限，而在转租期限届满后，承租人的租赁权仍将恢复。基于此，优位保护承租人的优先购买权有利于法律关系的确定与社会秩序的稳定。

（2）优位保护次承租人优先购买权。持该观点的学者认为，在承租人与次承租人就承租房屋优先购买权发生竞合时，应优位保护次承租人的优先购买权。其理由在于：①优位保护次承租人优先购买权是保护经济弱者的需要。在实践中，较之于承租人，次承租人可能是经济上的弱者。一方面，就房屋租赁来说，承租人将之转租说明其暂时并不需要使用该房屋，而次承租人无疑对使用该房屋有更迫切的需求。另一方面，转租中的租金会高于原租赁合同的租金，这样承租人才能从中获利，否则，承租人将选择租赁权让与的方式，因此，保护次承租人的优先权可以保护社会经济弱者的利益，并有助于社会稳定。保护作为实际承租人的次承租人优先购买权，更多地体现了对社会弱势群体的一种保护，有利于实现法的正义价值。[②] ②优位保护次承租人优先购买权符合合同法原理。合同虽然具有相对性，但是法律规定了经过出租人同意可以转租。因此，次承租人优先购买也不违反出租人的意思。[③] 更为关键的是，承租人将租赁物又出租给次承租人，不能视为仅转让了合同部分权利，而应视为全部权利，包括优先购买权的一并转让。故应当赋予次承租人优先购买权。另外，需要说明的是，如果房屋存在多个次承租人的，应当把优先权赋予最终实际使用房屋的次承租人。[④] ③优位保护次承租人优先购买权有利于稳定既有的法律关系。由于次承租人现实地占有租赁房屋，承认次承租人优先行使先买权则意味着保持现有的人对物的关系，从而有助于稳定既有的法律关系。[⑤] 在转租的情况，出租房屋

---

①张人方：《论房屋承租后优先购买权的归属》，《今日南国》2009年第11期。

②吴舟、杨洁：《论房屋实际承租人优先购买权的法律保护》，《黑龙江省政法管理干部学院学报》2011年第6期。

③万发文、费晓童：《保障房屋次承租人的优先购买权》，《上海房地》2008年第2期。

④柳殿奎、门敬录：《房屋次承租人优先购买权的行使和限制》，《人民法院报》2008年12月9日。

⑤魏小星、乔默之：《房屋承租人优先购买权的立法完善》，《湖北第二师范学院学报》2008年第5期。

的现行占有、利用人乃是次承租人而非承租人，优位保护次承租人优先购买权有利于所有与利用的合一。从实际情况来看，作为实际承租人的次承租人对物的利用的需求更为强烈，对其进行优位保护体现了私法的效率价值。此外，次承租人可能对房屋进行了装修，也可能经过经营形成了一定的商业无形资产，如果不予保护会造成损失。④优位保护次承租人优先购买权有助于和谐社会的构建，体现法的秩序价值。[①]实际承租人优先购买权的行使则可以使实际承租人以其居住的房屋为中心构建起来的生活、工作、学习等社会关系活动状态趋于稳定。在现代社会，人们的社会活动范围广泛，社会关系复杂，一旦居所变动将带来生活成本不必要的增加，也会引致不必要的麻烦。法律规定承租人享有优先购买权的价值追求就是为了尽可能地维护已建立起来的租赁关系，避免因出租人随意处分转让房屋造成承租人生活的重大不利影响，从而稳定社会经济生产秩序。

（3）折中说。持该观点的学者认为，在承租人与次承租人就承租房屋优先购买权发生竞合时，不能笼统地确定是优位保护承租人优先购买权，还是优位保护次承租优先购买权，而应根据具体情况加以分析。[②]尤其在部分转租的情况下，更应分情况处理，一个典型的例子就是，若承租人将其承租房屋中的某一居室转租于次承租人，则此时应由承租人优先行使购买权，以减少利益冲突，简化法律关系，对于次承租人的利益可以由“买卖不破租赁原则”加以保护。

三、部分承租人的优先购买权

在实践中，房屋的分割出租是一个普遍现象，那么在此情况下，承租部分房屋的承租人对出租人将连同该租赁房屋在内的整幢房屋出卖的，或将与该租赁房屋紧密相连其他房屋出卖的，其是否可以享有优先购买权？现行法律对此并无明确规定，理论界亦存在不同认识。

---

①吴舟、杨洁：《论房屋实际承租人优先购买权的法律保护》，《黑龙江省政法管理干部学院学报》2011年第6期。

②万发文、费晓童：《保障房屋次承租人的优先购买权》，《上海房地》2008年第2期。

1. 享有说

持该观点的学者认为，若出租人将连同所租赁房屋在内的整幢房屋出卖的，或将与该租赁房屋紧密相连其他房屋出卖的，承租部分房屋的承租人享有针对整幢房屋或连带其他房屋的优先购买权。其理由在于：

（1）符合承租人优先购买权设定的宗旨。法律设立房屋承租人享有以同等条件优先购买出租房屋权的宗旨，在于在保护所有人的房屋所有权的条件下尽量保护经济秩序和社会秩序的稳定，由此可以得出房屋的部分承租人同样享有以同等条件优先购买出租人出卖的包括承租房屋在内但大于承租房的房屋的权利，其原因在于，出租人出卖的房屋面积虽然大于承租人承租的面积，其性质也仍然是“出租人出卖租赁房屋”行为；在出租人出卖的房屋面积大于承租人承租的房屋面积的情况下，承租人仍然愿意以同等条件购买，这并没有对出租人房屋所有权的行使有什么不利影响。[①] 优先购买权的立法精神和目的是赋予承租人在购买承租房屋时的优先性，使双方的租赁关系不因出租人的出卖行为而受到影响，以维护交易秩序的稳定。在房屋所有权人要整体出卖房屋时，在同等条件下，允许部分房屋的承租人行使优先购买权，对出租人的利益不构成任何影响，且兼顾了承租人的利益，符合优先购买权的立法精神和立法目的。[②]

（2）符合承租人优先购买权的法定性。承租人享有的优先购买权是一项法定权利。法律规定的承租人享有优先购买权，且并未对承租人范围作具体限制。承租人享有这种法定权利是不附加任何法定条件的，如果因为出租人出卖的租赁物超出了租赁物的范围而改变，那就等于剥夺了承租人的优先购买权，这种剥夺显然是没有法律依据的。[③] 详言之，在承租人租赁的部分不能分割开来，或者虽然可以分割开来，但是出卖人要就承租人承租的部分在内的某一个部分整体出卖或者将建筑物整体出卖时，如果仍然坚持承租人只能就其承租的部分行使优先购买权，无

---

①周玉文、付建国：《房屋整体出卖，单间门面的承租人仍有优先购买权》，《新农村商报》2009年12月30日。

②周玉文：《房屋整体出卖，单间承租人有优先购买权》，《中国改革报》2007年2月14日。

③段厚省：《承租人优先购买权的范围》，《房地产时报》2006年1月23日。

异于剥夺了承租人的此项权利。因为承租人所承租的部分不可能从整栋房屋的产权下分割开来，所以承租人不可能购买到他所承租的范围内的房屋。

2. 不享有说

持该观点的学者认为，若出租人将连同所租赁房屋在内的整幢房屋出卖的，或将与该租赁房屋紧密相连的其他房屋出卖，承租部分房屋的承租人不享有针对整幢房屋或连带其他房屋的优先购买权。其理由在于：

（1）这是由法律所规定的“同等条件”所决定。承租人优先购买权的行使必须存在同等条件，否则优先购买权就不可能存在和实现。所谓同等条件，包括房屋同等、价格同等等多种因素。承租人仅承租部分房屋，若承租人的优先购买权能够及于整栋房屋是不符合法律规定的“同等条件”，且就物的有效利用而言，楼房整体利用显然比一个房间单独利用更能实现财产的整体价值，在这种情况下，承租人的优先购买权也应让步于这种更大效益的利用。

（2）这是由承租人优先购买权的立法目的所决定。①设立优先购买权制度是基于“有效配置资源，促进物尽其用”的资源最佳配置的原则；②为了稳定租赁关系，使承租人不因租赁房屋的产权转让而形成无房可住的局面；③为了简化买卖纠纷，降低交易风险，减少交易社会成本，便于房屋的占有、管理和使用，发挥其最大的使用价值。按照该原则，只有通过交易的方式，使资源转向最有效率利用的人手中，才是最有效率利用资源的方式。[①] 如果允许局部承租人对出售的整栋房屋享有优先购买权，则多个局部承租人都享有整栋房屋的优先购买权，人为地造成纠纷，影响出租人的交易，与承租人优先购买权减少交易社会成本的立法目的相悖。

（3）这是出于保护所有人权益的需要。承租人优先购买权制度的设立，不应构成对所有权人所有权的不当限制，否则，将产生“过多的法定先买权与自由贸易的经济规律并不相容”的现象，这不是立法者的价值取向。[②] 如果承租人仅租赁部分房屋，其余部分不是租赁权的客体，

---

①张伶：《本案房屋承租人不享有优先购买权》，《江苏经济报》2006年5月10日。

②常淑静、吴昊：《房屋承租人优先购买权的再思考》，《山东审判》2008年第1期。

故对其余部分之处分，不应受由租赁权所衍生的优先购买权的限制，而对于整体转让，在交易上该栋楼房或该排房屋被视为一物，因此，应当认定承租人对该整体转让并无优先购买权。

（4）这是基于利益综合考量所得出的结论。房屋整体出售，既可能有不可分割或分割后严重影响其使用价值和交易价值的考虑，也可能有便于买受人行使统一权利的考虑，这是对房屋作为不动产在交易中更值得考虑或说保护的价值所在。租赁是一种债的关系，虽然在理论上和法律上将其中某些权利物权化，但它仍然是不能与物权本身等量齐观的，优先购买权在本质上仍然是一种请求权，只能在法律规定的利益范畴内可能发生作用，在另有更为重大利益考虑时，承租人的优先购买权在法律上就不再考虑。因而，有学者认为，承租人之承租部分房屋，特别是整栋中的少量部分，承租人的优先购买权不能对抗出租人的处分权。

3. 折中说

持该观点的学者认为，若出租人将连同所租赁房屋在内的整幢房屋出卖的，或将与该租赁房屋紧密相连其他房屋出卖的，不宜简单地判定承租部分房屋的承租人是否享有针对整幢房屋或连带其他房屋的优先购买权。否则，很容易走向两个极端：一是，片面保护承租人，限制所有权人。即认为优先购买权是承租人法定的权利，不管在什么情况下，这个法定的权利都不能够被剥夺，所有权人明知有多个承租人承租房屋，在出售时就不应该整体或捆挷出售；如果一定要整体出售的话，承租人对所承租的房屋和房屋整体都有优先购买权。二是，以整体出售为名，变相剥夺承租人的权利。即将承租人的优先购买权范围限定在其所承租的部分，不能够对此外的房屋主张权利。当出租人不愿意将房屋卖给承租人，或者想要规避法律对承租人优先购买权的保护时，就采用整体出售或者捆绑出售的名义，使得承租人无法对自己承租以外的房屋主张权利。

判定承租部分房屋的承租人是否享有针对整幢房屋或连带其他房屋的优先购买权应在出租人与承租人利益之间进行适度权衡，根据房屋及租赁情况来处理这种优先购买权范围的问题。具体来说，第一，如果该房屋本身在法律上或社会观念上是可分的，能够分别登记、管理、具有独立权证，那么承租人对已经承租的可分房屋的不同部分或楼层，是可以主张优先购买权的。如果出租人的确需要将这些房屋整体出售的，承租人也可以对超出承租部分的全部房屋主张优先购房权。第二，如果该房屋本身在法律上或社会观念上是不可分的，只不过是出租人为了便利，自行对房屋空间进行划分出租给多个承租人的，承租人则不能主张对整体房屋的优先购买权。事实上，这种情况下，承租人的所谓“承租房屋”只是物理空间上对出租和承租的双方来讲是独立的，是双方通过租赁协议认可的，而在法律上却不是独立的；法律上认可的是整体的房屋。对这样的“承租房屋”，从租赁登记上讲也是无法办理的。原则上不能对出租人整体出售房屋行使优先购买权。①

【相关法律法规及司法解释】

《合同法》

第二百三十条　出租人出卖租赁房屋的，应当在出卖之前的合理期限内通知承租人，承租人享有以同等条件优先购买的权利。

【案例】

案情简介

2009年7月5日，市民刘某将其所拥有的一套临街商铺出租给蒋某，由其用于经营家电维修业务，在该商铺的出租协议中，双方约定，蒋某有权将该商铺部分予以转租。2009年10月12日，蒋某将该商铺分割出一间转租于秦某，由其用于经销茶叶，蒋某之后将转租事宜告知了刘某，刘某表示认可。2010年5月6日，秦某因扩大经营之需，经与蒋某协商之后，蒋某将其所租用的商铺全部转租于秦某。事后，蒋某亦将转租事宜再次告知了刘某，刘某表示认可。2011年1月，刘某因生意需要拟将该套商铺予以出售，在去房产中介挂牌之前，刘某将这一信息告知了蒋某，蒋某表示，如果价格合适的话，其愿意购买该套商铺。2011年1月20日，经房产中介介绍，刘某与购房人陈某达成共识，拟以120万元的价格将该套商铺出售于陈某。刘某及时将这一信息反馈给了蒋某。2011年1月22日，蒋某致电

①聂飞舟：《解析承租人优先购房权的三个疑难问题》，《中国房地产》2006年第4期。

刘某表示愿意以120万元的价格购买该商铺，刘某表示同意。2011年1月25日，刘某与蒋某就该套商铺的买卖达成协议，蒋某同时将定金30万元交付于刘某。2011年1月25日，秦某获知这一事情，于是找到刘某，表示也愿意以120万元的价格购买该商铺，并表示该商铺实际上是由其所承租的，希望刘某予以支持。刘某表示不能同意，认为自己并未与秦某签订过房租出租协议，秦某不算真正意义上的承租人。秦某对刘某的答复十分不满，于是一纸诉状将刘某告到商铺所在地人民法院。

审理及判决

在该案审理过程中，审判人员对是否应对作为次承租人的优先购买权予以保护问题，分歧较大。一种观点认为，次承租人也属于房屋承租人之列，依据现行法律规定，对其权利应予以保护，即应承认其优先购买权；另一种观点则认为，次承租人是相对于承租人而言的，其与承租人存在显著不同，法律只是规定对承租人的优先购买权予以保护，而对次承租人的优先购买权并未规定，因此，次承租人优先购买权不应保护。审理法院最后采信了第二种意见，于是判定驳回秦某的诉讼请求。

分析

这是一起关于承租人优先购买权的典型案例。在本案例中，实际上涉及两个问题，一是次承租人的优先购买权是否应予保护；二是承租人优先购买权与次承租人优先购买权竞合时应如何处置？

在本案中，审理法院认为次承租人的优先购买权不应予以保护，因此，判定驳回次承租人的要求行使优先购买权的诉讼请求，这一判定的合理性值得商榷。其原因有两个：（1）次承租人应属于承租人之列，之所以称之为次承租人，是为与承租人相区别。因此，根据现行法律规定，对其优先购买权应予以保护。将次承租人排除于优先购买权保护之外，实际上是对现行法律规定的限制性解释，有违立法目的。（2）在多数情况下，保护次承租人优先购买权更具有现实意义，例如因次承租人实际占有租赁房屋，赋予其优先购买权有利于简化交易程序、降低交易成本、提高效率。

次承租人的优先购买权应予保护，那么承租人优先购买权与次承租人优先购买权发生竞合，应如何处置？对此，理论界在认识上存在巨大分歧。笔者倾向支持“折中说”，即应根据实际情况，来判定是应该保护承租人优先购买权，还是应该保护次承租人优先购买权。其原因就在于实际生活纷繁复杂，只有根据实际情况作出判定，才能符合承租人优先购买权的立法目的，也才更有利于社会和谐。就本案例来说，虽然蒋某是所涉商铺的承租人，但是由于其后的两次转租行为，该商铺实际上已经属于次承租人秦某占有、使用，基于稳定既有法律关系、保护经济弱者等因素的考虑，应优位保护次承租人秦某的优先购买权。

留置权的善意取得

【法理】

留置权善意取得是指债务人交给债权人占有的动产非债务人所有或无权处分时，在债权人不知情的情况下可以成立留置权。即当留置权人在善意的条件下，留置权的标的物并非仅限于债务人所有或合法占有的财产，在第三人所有的物上也能成立留置权。《物权法》于第230条第1款作了如下规定："债务人不履行到期债务，债权人可以留置已经合法占有的债务人的动产，并有权就该动产优先受偿。"可见，我国在对留置财产的界定上，仅仅表述为"债务人的动产"。但债务人动产范围何在，即是否以债务人所有之动产为限，此法条尚未明晰。我国现行物权法是否承认留置权之善意取得，在立法上并不明确。但由于留置权能否善意取得事关债权人与第三人的利益保障与平衡，并且关系到债权人请求权基础规范的选择适用，利害关系非小，因而这一问题的明确解决就不仅是一个纯粹的理论问题了，而是具有切实的规范意义和现实意义。

一、肯定说

肯定说认为，留置权也可以善意取得。梁慧星教授的《民法典草案建议稿》第603条以"留置权的善意取得"为标题，规定债权人占有债务人交付的动产时，不知债务人无处分该动产的权利的，仍然可以取得留置权。[①] 王利明教授的《物权法草案建议稿》第514条亦以"留置权的善意取得"为标题，规定债权人合法占有债务人交付的动产，不知债务人无处分该动产的权利，债权人可以依规定行使留置权。其理由包括：

---

①梁慧星：《中国民法典草案建议稿》，法律出版社2003年版，第116页。

1. 有利于充分发挥留置权担保功能

在复杂的交易关系中，债权人往往无法确定债务人是否是真正的权利主体，也很难对每一个标的物逐一调查。如果从交易当时的环境来看，留置权人不知或不应该知道债务人无权处分该动产，而在留置成就后，由于留置物非债务人所有归于无效，留置权人不仅需返还财产，有时甚至赔偿损失，不仅对于留置权人极其不公平，而且留置权人在行使留置权时随时会担心物非债务人所有，从而造成任何行为都可能会有得不到完全保障的危机感，不利于担保功能的发挥。为了使风险得到控制，充分发挥留置权功能，理应主张留置权的善意取得，这样才能使债权人合法担保权益得到应有的保护，符合以强制担保手段来补偿债权人负有的双务契约中先履行义务风险的立法原意。①倘无留置权的善意取得制度，则债权人在留置权的法定条件成立后，还须查清留置物于债务人的正当来源方可无虞地行使留置权，这就使得留置权的行使不具有确定性。由于留置权人在行使留置权时随时担心留置物于债务人的合法正当性，留置权的担保功能将大打折扣，不利于担保功能的发挥。

2. 符合留置权的物权性质

我国的留置权具有物权性质，这种权利有对世效力和物上请求权效力，不仅可以对抗债权人，还可以对抗债权债务关系人以外的第三人，虽将其置于合同之债中，亦不能否认。②债权人之所以对合法占有的财产可以留置，是因为债权因该留置而生，债权人在该留置物上付出了自己的劳动，如果留置财产限于债务人所有的动产，对债权人有失公平，留置权根据法律规定成立，无须当事人合意，使留置权的善意取得中没有让与行为而只有留置权的事实。因此只要债权人善意在债务人以外的第三人财产留置，善意取得留置权即告成立。

3. 符合诚实信用原则

诚实信用原则是民法的基本原则，是民法构建的基础。物权法上的善意取得规则，体现了诚信原则对物之善意第三人的保护，同样应适用于留置权人。留置权人基于原债权债务关系且有理由确信动产为债务

①金凌：《论留置权善意取得制度》，《政法学刊》2003年第3期。
②同上。

人所有或有权处分而依善意占有，已尽诚实信用的义务，其法定权利——留置权就应受到保护，民法自应许可其依善意而取得留置权，以体现诚实信用原则对善意第三人诚信的保护。否定留置权善意取得的制度，实际上是对诚实信用原则的反对，是从制度上排除了部分诚信当事人获取法定权利——留置权的可能性，背离了诚实信用基本原则的要求。

4. 有利于维护占有的公示作用

动产依占有为公示原则已无争议。留置权人根据债务人动产占有的公信力，对其善意取得的不属于债务人所有或无权处分的动产即可享有留置权，而无需负担查明留置物之权利归属的额外义务。法律不应赋予债权人查明留置物权利归属的额外义务，只要留置权人确信所留置的动产属于债务人，不问标的物是否为债务人所有，无必要，也不可能审查，根据债务人动产占有的公信力，债权人对其善意取得的不属于债务人所有的物即享有留置权。①

5. 有利于保护交易安全

善意取得制度的本旨乃法律向财产的动的安全保护的倾斜，是一种以牺牲财产所有权的静的安全为代价来保障财产交易的动的安全的制度。留置权设立的意义，主要是为了督促债的履行，保障债权人利益，其社会意义则是为了保障市场交易安全，促进社会资源的有效配置。在留置权上成立善意取得制度则必然能够维护善意第三人的利益，进而保护交易安全。保护交易安全是市场经济之必然要求。成立留置权之善意取得制度可以实现这种目的，促使市场经济健康发展。如果允许原权利人追夺财产，则会推翻一系列已经形成或履行的合同关系，妨碍生产经营活动的正常进行，造成社会资源的浪费。正是基于这种考虑，法律确立善意取得制度，以牺牲动产所有人静的财产安全，来保护善意取得人动的财产安全；以牺牲微观特定人的利益维护整个社会的宏观利益，以实现交易的快速便捷。② 因此，只要债权人善意地对债务人以外的第三人财产留置，善意取得留置权即告成立。

---

①金凌：《论留置权善意取得制度》，《政法学刊》2003年第3期。
②同上。

6. 体现民法公平原则

实现公平原则是留置权的基本功能，留置权极具公平理性。然而，留置权善意取得制度的否定，则使一部分应受留置权公平保护的债权人因为债务人的原因而被排斥在外，丧失其法定权益。排除留置权善意取得，将导致对债权人不公平的后果，是显而易见的。债权人基于诚实信用、基于债务人占有的公示公信而取得债务人的财产，在留置权的法定条件成立后行使留置权，却因善意取得的排除而承担财产返还或赔偿损失的责任，对债权人殊非公平。为避免民法上债的不公平，留置权的善意取得制度与留置权制度具有同样的重要性。体现民法的公平原则，需要设立留置权的善意取得制度。该制度虽不保护所有人对留置物的支配权利，但允许其要求债务人赔偿损失，对物之所有人也给予了救济。①在债权人和第三人之间选择保护债权人的利益也符合公平原则。善意取得制度是对特定类型的非正常的交易活动作出法律价值的判断，并进行新的利益平衡。②

7. 域外已有成熟立法例可供借鉴

考察各国立法，对于留置权的善意取得也有类似之规定，如日本民法规定“留置物不限于债务人所有的物，第三人所有物也可以留置”。瑞士民法规定“留置物应该属于债务人所有，但债权人对其善意取得的不属于债务人所有的物有留置权”。此外，我国台湾地区的民法也规定，“动产债权的善意取得规定，也适用于留置权”。也就是说，债权人只要按照合同约定占有债务人的动产，纵使债务人对其交付的动产不具有所有权或者处分权，只要债权人善意取得即可对此留置物行使留置权。③

二、否定说

持该观点的学者认为，留置权标的物范围应仅限于债务人所有的财产，在非债务人所有的财产上不能产生留置权。其理由在于：

---

①崔令之：《论留置权的善意取得》，《河北法学》2006年第12期。

②金凌：《论留置权善意取得制度》，《政法学刊》2003年第3期。

③刘向林、雷丽萍：《留置权若干问题初探》，《榆林高等专科学校学报》2003年第1期。

1. 留置权的性质与善意取得存在矛盾

从留置权的性质来看，留置权是法定担保物权，其产生源于法律的直接规定，是法律为了维护债权人与债务人之间的公平，对几项特殊债权（如保管、修理）等基于对物的占有管领而赋予特别保护。因此，留置权只要符合法定条件即当然产生，根本无当事人创设或处分的意思表示介入的可能性。而善意取得中出让人处分行为首先是法律行为的一种，必须有当事人处分物权的意思表示。[①]留置行为的发生由于法定性而失去了交易行为的性质，善意取得制度是为了保护交易的安全而设立，自然二者存在矛盾。

2. 善意取得的结构与留置权的构成不相容

善意取得是镶嵌在处分行为的框架之上的，而留置权是镶嵌在负担行为的框架之上的，二者之间存在着结构性的冲突。善意取得的构成，主要是在一项旨在发生物权变动的处分行为上增加了两项要件：处分人无处分权、第三人善意且无重大过失，从而物权变动仍可发生。而留置权的构成基本上是在一个负担行为框架下展开的，负担行为产生债权，而该债权与其占有的特定物有牵连关系，故法律赋予了债权人为实现该债权就特定物价值优先受偿的权利。留置权发生的场合，债务人并没有作出处分行为。债务人与债权人之间为一负担行为，债务人的行为并未对标的物所有权发生影响，而只是可能涉及对标的物事实上处分的安排。“处分行为是指直接作用于某项现存权利的法律行为，如变更、转让某项权利、在某项权利上设定负担或取消某项权利。”而所有这些，债务人均未涉足，债务人顶多只是作出了对标的物事实上处分的决定，例如委托债权人修理标的物。可是，善意取得需针对的是无权处分行为，在处分行为都不存在的地方，不可能发生善意取得。[②]

另有学者认为，从留置权的产生过程来看，债务人委托债权人保管、修理、运输等行为本身仅仅是对标的物事实上处分的决定，是一种负担行为，仅产生债权债务关系，根本不涉及对标的物的法律处分，亦

①赵丽：《无“处分行为”，何来“善意取得”——从“无处分权”角度谈留置权的善意取得》，《郧阳师范高等专科学校学报》2005年第5期。

②夏凤英：《对善意取得构成要件的几点思考》，《政法论丛》2004年第3期。

无需债务人有法律上的处分权。在债务人根本无处分行为的情况下，适用以“出让人无处分权但却对标的物为处分行为”为基本构成要件的善意取得制度，显然于理不合。[①] 总之，能否对非债务人的动产成立留置权，涉及的是留置权本身的构成问题，而不是留置权的善意取得问题。

3. 从规范价值的立法选择来看，留置权不应适用善意取得

从债权人利益保障、公平等价值角度考量，不应当选择善意取得制度来解决在第三人之物上成立留置权的问题。[②] 留置权制度是为了平衡债权人与债务人之间的利益，因此，没有必要去牺牲第三人的利益。此外，由于第三人之物落入债权人占有通常不是以担保为目的，即使债权人扣留第三人的财产，对于债务人未必能够构成强制，担保债务清偿的主要意义也就不存在了。[③]

三、折中说

持此观点的学者认为，留置权是否适用善意取得不能概而论之，即原则上不适用留置权善意取得制度，在一些特殊情形下适用留置权善意取得制度。[④]

具体来说，应分为以下三种情况予以区别对待：（1）是否适用留置权要区分留置物为委托物还是脱离物来对待。所谓“委托物”，是指基于原所有人意思而为他人所占有的物，主要包括因租赁、借用、承揽、保管等合同而交付他方占有的动产。所谓“脱离物”，是指非基于原所有人意思而丧失占有的物，包括盗赃物、遗失物、遗忘物及误取物等。[⑤] 有的学者认为，不宜将债权人对债务人交付的占有委托物享有留置权界定为留置权的善意取得，将其界定为留置权的构成问题较为恰当。对于占有脱离物，于债务人到期未清偿债务时，善意的债权人可以

---

①赵丽：《无“处分行为”，何来“善意取得”——从“无处分权”角度谈留置权的善意取得》，《郧阳师范高等专科学校学报》2005年第5期。

②李迪昕：《留置权善意取得之否证》，《学术交流》2011年第11期。

③肖厚国、孙鹏：《担保法律制度研究》，法律出版社1998年版，第279页。

④刘佳：《论我国留置权善意取得问题》，《东南大学学报》（哲社版）2009年增刊。

⑤尹田：《物权法理论评析与思考》，中国人民大学出版社2004年版，第311页。

取得该物的留置权。[①]（2）是否适用留置权要区分留置物与债权的牵连关系不同来对待。留置权不属于依据法律行为而产生，本不应适用善意取得制度。例如基于物所生的损害赔偿、基于同一事实而产生的留置权，根本不涉及所谓的善意第三人存在，因此不得适用。唯在基于同一法律关系而生的留置权，因否认原债务人所有会导致原合同风险增加，使得债权人可能担心债权清偿而降低订约与履约的意愿，因此有必要对此加以规定。依据这一效率上的理由，若所留置的物价值不能确定，则债权人并不会因此减少缔约与履约意愿，因此不得适用善意取得。此外，基于防止善意取得而增加的防盗成本，应规定盗贼之物不得适用留置权。[②]（3）是否适用留置权要区分留置权的取得是基于法律规定还是继受取得来对待。有的学者认为，一般情况下法律规定直接取得留置权的并不存在善意取得问题，但如果受让人已尽必要之调查义务，合理信赖了让与人作为动产占有人的占有状态，则仍可能善意取得留置权。[③]

【相关法律法规及司法解释】

《物权法》

第二百三十条　债务人不履行到期债务，债权人可以留置已经合法占有的债务人的动产，并有权就该动产优先受偿。前款规定的债权人为留置权人，占有的动产为留置财产。

第二百三十一条　债权人留置的动产，应当与债权属于同一法律关系，但企业之间留置的除外。

【案例】

案情简介

2009年1月2日，市民王某家中的某品牌液晶电视机突然不能正常开启，于是，王某将该电视机送至所住小区附近的家电维修部处修理。家电维修部负责人李某经简单检查后，答复王某说，可能是电视机的电源

---

①张庆华：《论留置物的性质对留置权善意取得的影响》，《德州学院学报》2008年第1期。
②温世扬、廖焕国：《论抵押物上代位性与物上追及力之共荣》，《法学》2001年第6期。
③叶金强：《论善意取得构成中的善意且无重大过失要件》，《法律科学》2004年第2期。

线坏掉了，但是还需进一步检查。王某遂决定将该电视机留在李某处，由李某进一步检查，并告知李某说，哪个部件坏掉换哪个部件即可，自己明天出差，等出差回来后，再将电视机取回并根据实际支出支付修理费用。2009年1月4日，李某在对王某的液晶电视机进行进一步检查后，发现不是电源线的问题，而是因为电视机的一个主要部件坏掉了。于是，就给王某打电话，准备将这一情况告诉王某。但由于王某在出差途中，并未发现李某的来电。2009年1月6日，李某再次联系王某，仍未联系上，想到李某临走时的交代，于是就购买了相应部件，并进行了更换。2009年1月10日，王某出差归来，遂到家电维修部取其电视机。李某于是将家电的维修情况及联系王某未果事宜全部告诉了王某，并出示了更换部件的购买凭据，表示此次修理需要收取1200元，其中部件费为1000元，检测费及修理费200元。王某表示不能接受，认为李某的收费太高，并认为其电视机目前也就价值2000元。李某则认为，其收费合理，并无不妥之处。二人协商无果，最终不欢而散，李某遂将王某的液晶电视留置。两个月之后，李某再次致电王某，要求其交付相应修理费用，并将液晶电视取走，王某不置可否。李某非常气愤，于是决定将王某的液晶电视机出售，以补偿自己的损失。经协商，2009年3月25日，在该县二手家电交易市场中，李某以市价2300元价格将该电视机卖给了第三人张某。2009年4月5日，王某获悉此事后找到李某理论，要求李某归还自己的电视机。李某认为，电视机的出卖完全是由王某造成，且出售价格符合市场价格，仅同意返还王某1100元。王某不同意，于是将李某起诉至该县人民法院，并将张某列为第三人，主张李某与张某的电视机买卖协议无效，并要求李某归还其电视机。

审理及判决

该县人民法院审理认为，在电视机修理过程中，李某的行为并无不妥，且符合王某的要求。王某拒付修理费的行为没有道理，也与法律规定不符，在此情况下，李某有权对王某的电视机进行留置。但是，李某在未经王某同意的情况下，不应将该液晶电视机私自出售，该行为属于无权处分行为，事后所有权人王某亦未对该行为进行追认，因此，应认定李某出售电视机的行为无效。于是，法院判定，李某与张某的电视机买卖行为无效，李某应将2300元返还于张某，张某则应将电视机直接返还于王某，而王某则需同时支付1200元修理费于李某。判决作出后，电视机所有人王某和家电维修部负责人李某表示接受，但是作为第三人的电视机购买人张某则表示不能接受，因为，认为其购买电视机的行为并无不妥之处，理应取得该液晶电视机的所有权。

分析

这是涉及留置权善意取得的一个典型案例。

在本案中，法院对于李某对王某电视机留置行为的认定，符合我国现行法律的相关规定。但对于李某与张某之间买卖行为的认定上，则值得商榷。具体来说，在本案中，法院对于李某与张某的电视机买卖行为认定为无权处分，这一判断合乎现行法律规定，但对于该买卖行为的效果认定则有失偏颇，最大的问题在于忽视了第三人张某的权益，并在事实上侵害了张某的合法权益。

其原因在于：在本案中，张某符合善意第三人的标准：其一，张某对于李某的无权处分行为并不知晓；其二，在电视机购买中，张某支付了合理价格，2300元即是该电视机的合理市场价格；其三，张某是在该县二手家电交易市场中买得该电视机的，且电视机作为动产，不以登记为公示要件，因此，其有理由认为该电视机是属于李某所有。参照留置权善意取得的相关理论，从保护善意第三人和维护交易安全的角度来看，法律应对第三人张某的权益予以保护。此外，在本案例中，无论是作为电视机所有人的王某，还是作为电视机修理人的李某，其或多或少都存在一定过错，而唯一没有过错的就是第三人张某。从这个角度看，法律更应优位保护善意第三人张某的合法权益。

综上所述，对于本案最为合理的处理是，认定电视机修理人（留置权人）李某与善意第三人张某之间的电视机买卖合同有效，由张某取得该电视机所有权。同时，综合考虑电视机原所有权人王某和电视机修理人李某的各自过错，合理分配电视机出售款2300元。一个基本原则是，基于在本案中所存在的过错，电视机修理人李某所主张的费用应在1000元至1200元之间为宜，剩余款项应归电视机原所有人王某所有。

车位（车库）权属纷争

【法理】

所谓车位，是指以一定的标志画线分割形成的用于停放车辆的位置。所谓车库，是指建设于小区范围内，有独立的空间，用以存放车辆为目的的附属建筑物。车库不同于车位，车库本身是建筑物，具有建筑物的一般特点，其在建筑物内形成一定的空间，车库四周的范围是确定的，且有独立的出入口，已经成为与房屋相区别的独立的特定物，具有构造上和利用上的独立性。但车位与车库的功能相同，因此，一般将其一并探讨。现行《物权法》虽对车位（车库）的权属进行了规定，但理论界对该问题仍存在极大分歧。概括而言，主要有以下几种观点：

一、约定说

持该观点的学者认为，车位（车库）的权属应依据开发商与业主之间的协议以确定其归属，以王利明先生为代表。我国《物权法》采纳了这一观点。《物权法》第74条第2款规定："建筑区划内，规划用于停放汽车的车位、车库的归属，由当事人通过出售、附赠或者出租等方式约定。"其理由：

1. 遵循私法自治原则的体现

私法领域中奉行的基本原理是自治。物权法作为私法的重要组成部分，作为财产归属与利用的基本法，其也应遵循自治的内在要求。由于财产归属利用的多元化，通过私法自治，才能够很好地协调各方利益，实现各种利益归属的最大化。只有当事人才是自身利益的最佳判断者，《物权法》作为财产归属与利用的基本法，应遵循私法自治的原理。对车位、车库的归属根据约定确定，正是体现了私法自治的要求，有利于业主和开发商通过平等协商来充分体现自身的意志和利益，同时也最有利于争议的解决。

2. 符合市场经济的内在要求

通过约定解决归属，实质上是通过市场机制解决纠纷。在市场经济条件下，将此问题交给市场来解决，通过交易，在车位、车库的归属上可以实现各方利益的最大化。①

3. 有利于对车位（车库）进行有效利用和管理

业主之间情况各异，有人有车，有人无车，还有潜在的购车者，有车者有的愿买，有的想租，众口难调。建筑物区分所有权具有复杂的法律构造，是由专有权、共有权和成员权组成的三位一体的权利体系。其中的共有关系性质是按份共有、共同共有还是互有，学者观点不一。相对而言，由开发商和业主通过协议以确定车位、车库的归属，无疑最有利于对车位（车库）进行有效利用和管理。

4. 符合目前的实际情况

从目前多数地方商品房买卖的实际情况看，小区车位（车库）的权属通常是在市场机制的调节下，有的是业主购买的，有的是开发商附赠的，有的是业主承租的，一般都有合同约定。《物权法》最终采用约定归属说的观点，是对已存在的地方性法规相关规定和实践做法的总结，尊重了生活实践，避免了"一刀切"式的统一法律规定引发新的社会不公和社会矛盾。②

二、业主共有说

持该观点的学者认为，车位（车库）应归业主共有，以杨立新教授为代表。该观点认为，小区车位应当属于全体业主所有，由业主委员会行使管理权。具体而言，全体业主成立业主委员会，由业主委员会统一管理小区车位，向车主收取停车费，然后用该笔费用支付绿地维护、楼

---

①最高人民法院物权法研究小组：《中华人民共和国物权法条文理解与适用》，人民法院出版社2007年版，第238页。

②王秀梅：《小区车位车库的归属及相干法律问题分析》，《天津市政法管理干部学院学报》2007年第4期。

顶空间维修、小区道路维护和物业管理费用等。其理由：

1. 从资源利用角度看，由业主共有，最能充分利用车位（车库）这一稀缺资源

长期趋势下，商品住宅的小区车位（车库）将是一种稀缺的资源，由开发商或者少数业主取得专有的产权肯定是不合理的，可能会因独占而不利于车位（车库）的高效利用。物业公司作为小区的委托管理机构，只有对车位（车库）的监管权而不适宜取得所有权，只有由所有业主取得共有权才是充分利用这一稀缺资源的有效途径。

2. 从产权角度看，小区车位（车库）并不适宜取得产权证

国际上建筑物区分所有权的相关原则要求作为专有权的标的物必须能够与外界隔离而又能独立使用，露天车位自不必说，地下车位（车库）和楼房首层架空车位往往难以与外界隔离，其情形类似于单元中的一个居室，因而不能作为专有部分而取得产权。因此，目前给予小区车位（车库）产权证的做法实质上是违背这一原则的，既然小区车位（车库）不能作为专有部分，其实质上只是小区的附属设施，原则上就只能作为共有部分归全体业主所共有。

3. 从车位（车库）的建设成本看，在大多数情形下这一成本被计入了售房价格

不仅车位（车库）的建设成本被计入售房价格，有关的土地使用费、耕地占用税、契税、印花税、城市维护建设税及教育税附加等各种共有税费也往往被所有业主一起分摊，即使是未计入容积率的部分虽没有进行基底土地面积分摊但也不需交纳土地使用费，其产权无异也是全体业主的。[①] 若车位（车库）权益被开发商占有或由开发商转卖给少数业主，这实际上是开发商侵占全体业主权益的一种行为。

4. 从其附属性讲，车位（车库）是附属于小区建筑的设施，因此，应归全体业主所有

从法律性质上来说，小区的车位（车库）与房屋建筑物的关系是主物与从物的关系，依据从物随主物一并转移的原则，车位（车库）随着

---

①刘超奇、蒋慧慧：《“车位、车库归属”何去何从？》《现代物业》2007年第3期。

房屋所有权的转移而转移给业主共同所有；此外，按照“房随地，地随房”原则，业主在购买房屋的同时，亦同时购买了房屋及整个小区所占用的土地使用权，无论停车场还是车库，都依附于土地之上，也应当随着土地使用权的转移而一并移转给业主。由业主共有符合“房随地走、地随房走”的规则。此外，由于车位（车库）与土地使用权权属具有当然联系，因此，车位（车库）作为土地使用权的衍生物，其权利应当归属于土地使用权人。车位（车库）依附于土地，是不争的事实，如果没有土地使用权，车位（车库）的所有权从何而来？“皮之不存，毛将焉附”！①

5. 有利于保护业主合法权益

对于小区车位（车库），开发商实际上没有作出任何投资，其决不会通过减少楼房建筑面积的方式而去开发划定利润较少的小区车位（车库），通常是减少绿地或小区道路而去划定。业主取得了专有部分的所有权，在一定程度上说也为小区内的地上空间使用作出了投资，规定为业主所有就是保护了业主的合法权益。同时，法律上明确规定小区车位（车库）归属于全体业主，由业主委员会统一管理小区车位，向车主收取停车费，增加了业主的收入，能减少绿地维护、楼顶空间维修、小区道路维护和物业管理费用的支出，这也就是保护了业主的利益。

6. 有利于平衡市场主体利益，促进市场经济的良性发展

在物权立法坚持私法自治原则的同时，法律应强化对弱者的保护。在发展现代市场经济的中国，房地产开发商和业主的地位明显不平等。房地产开发商具有强大的经济实力和市场控制力，还有一定的政治背景；相对于房地产开发商，业主通常是弱者。这样，一方是强大的集团房地产开发商，另一方是急着找房住的弱势业主，在参与房地产交易时，对于业主而言绝不是平等的交易。因此，对于小区车位（车库），法律应强制干预，保护业主的利益，以保证市场交易的顺利进行。

7. 有利于对小区车位的有效利用和管理

小区车位（车库）归属于全体业主所有，由业主委员会行使管理

①崔文星：《论小区车位、车库权属规则的完善》，《郑州航空工业管理学院学报》（社科版）2010年第4期。

权，这样业主委员会为了自己的利益，就会最大化地利用车位：对有车的业主统一收取车位费；当车位有剩余时就可以出租给小区以外的车主，同样收取车位费。若小区车位归开发商所有或按照约定属于业主以外的其他人，当转让或出租小区车位时，业主一般是不会同意的，因为这样会损害业主的利益（如使用小区道路、影响小区的安全），不利于小区车位的最大化利用。

8. 有利于定纷止争，保障小区的和谐、稳定

法律主要目的不是协调矛盾，而是解决矛盾。物权立法明确规定小区车位属于全体业主所有，开发商就不会挖空心思去划定或出卖车位；业主也不用去担心车位转让或出租给业主以外的人后，影响小区的管理和安全。这样就从根本上解决了在小区车位问题上的冲突。① 同时，全体业主收入的增加或支出的减少，为小区绿地维护、楼顶空间维修、小区道路维护和物业管理费用提供了一定的物质保障，利于绿色社区、文明社区的建设，最终达到小区的和谐、稳定。

三、开发商所有说

持该观点的学者认为，车位（车库）应归开发商所有。其理由：

1. 车位（车库）属于区分建筑物的专有部分，可以独立成为权利客体

对于地下车位（车库）而言，更是如此。在结构上，地下车位（车库）和商品房一样具有独立的空间、独立的界限，地下车位（车库）的有无对商品房并不具有直接的影响；在使用上，商品房和地下车位（车库）的使用互不干涉、互不影响，一方的使用并不依赖于另一方的配合。商品房的转让并不当然导致地下车位（车库）所有权的转让，合同既然对地下车位（车库）的所有权没有处分，那么我们理所当然的可以认为地下车位（车库）的所有权依然还是保持其原来的状态，即归开发商所有。② 另有学者认为，即便是法定车位（车库）也不能理解为业主共有车位，因为立法规定法定车位的目的是为小区住户提供必要的停车

①王彪、吴艳娜：《小区车位的归属及相关物权立法初探》，《沿海企业与科技》2006年第12期。
②刘玉飞：《地下车库的归属问题研究》，《法制与社会》2007年第3期。

便利，不是划定法定车位（车库）的归属。开发商有法定义务建造车位（车库），并不等于开发商有义务将其免费赠送给业主。①

2. 符合“谁投资，谁受益”的市场化运作机制。

既然车位（车库）是由开发商出资建设，那么车位（车库）归开发商所有并由其销售理所当然。并且，从经济学的角度，开发商作为追求利益最大化之经济实体，建设车位（车库）之动机无非是销售获利，若将车位（车库）界定为共有而断其财路，必将损害开发商建设车位（车库）之积极性，最终受损的还是广大业主。开发商将车位（车库）售以逐利，投资者最终仍是受益。

3. 有利于鼓励开发商修建车位（车库）

多年来，我国城市建设忽略了车位（车库）的建设，造成了目前城市车位（车库）紧张的状况，停车难的问题非常突出。这就有必要刺激投资，使开发商从利益驱动角度考虑为小区业主提供必要的、合理的车位（车库）。但如果将车位（车库）规定为业主的共有财产，那么，开发商就没有足够的动力来解决建筑车位（车库）紧张问题。最后，因为车位（车库）非常紧张，停车越来越难，受损害最大的还是业主。②

4. 开发商可以成为车位（车库）的所有者

随着现代物权法区分所有权概念的出现，开发商也可以作为一名特殊业主在小区中留存区分土地使用权，即开发商可以保留车位（车库）的土地使用权，因此，开发商也可以成为车位（车库）的所有者。

四、折中说

持该观点的学者认为，不宜概括地认为车位（车库）或为开发商所有，或为业主所有，而应参照具体标准，来确定其权属，概括而言，主要有以下两个参照的标准。

1. 成本分摊决定说

持该观点学者认为，不能笼统把小区的车位（车库）归开发商所有

---

①向勇：《地下车位的性质与权属——兼析〈物权法〉第74条》，《嘉兴学院学报》2010年第5期。

②王利明：《论物权法中车库的归属及相关法律问题》，《现代法学》2006年第5期。

或归业主共同所有，应根据小区车位（车库）面积是否分摊到房屋的建筑面积当中判断车位（车库）的权利归属。开发商如果将车位（车库）成本分摊到建筑成本中，并由所有业主共同分摊此项费用，则车位（车库）成为业主建筑物区分所有权的共有部分，开发商对业主共有的财产无权处分。[①] 持该观点的学者认为，这种归属的规制平衡了业主与开发商两者的利益，体现了公平原则。此外，在实践中此观点已被立法所采用，如《杭州市区住宅小区配套建设与综合验收管理办法》（试行）就规定："住宅小区的配套建设项目，投资摊入售房建设成本的，其产权属于小区居民共有。经营性的配套公共建筑（商业、文娱等），投资未摊入售房建设成本的，其产权属投资者所有，并按规划要求使用。"《安徽省物业管理条例》则规定："物业管理区域内建设费用已分摊进入房屋销售价格的共用、非经营性车场车库为共用设施、设备。"

2. 公摊面积决定说

持此观点的学者认为，车位、车库的权属判断标准应以该车位、车库的建筑面积是否作为小区商品房的公摊面积而定。如果车位、车库的建筑面积作为公摊面积由业主分摊，那么业主所购买的商品房的建筑面积已包含该车位、车库所分摊的面积，则该车位、车库的所有权随着商品房所有权的转移而归全体业主共有。反之，则该车位、车库应属于开发商所有。[②]

五、国家所有说

对于由人防工程改建而成的地下车位（车库）而言，其权属更为复杂、争议也更大。根据我国《人民防空法》的规定：城市新建民用建筑，按照国家有关规定修建战时可用于防空的地下室。而在实践中，很多小区都将该人防工程改建为地下车位（车库），这种做法不但满足了国家法律强制性要求，而且大大节约土地使用权的投入和成本投入。但是，由于现行法律并没有明确结建人防工程的所有权，以至于导致对由

---

①杭正亚：《南京市鼓楼区法院作出全国首例判决——小区车库归业主共有》，《南方周末》2003年11月11日。

②姚俭：《地下车库产权归谁？》，《中国审判》2009年第5期。

人防工程改建而来的地下车位（车库）权属问题争议较大，除“开发商所有说”、“业主共有说”等上述主张，还有很多学者认为，由人防工程改建的地下车位（车库）应属于国家所有。其理由在于：

1. 人防工程属于国防资产，依法应归国家所有

我国《人民防空法》第2条明确规定：“人民防空是国防的组成部分。”1985年财政部、国家人防委员会颁布的《关于平时使用人防工程收费的暂行规定》也指出，人防工程及其设备设施是国家的财产。而《国防法》第37条规定，国防资产归国家所有；《物权法》第52条规定“国防资产属于国家所有”。因此，作为国防的组成部分，人防资产是国防资产的组成部分。

2. 人防工程获得国家的财政投入与支持

根据与人防相关的法律法规规定，城市新建民用建筑必须按照国家有关规定修建防空地下室，如果因地形、地质等技术原因而无法修建的，要缴纳易地建设费纳入财政资金，由人防部门统一修建人防工程，并对不建或不缴的行为规定了严厉的制裁措施。这是国家对符合条件的特定经济主体（城市民用建筑的建设单位）以（实际小区防空地下室）货币（易地建设费）形式征收的一种赋税，与国家直接用财政资金修建并无不同。从形式上看，小区防空地下室的直接出资者是开发商，但对于依法定义务修建的防空地下室，开发商作为纳税人无权享有其产权。①

3. 归国家所有有着实践依据

关于居住小区地下人防工程的所有权归属，目前进行比较明确的规定是北京市政府[1992]第33号文件，即统一规划的居住小区人防工程“列为本市的公共设施”。1998年，北京市京房地物字[1998]第550号文件《关于加强居住小区内人防工程使用管理的补充通知》更明确规定“人防工程系国有资产”。所以，地下人防工程改建的车位如果其建设成本被小区业主承担，那么这些车位应该归小区业主收益支配，如果其成本是开发商承担的，那么这些车位就是开发商享有支配权了，但是无论怎

①常西岭、翟全军：《如何判断小区车库所有权的归属》，《中国审判》2006年第7期。

样，这些地下人防工程的所有权都是归国家的。[①]

【相关法律法规及司法解释】

《物权法》

第七十四条　建筑区划内，规划用于停放汽车的车位、车库应当首先满足业主的需要。建筑区划内，规划用于停放汽车的车位、车库的归属，由当事人通过出售、附赠或者出租等方式约定。占用业主共有的道路或者其他场地用于停放汽车的车位，属于业主共有。

最高人民法院《关于审理建筑物区分所有权纠纷案件具体应用法律若干问题的解释》

第二条　建筑区划内符合下列条件的房屋，以及车位、摊位等特定空间，应当认定为物权法第六章所称的专有部分：（一）具有构造上的独立性，能够明确区分；（二）具有利用上的独立性，可以排他使用；（三）能够登记成为特定业主所有权的客体。规划上专属于特定房屋，且建设单位销售时已经根据规划列入该特定房屋买卖合同中的露台等，应当认定为物权法第六章所称专有部分的组成部分。本条第一款所称房屋，包括整栋建筑物。

第五条　建设单位按照配置比例将车位、车库，以出售、附赠或者出租等方式处分给业主的，应当认定其行为符合物权法第七十四条第一款有关"应当首先满足业主的需要"的规定。前款所称配置比例是指规划确定的建筑区划内规划用于停放汽车的车位、车库与房屋套数的比例。

第六条　建筑区划内在规划用于停放汽车的车位之外，占用业主共有道路或者其他场地增设的车位，应当认定为物权法第七十四条第三款所称的车位。

---

①陈智卓：《〈物权法〉第七十四条小区车位归属规定的不足与完善——从上海物权法"第一案"谈起》，《湖南公安高等专科学校学报》2010年第2期。

【案例】

案情简介

2005年4月，杜某与京城公司签订预售商品房买卖合同。同日，双方还签订了购买相关设施协议，约定杜某可购小区内地下车位一个。此外，还约定京城公司应在2005年12月31日前将经验收合格的商品房交付杜某使用。协议签订后京城公司向杜某出具不动产销售通用发票，包含房款及地下车位价款。后经查实，杜某所购地下车位位于该楼地下人防工程范围内。2006年1月9日，杜某在该公司提供的房屋验收交接表上签名。之后，在地下车位交付时，杜某与京城公司发生争议，杜某因此将京城公司诉至所在地人民法院。杜某诉称，其取得的地下车位系该小区的人防工程，而被告京城公司在出售时并未告知本人。人防工程系小区的强制性附属设施，被告擅自出售人防工程，损害了国防效能和公共利益。此外，被告销售的车位成本已计入购房成本，被告不享有所有权，故双方签订的购买相关设施协议无效。因此，请求由京城公司返还价款85000元并赔偿利息损失。

审理及判决

一审法院经审理认为：诉争地下车位系人防工程，因京城公司享有该人防工程使用权、收益权，故京城公司与杜某签订的购买相关设施协议有效。协议中约定的车位价款经双方合意形成，反映了双方真实意愿。杜某称京城公司销售的车位成本已计入购房成本，与事实不符。据此，判决驳回杜某的诉讼请求。一审判决后杜某不服，提起上诉。上诉称：诉争小区人防工程不属于京城公司所有，京城公司无权出卖，因此，应认定双方签订的购买相关设施协议无效。二审法院经审理认为，诉争地下车位虽系人防工程，但根据《中华人民共和国人民防空法》（以下简称《防空法》）相关规定，人民防空工程平时由投资者使用管理，收益归投资者所有。京城公司是诉争人防工程的投资者，有投资收益的权利。鉴于现行法律对地下人防工程的具体收益形式没有作出明确规定且以车位的形态进行利用为常态。京城公司通过与杜某签订协议有偿转让诉争人防车位专有使用权的方式实现投资收益，不违反法律、行政法规的强制性规定。杜某与京城公司签订的《购买相关设施协议》有效。原审判决并无不当，驳回上诉，维持原判。

分析

本案是一起关于车位（车库）权属纠纷的典型案例，并且还涉及车位（车库）中最为复杂的一类——由人防工程改建而来的地下车位。

在本案中，一审、二审法院均肯定了京城公司与杜某所签订的地下车位买卖协议的法律效力。但是，判定这一地下车位买卖协议是否有效，其实，有一个前提性问题需要首先予以确认，即京城公司与杜某所签订的地下车位买卖协议的指向标的是地下车位的所有权，还是地下车位的使用权？如果该买卖协议指向的是地下车位的所有权，那么该协议应认定为无效，因为根据现行《人民防空法》《物权法》等相关法律的规定，人防工程属于国家所有，而由人防工程改建而来的地下车位亦应属于国家所有，不存在开发商将之出售给业主的可能。如果该买卖协议所指向的是地下车位的使用权，那么该协议还存在认定为有效的可能，因为根据现行《国防法》《人民防空法》等相关规定，作为国防资产的人防工程，其所有权属于国家，不得买卖；但是，人防工程在和平时期可用于经济建设、群众生产生活之需。

在本案中，一审、二审法院均肯定了京城公司与杜某所签订的地下车位买卖协议的法律效力，假设这一判定是合理的。那么，接下来就会遇到另外一个问题，即地下车位的买受人是否可以依此办理相关产权证书？从法理上，其答案应该是很明确的，购买人依法购得地下车位后，当然有权办理相关产权证书，否则，无以保护自身的合法权益。但是，从实践情况来看，还没有见过哪个地方的产权登记机构为人防工程改建而来的地下车位发放过产权证明。由此来看，法院的判决不符合目前产权登记的实际情况，可能会诱发新的纠纷。

而从消费者权益保护法的角度来看，一审、二审法院判决的合理性更加值得商榷。一方面，京城公司在与杜某签订地下车位买卖协议时，并未向杜某说明该地下车位是由人防工程改建而来，因此，实际上也就侵犯了杜某的消费知情权。另一方面，京城公司与杜某所签订的地下车位买卖协议，其指向是普通地下车位，但京城公司所提供的却是在权利及使用上有所限制的由人防工程改建而来的地下车位，实际上其协议履行是存在瑕疵的。由以上两点分析可见，若适用消费者权益保护法的相关规定，京城公司与杜某签订的地下车位买卖协议属于可撤销或可单方解除的合同。

综合以上两点分析，京城公司与杜某所签订的地下车位买卖协议认定为有效的判定是不太适宜的。同时，需要指出的是，依据现行《人民防空法》第5条的规定，作为人防工程的投资人，京城公司对地下车位具有使用、管理和收益权，其虽然不宜将由人防工程改建而来的地下车位出售获利，但是通过出租的方式，亦可实现维护其收益权的目的。

建设工程价款优先受偿权性质及其行使

【法理】

依据我国现行法律规定，所谓建设工程价款优先受偿权，就是指在发包人未依照约定支付工程款时，承包人可以与发包人协议将该工程折价或申请人民法院将该工程拍卖，对折价或拍卖所得的价款享有优先受偿的权利。

一、工程价款优先受偿权的性质

工程价款优先受偿权的性质，是一个争议颇多的问题，对此学界主要有三种观点：

1. 留置权说

持该观点的学者认为，建设工程价款优先受偿权在性质上属于留置权。其理由：（1）将建设工程价款优先受偿权界定为留置权符合现行法律规定。根据《合同法》第287条的规定，对于建设工程合同中没有约定的，适用承揽合同的有关规定。而该法第264条对承揽合同又作了这样的规定："定作人未向承揽人支付报酬或者材料费等价款的，承揽人对完成的工作成果享有留置权。"因此，在发包人逾期不支付工程款的情况下，承包人有权对建造的工程予以留置。同时，《担保法》第84条规定，因加工承揽合同发生的债权，债务人不履行债务，债权人有留置权。而建设工程合同的性质就是承揽合同，所以在发包人逾期不支付工程款的情况下，承包人有权对建造的工程予以留置。（2）将建设工程价款优先受偿权界定为留置权符合其权利特征。建设工程价款优先受偿权具备了留置权的法律特征：第一，这种权利是由法律直接规定的，是法定的优先权。第二，这种权利以对他人财产的合法占有为前提。工程承包人与发包人之间存在着承揽合同关系，承包人根据合同而合法占有并保管着其承建的工程。第三，变卖留置物优先受偿。发包人不按合同约定支付到期的建设工程款，并经承包人催告，仍未在合理期限内支付建设工程款时，承包人有权与发包人协议或申请人民法院将其所承建的工程予以折价或拍卖，并就工程折价或拍卖的价款优先受偿。

2. 法定抵押权说

持该观点的学者认为，建设工程价款优先受偿权在本质上应是一种法定抵押权。其理由：（1）该优先受偿权具有不转移占有性、从属性、不可分性、追及性等抵押权的一般特点。[①] 抵押权的成立与存续，不以转移标的物的占有为必要。而就质权、留置权而言，权利人一旦丧失对标的物的占有，其所享有的担保物权即随之而消灭。在工程建设实践中，除“交钥匙工程”外，通常是由承包人与发包人分别指派工地代表，共同负责对工地现场的管理，进言之，承包人并未排他地对工程实施占有和控制。而且，建设工程竣工验收并交付发包人后，承包人的优先受偿权也并不因此而消灭。可见，承包人优先受偿权与质权、留置权存在本质不同，而在不转移占有这一根本特征上，则与一般抵押权相同。另一方面，承包人优先受偿权与一般抵押权的区别仅在于成立原因上：一般的抵押权为意定担保物权，由当事人以合同方式自由设定；承包人优先受偿权因具备法定要件而当然成立。可以说，承包人优先受偿权是一种由法律直接规定的抵押权。（2）从比较法的角度看，未设独立的优先权制度的瑞士民法就在第837条对职工或承揽人就土地上建筑或其他工程提供材料及劳务或单纯提供劳务所生之债权，得就该土地设定法定抵押权作了规定。我国台湾地区“民法”第513条也规定，承揽人对承揽的建筑物或其他土地上的工作物进行建造或重大修缮时，就承揽关系所生之债权对其工作所附之定作人的不动产享有法定抵押权。[②]（3）从合同法起草过程看，合同法第286条，从设计、起草、讨论、修改、审议

---

①安子昂：《生存性权利优先于经营性权利——评司法解释最高人民法院关于建设工程价款优先受偿问题的批复》，《行政与法》2007年第5期。

②张学文：《建设工程承包人优先受偿权若干问题探讨》，《法商研究》2000年第3期。

直至正式通过，始终是指法定抵押权。[①]

3. 法定优先权说

持该观点的学者认为，建设工程价款优先受偿权应为法定优先权。法定优先权是法律为了维护社会的公平和秩序，赋予债权人对某种特殊的债权享有优先于一般债权人优先受偿的权利，其设立的目的在于对某种特殊的债权加以特别的保护，该权利由法律直接赋予，不需要约定，也不需要登记公示。法律为维护承包商的利益尤其是民工的生存权，赋予承包商优先于一般债权而优先受偿的权利。其理由：（1）是由建筑行业的特点决定的。众所周知，虽然在法律上承包人和发包人的地位是平等的，但实际上承包人与发包人地位严重失衡，承包人处于明显的弱势地位，由此导致被迫垫资、长期拖欠工程款等现象屡见不鲜，更为严重的是，承包人维权时顾虑重重，不敢维权、害怕维权的情况比比皆是。同时，由于建筑行业是劳动密集型行业，施工企业总体素质不高，与银行等其他债权人相比，承包人追讨拖欠款的能力存在天然的不足。法律赋予承包人优先于普通债权人的优先受偿权，可以弥补承包人在追讨欠款上胆识和能力的不足，保障承包人的合法权益，促进建筑行业的健康发展。（2）有利于社会稳定。人工费在工程价款中占有相当大的比重，人工费的主体是民工工资。作为社会中最弱势的群体，当他们的工资被严重拖欠时，不仅极大地影响其本人及其家庭的生活，而且在讨薪的过程中频繁出现跳楼、自杀、讨薪发布会、报复老板等过激甚至违法行为，严重影响社会稳定。将工程价款优先受偿权界定为法定优先权，有利于承包人回收欠款，自然也有利于劳动者及时得到工资，从而有利于维护社会的稳定。（3）符合公平原则的要求。工程价款优先受偿权的基础是建设工程的存在，而其他债权人因该建设工程而产生的债权请求权也以该建筑物的存在而存在。没有建设工程的存在，不但劳动者的权利得不到保护，而且其他债权也得不到充分的保障。因此，基于承包人劳动完成的建设工程，是其他债权得以保全的基础，对承包人和劳动者的

---

①宋宗宇：《建设工程优先受偿权——兼评〈中华人民共和国合同法〉第286条》，《重庆大学学报》（社科版）2001年第4期。

利益加以优先保护，符合公平原则。[①]（4）建设工程是以承包人及建筑工人付出的劳动为前提的，没有承包人和工人的劳动及投入，发包方就不可能有作为抵押物的建设工程的存在，如果抵押权人对拖欠承包款的抵押物行使优先于承包人的优先权，这实际上就是以建设工程承包人的付出为发包人清偿债务，不符合民法的公平原则。（5）法定优先权应具有对抗其他担保物权之效力。如我国《海商法》第25条规定："船舶优先权先于船舶留置权受偿，船舶抵押权后于船舶留置权受偿。"该规定确立了法定优先权高于法定担保物权、意定担保物权低于法定担保物权的权利效力位序。（6）建设工程是由承包人所雇劳动者劳动所累积。我国现阶段，民工工资遭拖欠这一严重的社会问题的一个重要根源就是因发包人拖欠承包人工程款所致。从立法保护劳动者基本生活安全及鼓励建设者创造社会财富的政策目的角度来说，承包人优先受偿权的实现具有重大的生存保障意义。而一般抵押权所保障的是民事主体的普通利益。[②]因此，当承包人优先受偿权与银行抵押权等一般抵押权发生冲突时，承包人优先受偿权优先于一般抵押权。

二、与一般抵押权之间的冲突

在实践中，房地产开发商为筹集建设所需资金，通常会将其开发的房地产在建工程设定抵押以获取开发贷款。而如果发包人未按定约支付工程款，承包人可以对该工程主张优先受偿权，而且，承包人行使该权利并不以登记为要件。在这种情形下，在该建设工程上就既存在已登记的一般抵押权，又存在未经登记的承包人对工程的优先受偿权，即这两种权利发生竞合。对此，优先受偿次序应如何确定，法律并未进行明确规定，理论界也存在不同认识，概括而言，主要存在以下几种不同观点：

1. 承包人优先受偿权优先说

持该观点的学者认为，当建设工程款优先受偿权与一般抵押权发生竞合时，承包人优先受偿权应优先于一般抵押权。其理由：（1）法律之

---

①陈柏新：《〈合同法〉第286条司法适用疑难问题探讨》，《上海政法学院学报》2011年第2期。

②隋卫东、隋玲玲：《建设工程优先受偿权与其他权利竞存的探析》，《法学论坛》2007年第5期。

所以特别规定承包人的工程价款优先受偿权，就是为了赋予某种特定债权以特别保护，如果以其他因素来确定该优先受偿权和其他抵押权的先后次序，势必使该制度的功能丧失殆尽。（2）承包人的劳动成果是建设工程存在的基础，其他债权人的债权请求权均以它的存在为前提，如果没有建设工程，则其他债权人的一般抵押权均无法成立，故建设工程价款承包人优先受偿权处于首要的权利状态符合公平原则。反之，如果贷款抵押权等一般抵押权优先于承包人优先受偿权，则无异于以承包人的资金清偿发包人的债务，等于发包人将自己的欠债转嫁给属于第三人之承包人，违背公平及诚实信用原则，从而使《合同法》第286条立法目的落空。[①]（3）从法律政策上考虑，建设工程价款承包人优先受偿权所保护债权当中相当部分是建筑工人的劳动工资，因此，应予优先确保。承包人优先受偿权，是法律为保护承包人的利益而特别赋予的权利，具有保护劳动者利益和鼓励建筑、创造社会财富的政策目的。

2. 一般抵押权优先说

持该观点的学者认为，当建设工程款优先受偿权与一般抵押权发生竞合时，一般抵押权应优于承包人优先受偿权。其理由在于：承包人优先受偿权未经登记，故而无公示作用，因此第三人很难知道，而一般抵押权大多经过了登记，为保护交易安全，应使经登记的一般抵押权享有优先于承包人优先受偿权的效力。

3. 平均分配说

持该观点的学者认为，当建设工程款优先受偿权与一般抵押权发生竞合时，不存在谁优先于谁的问题，而应就建设工程拍卖或折价款项平均分配之。其理由在于：不论抵押权系法定还是约定，其效力应当平等，进而有助于实现各方利益的平衡，否则，将有违社会公平。

4. 效力平等说

持该观点的学者认为，建设工程承包人的法定抵押权与一般抵押权之间很难说哪一种比另一种抵押权更优先，只要是抵押权都应受到平等的保护。在承包人的优先受偿权与意定抵押权竞合时，应按照其相互间

---

①陈贤华、贺志国、毛荣一：《建设工程优先受偿权与一般抵押权的竞合》，《建筑经济》2006年第1期。

登记的先后确定顺位，即发包人的法定抵押权并不绝对优先于意定抵押权，而是依据其登记的先后决定，发包人的法定抵押权较之于意定抵押权而登记在先的，法定抵押权优先于意定抵押权，反之，则意定抵押权优先于法定抵押权。以成立之先后定其优先次序说较为合理。因为，时序的先后是决定权利次序先后的一般原则。而且，承包人优先受偿权本质上也是一种抵押权，其与一般约定抵押权的根本区别在于成立方式上的不同。根据“时间在先，权利在先”原则，同一物上存在数个一般抵押权时，其优先受偿次序是依设定时间的先后来决定，相应地，作为法定抵押权的承包人优先受偿权在与一般抵押权发生竞合时，其优先次序当然也应以成立时间的先后来确定。①

三、与预售商品房请求权的冲突

就同一建设工程，承包人优先受偿权与承购人对其所承购的预售商品房的请求权之间也存在冲突的可能。按照我国《城市商品房预售管理办法》的规定，预售人应在预售合同订立后30日内向房地产管理部门和土地管理部门办理登记备案。预售合同的登记备案是将物权公示手段运用于债法上的请求权，使承购人对预购商品房的请求权具有对抗第三人的效力，从而具有保全承购人请求预售人交付商品房的债权实现的作用。质言之，通过登记备案，承购人对预购商品房的请求权已具有了物权的排他效力。那么，当该请求权与承包人优先受偿权发生竞合时，如何确定其优先次序呢？对此，目前存在两种不同的观点：

1. 预售商品房承购人请求权优先

持该观点的学者认为，当承包人工程价款优先受偿权与预售商品房承购人请求权发生竞合时，后者优先于前者。其理由在于：（1）是保护消费者权益的要求。在开发商尚未交房或虽交房但尚未办理产权过户的情形下，该房屋仍属于开发商所有，仍在承包人的法定抵押权的标的物范围内。但如果允许承包人行使法定抵押权，无异于用消费者的资金清偿开发商的债务，等于开发商将自己的债务转嫁给广大消费者，严重违

①张学文：《建设工程承包人优先受偿权若干问题探讨》，《法商研究》2000年第3期。

背特殊保护消费者的法律政策。（2）是生存利益优于经营利益的表现。建设工程价款优先受偿权与预售商品房请求竞合的处置实质是承包者利益与消费者利益相比较，消费者利益属于生存利益应当优先，承包人利益属于经营利益应当居其次。当然在预售商品房已经办理产权过户登记的情形下，消费者已经取得房屋所有权，就该房屋而言，承包人工程价款优先受偿权应视为已归于消灭。（3）是由预售商品房承购人请求权的性质所决定的。预售商品房承购人的请求权实际上是一种权利质押，而权利质押是物权中权利之上的权利。① 因此，预售商品房承购人请求权优先于承包人的优先受偿权。

2. 依成立时间确定

持该观点的学者认为，当预售商品房承购人请求权与承包人工程价款优先受偿权发生冲突时，应以成立时间之先后定其优先次序。其理由在于：从本质上讲，承包人对工程价款的请求权本是一种债权，但为保护承包人的利益，法律破除债权人平等原则，对承包人价款债权赋予优先受偿的权利，使其具有担保物权的效力。而承包人对工程价款的债权与承购人对预售商品房的请求权在本质上均为债权，但又都由法律特别赋予相当于物权的效力。所以，为贯彻“时间在先，权利在先”的原则，二者发生冲突时，也应以成立时间之先后定其优先次序。②

四、与按揭贷款抵押权的冲突

商品房买卖中出现的按揭贷款方式，会涉及按揭贷款抵押权与建设工程价款优先受偿权的权利冲突。这两种权利的冲突发生在房屋过户至购房者名下之前。对二者的冲突该如何处理，学界还存在不同认识。

1. 按揭贷款抵押权优先

持该观点的学者认为，按揭贷款抵押权与建设工程价款优先受偿权发生冲突时，应优先保护按揭贷款抵押权，其原因在于：（1）此时的房屋已非发包人所有，承包人只能就发包人的财产设定的抵押物主张优先

---

①王均全：《论建设工程承包人优先受偿权的法律性质》，《湖南广播电视大学学报》2002年第1期。

②张学文：《建设工程承包人优先受偿权若干问题探讨》，《法商研究》2000年第3期。

受偿权；（2）在按揭贷款方式下，承包人的工程价款优先受偿权已实现或部分实现，对于未实现部分的工程价款应认定为承包人已放弃优先受偿权。

2. 建设工程价款优先受偿权优先

持该观点的学者认为，按揭贷款抵押权与建设工程价款优先受偿权发生冲突时，应优先保护工程价款优先受偿权，其理由在于：第一，在房屋依法过户登记至购房者名下前，购房者对该房屋不享有物权，仅享有实现物权的请求权，该房屋在法律上仍属于发包人所有。第二，在按揭贷款方式下，承包人的工程价款优先受偿权已实现或部分实现没有任何依据。发包人在收取购房者支付的购房款（包括银行按揭贷款部分）后，不但不会当然用于支付承包人的工程欠款，而且通常会挪作他用，将该资金投资到其他项目中。第三，按揭贷款是法律允许的民事法律关系，承包人作为合同关系以外的第三人，无权干涉合同当事人的意思自治原则；在按揭贷款发生时，承包人行使建设工程价款优先受偿权的法定条件通常尚未具备（如未竣工、结算）。[①] 因此，承包人在客观上是无法通过行使优先受偿权来对抗抵押权，而非自愿放弃优先受偿权。

五、建设工程价款优先受偿权的放弃

无论是《合同法》还是最高人民法院颁布的《批复》，均未涉及放弃建设工程款优先受偿权的问题。但是，这在实践中是一个不可回避的问题。关于建设工程款优先受偿权是否可以放弃，有以下几种观点：

1. 可以放弃

持该观点的学者认为，建设工程价款优先受偿权可以在建设合同中预先放弃。其理由在于：意思自治是民法的基本原则，因此，对于合同双方当事人基于意思自治所作出的放弃优先受偿权的决定应予尊重。广东省高级人民法院对《合同法》286条作出的解释中即持此观点。

2. 有条件放弃

持该观点的学者认为，建设工程价款优先受偿权作为法定的优先

①叶燕芳：《建设工程价款优先受偿权与相关权利的冲突处理》，《经济研究导刊》2011年第20期。

权，其存续是由法律规定，其优先顺序也是由法律规定。相比之下，优先权的法定性要强于一般的担保物权。即使如此，也不能磨灭建设工程价款优先受偿权民事权利的本质，也得遵守当事人的意思自治，但建设工程价款优先受偿权的放弃不是无条件的。即原则上应当不允许当事人预先放弃建设工程价款优先受偿权，但在特定的情况下可以放弃。理由是：第一，无条件放弃建设工程价款优先受偿权，违反了合同法的立法目的。合同法设立建设工程价款优先受偿制度的目的，在于保证施工单位资金回笼和保护劳工利益，调控房地产市场秩序。如果允许事先无条件放弃建设工程价款优先受偿权，则此条款与废止无异。第二，无条件放弃建设工程价款优先受偿权，是对意思自治的滥用。对建设工程价款优先受偿权的放弃设置一定的限制条件，并不是为了否定意思自治，而是为了更好地保障和实现自由。具体来说，分为以下两种情形：①在签订合同时，一般不允许当事人预先放弃建设工程价款优先受偿权，以保障当事人意思自治。但如果发包方对将来可能不支付的款项提供了其他足额的担保的话，可以允许当事人协商放弃建设工程价款优先受偿权。②在承包人享有了建设工程价款优先受偿权后，承包人为了自身利益一般不会主动放弃建设工程价款优先受偿权。[①] 但是，如果承包人承建的工程属于不宜折价拍卖的建设工程的话，则必须放弃建设工程价款优先受偿权，寻求其他的救济途径。

3. 不可放弃

持该观点的学者认为，建设工程价款优先受偿权不得随意放弃。其原因在于：（1）优先权的产生完全是基于法律的直接规定，属于强制性规范，当事人不得任意变更。（2）允许当事人放弃优先受偿权有违立法目的。《合同法》第286条的立法目的是通过设立优先受偿权，一方面有效保护劳动者获得劳动报酬的权利，维护社会稳定；另一方面有效地保证建筑企业的流动资金迅速回笼，节约资金占用成本，形成健康有序的建筑市场运行机制。（3）允许当事人放弃优先受偿权有违诚实信用原则。实践中，发包人利用自己的优势地位迫使承包人签订含有声明预先

①蒋子翘：《建设工程款优先受偿权研究》，《上海政法学院学报》2012年第2期。

放弃优先权的书面文件，其行为的主观恶意性使其违背了法律所要求的诚实信用原则，最终后果是损害了劳工的利益。（4）允许当事人放弃优先受偿权是对意思自治与自由原则的滥用。在这种合同中，双方的地位形式上是平等的，但由于经济地位的差异，事实上构成一方对另一方的强制，合同的内容并不能体现真正的平等。（5）允许当事人放弃优先受偿权有违公平和正义原则。如果允许承包方事先放弃优先受偿权，发包人极有可能在合同签订阶段利用自己的优势地位强迫承包人违心地放弃优先权，这样，发包人的权益则得不到有效保障，从而造成承发包关系中实质正义的落空。[①]

【相关法律法规及司法解释】

《合同法》

第二百八十六条　发包人未按照约定支付价款的，承包人可以催告发包人在合理期限内支付价款。发包人逾期不支付的，除按照建设工程的性质不宜折价、拍卖的以外，承包人可以与发包人协议将该工程折价，也可以申请人民法院将该工程依法拍卖。建设工程的价款就该工程折价或者拍卖的价款优先受偿。

《物权法》

第一百七十九条　为担保债务的履行，债务人或者第三人不转移财产的占有，将该财产抵押给债权人的，债务人不履行到期债务或者发生当事人约定的实现抵押权的情形，债权人有权就该财产优先受偿。前款规定的债务人或者第三人为抵押人，债权人为抵押权人，提供担保的财产为抵押财产。

第一百八十条　债务人或者第三人有权处分的下列财产可以抵押：（一）建筑物和其他土地附着物；（二）建设用地使用权；（三）以招标、拍卖、公开协商等方式取得的荒地等土地承包经营权；（四）生产设备、原材料、半成品、产品；（五）正在建造的建筑物、船舶、航空器；（六）交通运输工具；（七）法律、行政法规未禁止抵押的其他财

①戴曙：《民事执行程序中建设工程款优先受偿权问题》，《法治论丛》2008年第1期。

产。抵押人可以将前款所列财产一并抵押。

第一百八十二条　以建筑物抵押的，该建筑物占用范围内的建设用地使用权一并抵押。以建设用地使用权抵押的，该土地上的建筑物一并抵押。抵押人未依照前款规定一并抵押的，未抵押的财产视为一并抵押。

第一百八十七条　以本法第一百八十条第一款第一项至第三项规定的财产或者第五项规定的正在建造的建筑物抵押的，应当办理抵押登记。抵押权自登记时设立。

【案例】

案情简介

2008年7月15日，某房地产开发有限公司（以下简称房地产公司）以挂牌方式取得一块住宅开发用地。2008年8月26日，经招标方式，该房地产公司将工程发包给某建设集团有限公司，依据双方所签订的工程建设承包协议，由后者承建该住宅开发用地上的全部8栋住宅楼。2009年6月，房地产公司出现资金周转困难。经多方联系，2009年6月15日，房地产公司与所在市的建设银行达成开发贷款协议，房地产公司将其正在进行的住宅开发用地及其地上在建住宅楼一并抵押给该建设银行，而建设银行则提供给房地产公司280万元的开发贷款，二者依法办理了相关抵押登记手续。2010年，受该市房地产市场持续低迷的影响，房地产公司的财务状况不断恶化，并最终于2010年10月12日向所在地人民法院递交了破产申请。在法院受理破产申请案件后，在债权申报环节，共发现15项有效债权。在这15项有效债权中，除建设银行280余万元的开发贷款债权、某建设集团有限公司1900余万元的工程建设款外，还有13项一般债权，共计320余万元。在房地产公司有效资产统计环节，审理法院发现，其主要财产就是该块住宅开发用地以及地上已经封顶的8栋住宅楼。后经初步估价，该住宅开发用地及其地上住宅楼价值约为2100万元。作为主债权人之一的某建设集团有限公司和建设银行均主张就该住宅开发用地及其地上住宅楼的拍卖价款优先受偿。

审理及判决

在该案的审理过程中，审判人员在债权人的优先受偿顺序问题上，存在较大的分歧。第一种观点认为，应优先保护建设集团有限公司的工程价款优先受偿，其原因在于，在建设集团有限公司的债权中有相当一部分是建筑工人的工资，因此，应予优先确保。第二种观点则认为，应优先保护建设银行的抵押贷款优先受偿权，其原因在于该债权不仅合法有效，而且经过抵押登记公示，优先保护该债权有利于维护交易安全，是担保物权的应有之意。最终，审理法院采信了第二种意见，裁定建设银行为第一顺位受偿人，而建设集团有限公司则为第二顺位受偿人。

分析

本案是关于工程价款承包人优先受偿权的典型案例。

在工程价款承包人优先受偿权的适用中，其可能会与多种权利发生冲突，而与一般抵押权的竞合则更为常见。而在两种权利发生竞合应如何处置的问题上，理论界和实务界还存在不同认识。就本案例而言，审理裁定优先保护建设银行抵押债权的做法值得商榷，优先保护作为承包人的建设集团有限公司的工程价款优先受偿权可能更为合理。其原因有以下几个：（1）在本案中，承包人所承建的8栋住宅楼均已封顶，由此可以看出，房地产公司的现存有效资产实际上主要是由承包人所创造的。从这个意义上讲，优先保护承包人的受偿权是符合实际情况的。（2）正如上文所提及的那样，在房地产开发实践中，承包人的债权有相当一部分是建筑工人的工资，对其予以优先保护，不仅体现了"生存利益"的重要性，而且有助于减少社会纠纷，利于社会稳定和谐。（3）从公平角度看，建设工程是一般抵押权得以存在的基础，而建设工程又是由承包人投入财力和劳力而获得，如果没有承包人的劳动，一般抵押显然也就失去了存在的基础，因此，优先保护承包人的建设工程优先受偿权更符合公平原则。

物权优先效力

【法理】

一、物权优先效力解读

1. 物权优先效力的内容界定

物权效力优先是物权法的重大理论问题之一，但是，对于物权效力优先具体应包括哪些内容，理论界仍存在不同认识。概括而言，对物权优先效力内容界定这一问题大体上有两种观点：一种观点认为物权的优先效力仅指物权优先于债权的效力，即在债权标的物上成立物权时，原则上物权有优先于债权的效力；此可谓狭义的物权优先效力说，或曰“一元说”。另一种观点则主张物权的优先效力既包括物权优先于债权的效力，也包括物权相互之间的优先效力，此可谓广义的物权优先效力说，或曰“二元说”。梁慧星先生主持起草的《中国物权法草案建议稿》第8条将物权的优先效力概括为：“一物之上既有物权又有债权时，物权优先。但法律另有规定的除外。”显然，此系采取标准的“一元说”。而王利明先生主持起草的《中国物权法草案建议稿》第7条则规定了3款内容：“在同一标的物之上同时存在物权和债权时，物权优先，但法律另有规定的除外。”“同一物上多项其他物权并存时，应当根据物权设立的时间先后确立优先的效力，但法律另有规定的除外。”“具有物权性质的权利优先于具有债权性质的权利。”由此可知，其基本上采纳了“二元说”。

“一元说”“二元说”皆认为物权优于债权，且一般均认为物权优于债权主要表现在以下几个方面：（1）所有权优先于债权。特定物为债权之标的物，该物上如又有物权存在时，无论其成立在先或在后，均有优先于债权的效力。例如：在所有权人将所有物出借、出租于他人时，如该他人陷于破产境地，则所有权人的所有物不得加入借用人、承租人的破产财产范围，所有权人有“取回权”。（2）用益物权优先于债权。特定物虽为债权给付之内容，该物上如有用益物权存在，无论其成立时间之先后，用益物权均具有优先于债权的效力，债权人不得对物权人请求交付或移转其物，也不得请求除去该物上之物权。反之，如债权的存在妨害物权的实现时，用益物权人得因其权利的行使而除去债权。（3）担保物权优先于债权。如：有物权担保之债权，得优先于一般债权人之债权而实现。

“二元说”则认为物权优先效力不仅包括物权优先于债权的效力，也包括物权相互之间的优先效力。一般认为，物权之间的优先效力主要表现在：（1）不相容物权相互之间的效力，即在同一标的物上不容许存在有数个同一内容的物权，此时先发生者具有优先性。（2）在所有权与他物权之间，他物权得在一定范围内支配其物，则他物权当然具有优先于所有权的效力。（3）就同一标的物，有两个以上性质或内容上可以相容的物权存在。如数个担保物权并存于同一标的物之上或者用益物权与担保物权并存时，成立在先的物权优先于成立在后的物权，此即“时间在先，权利在先”的原则。①

2. 物权优先效力例外

无论是“一元说”的支持者，还是“二元说”的倡导者，均认为物权优先效力存在例外，即物权在特定情形下不具有优先效力，具体而言，表现在以下几个方面：

（1）买卖不破租赁。买卖不破租赁是指“基于租赁权的物权化性质，成立在先的租赁权，租赁物交付后，可优于后成立的物权”。买卖不破租赁被认为是租赁权物权化的典型。它表明租赁权虽然是债权，却具有与物权相同的绝对权效力。买卖不破租赁包含四个要件：第一，当事人之间的租赁合同已成立并且已经生效；第二，租赁物已经交付承租人，即租赁关系已经体现公示效力；第三，租赁物的所有权在租赁期间

---

①余洁：《浅谈物权的优先效力》，《法制与社会》2007年第8期。

发生变动；第四，租赁物所有人将租赁物让给第三人。按照普遍观点，但凡具备上述四个要件，即使受让人于让与时不知道该租赁合同的存在，租赁关系仍然能够对抗它。

（2）预告登记。“预告登记是指预先为保全对于他人土地或建筑物的权利的取得、丧失和变更的请求权所作的登记。”其设立的目的在于通过限制现实进行登记的权利人行使其处分权来保护将来发生的不动产物权变动。通过这项制度，有利于平衡不动产交易中各方主体的利益。我国《物权法》对该制度也进行了规定，即不动产预告登记制度。我国确立不动产预告登记制度的目的在于保障民生。我国房地产事业发展迅速，在国民经济中地位日益提高，其在一定意义上决定了人的生存状况。因此保证房屋买卖关系的安全进行，就成为了立法者需要考虑的头等大事。这也直接促使立法者开始认真考虑该如何运用法律的手段保障房地产交易的安全，与之相伴的不动产预告登记制度便应运而生了，这对于稳定我国房地产交易具有非常重大的意义！[①]

（3）法定优先权。立法上基于特定需要而规定了一些优先权，如关于破产企业职工的工资与劳动保险费用优先权、税收优先权、国有土地出让金优先权、司法费用优先权等，无论该法定优先权性质如何，其不适用物权优先债权的效力准则。

二、物权优先效力质疑

1. 物权是否优先债权?

物权优先于债权的效力，物权效力优先论的支持者对此普遍持肯定态度。一般认为，在同一物上，物权与债权并存，即该物既是物权的客体，又是债权的标的物时，物权无论成立于债权之前或之后，均有优先于债权的效力。[②] 而物权之所以具有优先于债权的效力，其依据普遍认为是由于物权具有对物的直接支配权。如“物权系属对物直接支配的权利，而债权非有债务人之行为的介入，则不能直接支配其物，二者性质

①张曦文：《论我国物权优先效力》，《商业文化》2011年第12期。

②史尚宽：《物权法论》，中国政法大学出版社2000年版，第9~10页。

上有所不同，故物权有优先效力”。

持反对见解的学者则认为，物权并不具备优于债权的效力。其理由包括：

（1）二者客体不同，不存在优先的问题。物权的标的即为权利主体可直接支配的物。物灭失或不存在，则权利人丧失对物的直接支配，或曰物权消灭。债权是权利人享有的请求债务人为特定行为的权利，其权利内核包含请求权和受偿权，权利人不能支配债务人的财产或其人身。债权与物权并无直接联系，债权效力所及对象为权利人的请求行为或受偿行为，而不是物或其他。债权不可能存在于物上，所谓债权存在于物上，是混淆了债权标的（或称客体）与债权标的物的结果。既然物权与债权不能存于同一标的物上，其客体相异，缺乏相同的时空条件，又怎能比较两者孰优孰劣，又何来的物权优先于债权？[①] 简言之，“物权的客体是物，债权的客体是行为，物权与债权不处于同一客体之中，不可能发生权利冲突，因此，不存在物权优先于债权的问题。”[②] 对于发生物权和债权并存的情况，仅以物权的排他效力就可以解决。[③]

（2）二者性质与实现不同，应适用不同的规则，并不存在优先问题。首先，二者性质不同。物权是支配权，物权人享有的是直接支配物的权利；债权是请求权，债权人享有的是请求特定债务人履行债务的权利，而不能直接支配物（这里特指标的物）。其次，二者权利的实现也不一样，物权的实现不需要他人的介入；债权的实现则需要债务人的配合（履行义务）。物权的客体与债权的标的物是两个不同的概念，由于其分属于不同的体系，适用不同的规则，二者之间不可能发生冲突，所以无需也不可能存在所谓的优先效力问题。[④]

（3）“物权优先于债权”在理论上不能成立。一方面，“所有权优先于债权”说存在逻辑错误，以“所有权优先于债权”为由来解释一物二卖中哪个买方能取得所有权，实际上忽视了法律关于物权变动要件的

①司金虎：《质疑物权的优先效力》，《湖北教育学院学报》2007年第1期。

②孟勤国、张里安：《物权法》，湖南大学出版社2006年版，第16页。

③田茂兴、王娓娓：《对物权优先效力的思考》，《安徽商贸职业技术学院学报》2004年第1期。

④曾佳蓉：《物权优先效力之否定》，《十堰职业技术学院学报》2010年第2期。

规定，抹杀了“买卖合同＋交付／登记”这两件合法行为的功劳，结果使简单的问题复杂化了。另一方面，“担保物权优先于债权”说是一种错误简化。担保物权是担保债权实现的一种手段，从属于债权而存在并发挥其功能，其与被担保债权两者性质不同，主从关系有别，并不具有谁应当优先实现方面的可比性。如果将这种表述简化为“担保物权优先于债权”，就会使真理走向谬误，因为它犯了偷换概念的逻辑错误，把两个债权之间何者优先实现的问题偷换为担保物权与债权之间何者优先实现的问题。①

（4）“物权优先于债权”在立法上并无必要，也没有可能。学者进一步指出，对于“物权优先于债权”理论，学者和官方提出的立法建议条文之所以存在那么多漏洞，其他国家和地区的民法典之所以对此不作规定，并非由于学者的表达能力欠缺或者立法者的技术手段有限，而是因为这一理论在逻辑上不能成立，在实践中也没有意义。我国学者在论述该理论时普遍存在的言人大殊的现象，已经在一定程度上反映出了“物权优先于债权”命题的虚假性。② 在《物权法》没有采纳该理论的情况下，法官在审判实践中不宜援引该理论作为判案依据，未来的物权立法也不应当规定该理论。

此外，有的学者对于物权优于债权的三种具体情形进行了逐一批判。首先，就所有权优先于债权而言，在“一物二卖”中，后买方根据买卖合同取得标的物的所有权，其权利客体为该物而不是其他。先买方只对卖方享有债权，其直接支配的对象只能是请求行为或者受偿行为，而不是他物。两方享有权利的客体不同，后买方对标的物享有直接支配并排除他人干涉的权利；而先买方只对卖方享有请求权。由此可见两方权利不相冲突，无须比较孰优孰劣。如果硬要借助于“物权的优先效力”，只能导致法律上的逻辑混乱。其次，就用益物权优先于债权而言，用益物权是权利主体对他人的物进行占有、使用、收益的一类物权。所有权人和他人作为非权利人都负有不得妨碍、干涉用益物权人控制、利用其权利客体的义务。债权作为一种相对权，其权利主体只能向

①戴孟勇：《“物权优先于债权”理论之质疑》，《政治与法律》2010年第7期。
②同上。

相对人请求履行一定的行为，而不能支配相对人和他人的人身或物。当然债权人不得向用益物权人请求去除特定物上的用益物权。债权人仅能在其意思可支配的范围内行使权利，与物权人可支配的范围不相重叠或交叉。它们之间永远没有冲突的可能性。最后，就担保物权优先于债权而言，担保物权以物的交换价值为内容作为债权的担保手段，其从属于债权而存在。可见两者性质相异，主从关系有别，并不具有孰优孰劣方面的可比性。实际上"担保物权优先于债权"是指有担保物权担保的债权优先于无担保物权担保的债权受清偿。其比较的是债权相互之间顺序受偿关系，而非性质相异的担保物权与债权优劣关系。①

2. 物权之间是否存在优先效力?

持"二元说"的学者认为，物权优先效力不仅包括物权优先于债权的效力，也包括物权相互之间的优先效力。一般认为，物权相互间的优先效力，是指依据物权效力的强弱，具有较强效力的物权排斥具有较弱效力的物权的存在，或先于具有较弱效力的物权得到实现。原则上讲，先成立的物权的效力要优先于后成立的物权的效力。

但反对者则认为，物权之间不存在优先效力。其理由在于：

（1）物权排他性决定不存在物权效力优先适用的空间。物权是以直接支配特定标的物为内容，这是物权的本质，这就决定了必然要赋予物权具有排它效力，以此来维护和保障直接支配效力的实现。② 一方面，根据一物一权原则，一物之上不可能存在内容相同的两个物权，即每个物权本身都是唯一的。若发生某一特定物权之争，一定是其中一个物权成立，另一个则不成立；或其中一个是物权，另一个却并不是。一物之上不能有内容相同的两个物权，既然唯一，也就无所谓哪个物权优先的问题。另一方面，一物之上虽可以存在内容不同的物权，但既然内容不同，它们之间就不会产生矛盾和冲突；没有矛盾和冲突，也就不存在谁优先于谁的问题。具体说，所有权、用益物权、质权、典权等，都是权利人独占性地支配标的物的物权，根本不可能发生相同两种物权同时并存于同一物上的现象，谈不上权利优先与否的问题。所有权与用益物权或担

①司金虎：《质疑物权的优先效力》，《湖北教育学院学报》2007年第1期。

②同上。

保物权、用益物权与担保物权、担保物权之间，有的可以并存于同一物上，但它们之间仅存在物权效力的强弱问题，而非何种物权优先行使的问题。所谓的“物权的优先效力”在实践中根本就不存在。承认“物权的优先效力”就是否定“物权的排他性”，承认“物权的排他性”就必须否认“物权的优先效力”。[①] 实际上，物权并存的处置系物权排他效力强弱认定问题。[②] 于数个物权并存时发生的优先行使问题，属于物权排他效力的强弱，并不属于何种物权具有优先效力或何者无优先效力问题。

（2）物权效力优先系针对其他民事权利而言，是物权共同性质，但并非针对其他物权。物权的优先效力应为物权与其他非物权之民事权利相比较而言，而非一种物权与另一种物权相比较。所谓“物权的优先效力”，从文字上理解，应该是物权所特有的优于其他非物权之民事权利的效力。至于物权与物权之间谁优先于谁的效力，是不能使用“物权的优先效力”这个概念的。即便真的存在某种物权优先于其他物权的事实，也只能使用“某种物权的优先效力”这个概念。而同类权利之间的优先效力并非物权所特有，即在物权中存在“某种物权的优先效力”，在债权中也存在“某种债权的优先效力”。因而表现为“某种物权的优先效力”的物权之间的优先效力，也并非物权所特有的效力。简言之，物权的优先效力应当是全部物权所具有的一般效力，其所谓优先与否是针对物权之外的其他权利而言。[③] 不存在有的物权有优先性，而有的物权则无。[④] 如果说物权的优先力仅指或者说还包括物权相互之间的优先效力，那么实际上也就否定了“物权具有优先效力”这一命题。[⑤]

（3）物权之间的优先完全是由时间决定，而不存在物权效力优先之说。物权优先于物权的问题，这完全是时间因素在起作用，如登记在先的抵押权当然优先于登记在后的抵押权。“时间在先，权利在先”。物权设立时间上的先后并非物权所特有的优先效力，而是任何权利上都通

---

①曾佳蓉：《物权优先效力之否定》，《十堰职业技术学院学报》2010年第2期。
②田茂兴、王娓娓：《对物权优先效力的思考》，《安徽商贸职业技术学院学报》2004年第1期。
③尹田：《物权法理论评析与思考》，中国人民大学出版社2004年版，第151~152页。
④傅穹、彭诚信：《物权法专题初论》，吉林大学出版社2001年版，第19~22页。
⑤马俊驹、陈本寒：《物权法》，复旦大学出版社2007年版，第289~290页。

行的一个原则，即“前权优先于后权”或“后权不破前权”，不能因此而断言物权相互之间存在优先性。[①]

【案例】

案情简介

2010年5月，市民陈某因做生意而需筹集启动资金，所以欲出售其所拥有的三居室住房一套。其楼上邻居黄某获知此信息后，遂找到陈某，表示愿意购买该三居室，并问询了拟出售价格。陈某表示需要先从房产中介机构咨询后，方能报价。2010年5月15日，陈某找到该市一家房产中介机构咨询，房产机构给出了85万元的估价，并建议陈某在该房产机构挂牌出售，陈某应允。2010年5月17日，陈某将这一信息告知了黄某，并表示基于多年邻居的关系，陈某愿意在此基础上给黄某额外优惠2万元，即愿意以83万的价格将该三居室出卖给黄某。黄某十分感动，表示愿意以83万元购买该三居室。2010年5月20日，陈某与黄某就该三居室签订了房屋买卖协议，黄某同时将20万元交付于陈某。二人还约定，于2010年7月1日之前办理房屋产权过户手续，且黄某将剩余房款63万元于房屋过户手续办理之前交付于陈某。2010年6月15日，黄某将剩余的63万元房款交付于陈某。二人约定，第二天前往该市房产登记机关办理房产过户手续。2010年6月16日，二人前往该市房产登记机关办理房产过户手续时，黄某才发现，该三居室已经设定抵押，抵押权人为谭某，因此，无法办理房屋过户手续。后从陈某处了解到事情原委，2009年，陈某因做生意而以该三居室为抵押担保向朋友谭某借了60万元，二人达成了借款抵押担保协议，并依法办理了抵押登记手续。了解到这一事实后，黄某要求陈某尽快联系谭某，以协调解决此事。2010年6月20日，陈某、黄某以及谭某三人聚到一起，协商解决此事。谭某主张，陈某归还其60万元借款后，即与其办理房屋抵押解除手续。黄某则主张，陈某要么解除房屋抵押手续并与其办理房屋过户手续，要么返还其购房款83万元。陈某则表示，黄某所支付的购房款都已经投入到生意中，目前既无法归还谭某的

---

①张曦文：《论我国物权优先效力》，《商业文化》2011年第12期。

60万元借款，也无法返还黄某的83万元购房款。黄某非常气愤，一纸诉状将陈某诉至所在区人民法院，请求法院解除陈某与谭某就三居室所设定的抵押担保，并判定陈某在规定日期前与其办理房屋产权过户手续。

审理及判决

审理法院认为，黄某与陈某就所涉三居室达成的房屋买卖协议合法有效，但陈某与谭某二人达成的借款抵押担保协议同样合法有效，且陈某与谭某已经就所涉房屋依法办理了抵押登记手续，黄某无权请求撤销陈某与谭某就所涉三居室设定的房屋抵押担保。因此，审理法院裁定驳回黄某的诉讼请求。

分析

本案例是一起关于物权优先效力的典型案例。我国现行《物权法》虽然未对物权优先效力加以明确承认，但在具体法律制度的构建中，是承认物权的优先效力的，抵押担保制度是一个显著例子。例如，依据现行《物权法》第191条第2款规定，抵押期间，抵押人未经抵押权人同意，不得转让抵押财产。此规定即是物权效力优先的内容之一担保物权优于债权的体现。本案例正是体现了这一点。在本案例中，黄某与陈某就所涉三居室达成的房屋买卖协议合法有效，黄某据此对所涉三居室享有债权。同时，谭某与陈某达成的以该三居室为抵押物的借款抵押担保协议亦合法有效，且二人依法办理了房屋抵押登记手续，谭某据此对所涉三居室是享有担保物权。根据物权优于债权的准则，谭某就所涉三居室所享有的担保物权应该优于黄某就该三居室所享有的债权。因此，审理法院所作出的裁定既符合现行法律规定，也合乎法理精神。

但是，需要说明的是，依据物权优于债权准则，黄某虽无权请求撤销陈某与谭某就所涉三居室设定的房屋抵押担保，但其仍可依据与陈某所达成的房屋买卖协议维护自身合法权益。也就是说，如果陈某无法在约定期间解除房屋抵押并与黄某办理房屋产权过户手续，黄某可以依据二人达成的房屋买卖协议主张其违约，由陈某赔偿其相应损失。具体来说，黄某即可选择适用定金罚则，即要求陈某双倍返还其所交付购房定金，也可以依据协议所约定的违约责任条款，要求陈某赔偿其因此而遭受的实际损失。

动产抵押

【法理】

所谓动产抵押，是指债务人或第三人以动产作为债权的担保，并且不转移对动产的占有，当债务人不履行债务时，债权人有权依法以该动产折价（或以拍卖、变卖该动产的价款）优先受偿。以动产为抵押在实践中的难度主要在于“动产易动”，动产因其具有流动性而容易流失，因此在传统民法中以动产设定抵押以前并不多见，而多限于动产质押，即以转移占有为公示方式。但是随着经济的发展，动产价值大幅度增长，特别是动产登记公示制度的建立，推动了动产抵押实践的长足发展。

一、动产抵押制度存废的争论

1. 肯定说

持该观点的学者认为，动产抵押具有重要价值，因此，应予以保留。动产抵押制度突破了传统民法中抵押权的客体仅限于不动产，动产只能设定质权的格局，虽然有一定的缺陷，但是，不可否认的是其存在的价值同样明显。其主要理由：

（1）确立动产抵押，有助于拓宽资金融通渠道。承认动产抵押，实际上就是使当事人在动产质押之外可以选择动产抵押，从而使其具有选择更多担保类型的权利。允许动产抵押，可以使当事人在公示方法上有更多的选择空间。动产抵押制度为当事人对于选择担保的方式，充分发挥担保的作用提供了机会。[①] 承认动产抵押制度，既可以发挥抵押权担保的优势以有利于抵押权人，又能克服动产质押必须移转占有、不得继续利用标的物给当事人所带来的不便，亦有利于抵押人。确定动产抵

①张晓梅：《物权法动产抵押制度的构建》，《上海交通大学学报》（哲社版）2005年第6期。

押，对于中小企业而言，意义重大。毕竟不是所有的中小企业都有不动产可供抵押，但它们总能具有一定的动产可供抵押。

（2）确立动产抵押，有助于充分发挥动产的效益，实现“物尽其用”。随着社会经济和科技的发展，财产的形态发生了重大变化，不动产虽然重要，但这种资源总是有限的，土地以及其他自然资源又是不可再生的，但动产可以不断地被制造出来，充分发挥动产效益就显得至关重要。[①] 动产抵押通过抵押财产的使用价值和交换价值的分离，实现物尽其用，有利于促进经济的发展。我国经济发展不平衡，在普通百姓中动产抵押仍有很大适用空间。如果废止动产抵押，规定动产只能设立质押，虽可避免动产抵押所引发的利益冲突，但不符合经济发展及百姓生活的需求，也不利于保持法律的连续性。回溯动产抵押制度的发展，不难看出，动产抵押制度的产生和发展与其说是立法者的创造不如说是社会经济发展的驱使。[②]

（3）确立动产抵押，是意思自治精神应有之意。动产抵押首先意味着在公示方法上可以给担保人一种选择，因为如果简单地采用一分法的模式，那么当事人只能就动产选择质押的方式，而没有其他的可供选择的担保方式了。而在承认动产抵押的情况下，如果担保人愿意将其动产采取移转占有的方式设定担保，那么他设定的是质押。如果他不愿意移转占有，而采取登记的方式，那么他设立的就是抵押。由于公示方法的不同选择，实际上使得担保人可以选择不同的担保模式，这就充分体现了意思自治的精神，更能充分发挥物的效益。此外，应当看到，动产抵押可以进行登记，因此它是有其一定的公示方法的，这也是动产让与担保所不具备的。[③]

（4）确立动产抵押，是法律国际化潮流的趋势所向。动产抵押在美国、日本、台湾等地发挥了积极作用。设立动产抵押制度是与时俱进的表现，符合法律国际化潮流。可以说，经济发展的要求催生了动产抵押

①张晓梅：《物权法动产抵押制度的构建》，《上海交通大学学报》（哲社版）2005年第6期。

②张再芝、孟勤国：《一般动产抵押的可行性研究》，《东华理工大学学报》（社科版）2008年第1期。

③王利明：《试论动产抵押》，《法学》2007年第1期。

制度，其灵活性大大有益于经济的发展。

2. 否定说

持该观点的学者认为，物权法中不宜规定一般动产抵押制度，对其应予废除。其主要理由：

（1）动产抵押有悖于物权的公示公信原则。动产抵押制度在公示方法及公示效力上存在难以逾越的障碍。一是导致公示方法上的紊乱。将动产归入抵押物的范畴，则打破了民法关于不动产物权与动产物权的划分，动产抵押权，若从抵押权的角度看，属不动产物权；若从抵押物的角度看，又属动产物权。这就给此类物权的公示带来了很大的困难。由于物权的公示方法是法定的，对于法定公示方法的突破，必然给动产抵押留下了上述无法解决的难题。二是导致公示效力紊乱。动产抵押制度的存在，将使我国的司法实务在抵押权的公示效力问题上，面临矛盾的困境：动产以占有为公示形式，而抵押又以不转移占有为基本特征，由此造成其他利害关系人无法知悉动产抵押物的权利状况（包括动产上是否存在抵押权），进而易因动产抵押而诱发民事纠纷。

（2）动产抵押在立法技术上不可行。一般动产不具有外观上可识别的特殊标志。以一般动产为标的物设定抵押权，不但违反物权法的公示公信原则，而且导致该抵押权不具有对世效力，丧失物权的基本特征而沦为仅有对人效力的债权。因此，有的学者认为，一般动产抵押制度只是理论上的虚幻，不宜在我国物权法中设立一般动产抵押。①

（3）动产抵押的设定将打乱物权法的严谨体系。动产抵押可以追溯到罗马法，但罗马法上的抵押权制度因为没有登记公示制度从而危及交易安全，故被认为是一种极危险的物的担保。近代资本主义大陆法系国家在民事立法中，基本抛弃了罗马法上的动产抵押制度。各国民法典最初设计担保物权时，之所以以不动产为抵押权的标的，动产为质权的标的，是因为作为物权内容的公示方法，二者截然不同，不动产抵押以登记为公示方法，动产质权以占有为公示方法。法律上如此规定，乃是基于动产与不动产自然属性和社会经济的实际需要。如果在物权法中将动

①魏盛礼：《一般动产抵押：一种法律理论的虚幻——兼评〈物权法草案〉关于一般动产抵押的规定》，《南昌大学学报》（人社版）2005年第6期。

产纳入抵押物的范畴，势必打乱了物权法固有的严谨体系。

3. 折中说

持该观点的学者认为，我国应建立动产抵押制度，但应是有限度的引入。具体来说，就是应将动产的范围限定于已不动产化了的动产，此类动产使用价值较高，且以登记为物权公示方式，以其为标的物设定抵押权，可实现引入动产抵押的价值目标。对于普通动产除根据其特点而纳入特殊抵押权如财团抵押等之外，不应作为抵押权的标的。因为普通动产设定抵押后，无论对其抵押权登记效力采用登记要件主义还是登记对抗主义，均将导致物权表征方式的二元结构，引发不可化解的占有与登记的冲突，而且会引起与收益不相称的高成本，偏离引入动产抵押的价值目标。[①] 有的学者则认为，适用于抵押的动产需满足以下两点要求：第一，作为动产抵押权标的物的动产应当是非消耗物，消耗物不应作为动产抵押权的标的物。第二，作为动产抵押权标的物的动产应当是适合以登记作为其公示方式的动产。[②]

二、动产抵押登记

所谓动产抵押登记，是指当事人依法将动产抵押的设定、次序变化及涂销等事项，记载于特定国家机关设置的供公众查阅的簿册上的法律行为。作为动产抵押公示方式的制度，动产抵押登记具有重要作用：一是有利于明确动产抵押的设定顺序，从而减少纠纷的发生；二是有利于保障债权的实现，防止抵押权人所提供担保的债权超出其抵押物的价值；三是有利于维护交易安全，保护第三人利益。[③] 就目前的研究现状，理论界对以下两个问题还存在不同认识。

1. 登记机关的确认

按照登记财产的不同，在实践中，动产抵押登记机关就有九个之多。登记机关众多的弊端明显：首先，极易造成登记效力不统一，影响

---

①叶金强：《动产抵押制度：价值目标之偏离与矫正》，《安徽大学法律评论》2004年第1期。
②张长青：《论动产抵押》，《政法论坛》2006年第4期。
③梁卫华：《〈物权法〉应确立公证机关为我国统一的动产抵押登记机关》，《广东广播电视大学学报》2005年第3期。

法律的权威性；其次，分别进行登记，导致动产抵押成本提高；再次，动产的种类难以穷尽，当事人若以上述动产之外的动产进行抵押，则不知如何登记；第四，登记机关不同，登记簿的设置必然有差别，统一的动产抵押登记系统则无从建立。对此，理论界大多推崇统一登记制，但对由哪个机关具体负责动产抵押登记事宜，则有不同的主张。

（1）公证部门登记说。持该观点的学者认为，应通过立法确立公证部门为动产抵押登记的唯一有权机关，不论是自愿性质的抵押登记，还是强制性的抵押登记，都应该到抵押人所在地的公证部门办理。其理由在于：①由公证部门登记有利于解决我国目前的动产抵押登记制度行政色彩浓厚的弊端。我国当前的登记部门大多为行政机关，由于在抵押登记时须对主合同和抵押合同的效力、抵押物的权属和价值等进行实质审查，这一方面导致政府部门管得过多、不利于履行本职；另一方面登记不实将使政府面临直接的责任风险，甚至导致国家赔偿。②由公证部门登记有利于减少动产抵押登记的时间和成本，促进动产抵押担保业务的广泛开展。行政机关由于行政事务繁多，再加上动产抵押登记宽泛的审查范围和强大的审查力度，必然会增加抵押登记的时间和成本，阻碍动产抵押担保业务的广泛开展。③由公证部门登记有利于克服当前多头登记、登记规定不统一不规范，登记信息分散、隔离，查询、检索困难，同一抵押合同内多次进行抵押权属登记，或出现重复抵押的混乱状况。④由公证部门登记有利于实行电子公证、网络管理。特别是随着信息技术的发展，公证机关可以通过计算机联网，提高登记系统电子化程度，使全国任何登记地的查询者都可查询、检索交易物的信息，实现动产抵押登记所需的登记资料互联、互用、互享，解决登记的空间效力问题，防止重复抵押，保护债权人的合法权益，从而提高登记的公示效力。⑤由于公证机关遍布全国各地，为动产抵押登记的远程接入、终端检索提供了可能，因此对其动产抵押登记系统改造的成本较低。确立公证机关为统一的动产抵押登记机关，有利于解决当前互不统属的各个动产登记机关登记系统重复建设的问题，降低整个登记系统的运作成本和管理成本，减轻当事人负担。[①]

（2）行政机关说。持该观点的学者认为，从我国目前的实际情况来看，由工商行政管理部门来承担动产抵押登记工作更为合适。

其理由在于：①工商行政管理部门是国家对经济活动的综合管理部门，对经济活动中所进行的财产的权利义务设定办理登记是其法定职责。虽然，动产与不动产抵押登记有较大的差别，但根据工商行政管理部门多年的登记的运转，将所有财产的登记设定由工商行政管理部门统一办理动产抵押登记还是具有相当的优势的，也是具备可能性的。②工商行政管理部门的电子政务改革是走在前列的，查询系统十分便捷，而且，工商行政管理部门遍布全国各地，其属于垂直领导的部门，便于计算机终端的连接设置，建立全省乃至全国统一的检索系统最具可能性。③工商行政管理部门从《企业动产抵押物登记管理办法》实行至2007年10月17日出台《动产抵押登记办法》的实施，已有多年的抵押登记的运转经验，由工商行政管理部门统一办理抵押登记无需做太大的变动。[②]④工商行政管理机关本来就对企业的生产经营进行管理，企业欲进行运营必须到工商行政管理机关登记，获取经营执照。故由工商行政管理机关进行动产抵押登记有利于降低登记系统的改造成本。

2. 模式

（1）登记成立主义说。持该观点的学者认为，动产抵押应采用登记成立主义。所谓登记成立主义，又称为实质登记主义，是指物权之获得或丧失变更，除依当事人的合意外，还须到登记机关登记，方可在当事人之间发生法律效力及对抗第三人。[③]其理由：

①登记成立主义有利于解决动产抵押上的权利冲突。登记成立主义以登记为公示要件，规定动产抵押合同自当事人签订之日起生效，而动产抵押权于当事人登记之日方能成立，从而弥补了动产抵押欠缺公示表征的不足。并且在登记成立主义公示方式下，能够明晰物权的产生和归

①梁卫华：《〈物权法〉应确立公证机关为我国统一的动产抵押登记机关》，《广东广播电视大学学报》2005年第3期。

②胡敬霖：《对我国动产抵押制度完善的若干建议》，《法制与社会》2009年第30期。

③王敏：《动产抵押制度若干问题探讨》，《河南省政法管理干部学院学报》2000年第4期。

属，更有利于解决存在于同一动产上的权利冲突。[1]

②登记成立主义有利于维护交易安全。我国目前处于市场经济的初创时期，市场主体的商业道德水准不高，整顿经济秩序是当前经济领域的首要任务，故民事立法必须反映现实要求，以交易安全为最高价值取向。就交易安全性而言，登记对抗主义在微观上是安全的，而在宏观上是不安全的，所以是一种“相对安全”；而登记成立主义无论是在宏观上或微观上都是安全的，可谓“绝对安全”。因此，为了避免在动产抵押中有妨害交易公正与安全的情形发生，维护市场经济的有序发展，登记成立主义是动产抵押制度最佳的立法选择。[2]

③登记成立主义有利于保证法律体系的严密完整。登记要件主义以登记为公示要件，规定动产抵押合同自当事人签订之日起生效，而动产抵押权于当事人登记之日方能生效，弥补了动产抵押欠缺公示的不足，这样就保持了动产与不动产登记的一致性，保证了物权法体系的严密完整。[3]

④动产抵押采登记成立主义也是可行而且更加合理的。首先，抵押权人是“经济人”，不会将自己的权利当儿戏，也不会接受根本不能登记的财产充当抵押物，故真正以不能登记的动产作为抵押物的情况微乎其微，这就为在动产抵押制度中采用登记成立主义奠定了基础。其次，采用登记成立主义并不会实际上缩小可以用于抵押的动产的范围，不会影响动产抵押制度的融资功能的发挥。再次，由于计算机和网络技术的发展普及，动产的低成本公示登记制度已经成为可能。[4]

（2）登记对抗主义说。持该观点的学者认为，动产抵押应采用登记对抗主义。所谓登记对抗主义，又称形式登记主义，是指动产抵押经合意形式书面协议即告成立，但非经登记，不得对抗善意第三人。[5]《中华人民共和国物权法》第180条、第181条、第188条、第189条构建起了

①李宏弢：《动产抵押公示方式的立法选择》，《学术交流》2004年第11期。
②王磊：《论我国动产抵押制度的现存缺陷及其完善》，《政治与法律》2001年第5期。
③胡敬霖：《对我国动产抵押制度完善的若干建议》，《法制与社会》2009年第30期。
④陈云：《浅议动产抵押权登记对抗主义的不合理性》，《宜春学院学报》2008年第3期。
⑤王敏：《动产抵押制度若干问题探讨》，《河南省政法管理干部学院学报》2000年第4期。

动产抵押制度，动产抵押权的变动适用不动产物权变动的传统公示方式——登记，采登记对抗主义。其理由在于：

①登记对抗主义便捷交易。因抵押合同只需当事人达成书面合意即生效力，登记对抗主义使动产抵押法律关系趋于明确和防止欺诈，利于加速动产抵押交易的进行，这样，可维持交易上的便捷，方便资金融通，而登记成立主义，不利于动产交易的迅速与便捷，还会增加当事人和登记机关的负担。[①]

②登记对抗主义更能充分体现私法自治的精神。民法规范多属于任意性规范，只要不危害国家利益和社会公德，不违反道德风俗，应当允许当事人拥有最大限度的选择余地，是否办理抵押物登记，何时办理抵押物登记，全由他们自己去决定、去协商，法律没有必要去限制只需从登记之日起生效等等。当事人是其自身利益最好的判断者，法律应充分给予当事人选择的自由。[②] 法律的目的不是限制和废除自由，而是保护和扩大自由，指导一个理性人最大限度地追求其正当利益。由此来看，应采用登记对抗主义立法模式。

③登记对抗主义不会妨碍交易安全目的的实现。从保护第三人的利益和维护交易安全的角度看，登记对抗主义也不会妨碍该目的的实现。登记对抗主义，即非登记不得对抗善意第三人，抵押权未登记若未出现第三人则抵押契约有效；若出现第三人，则抵押权不具有对抗力。[③] 此外，第三人在与抵押人从事交易时，为避免其自身利益受损，可通过查阅登记簿以了解标的物的实际权属状态，从而维护交易安全。[④]

④采用登记对抗主义符合国际立法趋势。登记对抗主义已为世界许多国家立法所采用，符合当今动产抵押的立法趋势。

---

①刘生国：《动产抵押公示方式选择的思考》，《武汉大学学报》（社科版）2002年第2期。
②阎丽军：《论我国动产抵押制度》，《兰州学刊》2008年第11期。
③熊进光：《论我国动产抵押登记制度的缺陷及其完善》，《河北法学》2004年第5期。
④同①。

【相关法律法规及司法解释】

《物权法》

第一百七十九条　为担保债务的履行，债务人或者第三人不转移财产的占有，将该财产抵押给债权人的，债务人不履行到期债务或者发生当事人约定的实现抵押权的情形，债权人有权就该财产优先受偿。前款规定的债务人或者第三人为抵押人，债权人为抵押权人，提供担保的财产为抵押财产。

第一百八十条　债务人或者第三人有权处分的下列财产可以抵押：（一）建筑物和其他土地附着物；（二）建设用地使用权；（三）以招标、拍卖、公开协商等方式取得的荒地等土地承包经营权；（四）生产设备、原材料、半成品、产品；（五）正在建造的建筑物、船舶、航空器；（六）交通运输工具；（七）法律、行政法规未禁止抵押的其他财产。抵押人可以将前款所列财产一并抵押。

第一百八十一条　经当事人书面协议，企业、个体工商户、农业生产经营者可以将现有的以及将有的生产设备、原材料、半成品、产品抵押，债务人不履行到期债务或者发生当事人约定的实现抵押权的情形，债权人有权就实现抵押权时的动产优先受偿。

【案例】

案情简介

2008年5月26日，丰源服饰公司与所在县的工商银行签订了一份抵押担保借款合同，丰源服饰公司以平缝车、电子套结机等生产设备作为抵押物向工商银行借款62万元。协议签订不久，双方依约办理了抵押登记手续。2009年6月2日，工商银行贷款到期，但丰源服饰公司并未依照约定履行还款义务，工商银行遂将其诉至所在地人民法院，请求行使设定于丰源服饰公司生产设备上的抵押权，以实现其贷款债权。该县人民法院依法受理了该案，在审理过程中，第三人宏发公司申请参加诉讼，并要求确认工商银行与丰源服饰公司所签订的抵押协议无效。经法院审理查明：2007年8月22日，宏发公司与丰源服饰公司签订了一份设备购销协议，双方约定，宏发公司将平缝车、电子套结机等设备出售给丰源服饰公司，总价款95万元，丰源服饰公司应在2009年12月31日前结清货款，货款未付清之前，货物产权仍归宏发公司所有。协议签订后，宏发公司按约交付了该批设备，而丰源服饰公司先后累计给付货款65万元，尚欠货款30万元未能给付。

审理及判决

本案的核心争议点在于，抵押人以没有所有权的财产作为抵押物，其抵押行为是否有效？在审理过程中，审判人员存在两种观点：第一种观点认为，抵押人以没有所有权的财产作为抵押物，其抵押行为无效，动产抵押权不适用善意取得。第二种观点认为，债务人用来抵押的财产，事实上是由债务人合法占有和使用的，抵押权人与债务人订立抵押合同时，没有理由不相信用来抵押的财产属债务人所有，抵押权人主观上善意无过错，而且该抵押物依法办理了抵押登记，抵押权人的抵押权属善意取得，应认定该抵押合同有效。法院最终采信了第一种观点，并据此判定工商银行与丰源服饰公司所签订的抵押协议无效。

分析

本案是一起关于动产抵押的典型案例。

由于动产的公示方式不同于不动产，除非法律有特别规定，其以占有为公示原则，由此导致的问题就是抵押人可能以其占有而非所有的动产设定抵押，在此情况下，动产抵押是否有效？对于该问题，现行法律并没有明确规定，理论界和实务界亦存在不同认识，有肯定说和否定说之分。

就本案例而言，适用肯定说更为合理，即动产抵押适用善意取得。原因在于：一方面，在本案中，作为抵押权人的工商银行主观上属于善意，其并不知道所抵押的生产设备并非归抵押人丰源服饰有限公司所有，因此应属于善意相对人。另一方面，作为抵押权人的工商银行已经尽了善良注意义务。在本案中，所争议的生产设备属于动产，而动产是以占有为公示方法的。由于占有具有享有动产物权的公信力，占有人在占有物上行使的权利被法律推定为占有人合法享有。第三人只要善意地信赖占有人对该动产享有的处分权并加以受让，就确定地取得动产的权利。对以他人财产设定抵押来说，抵押人虽然对抵押物无处分权，但抵押人对抵押物的占有却足以产生抵押人对抵押物有处分权的公信力，故抵押人对其占有的动产行使的设定抵押的处分权，法律推定抵押人享有，第三人只要是善意的，就应当取得抵押权。丰源服饰公司自2007年以来一直长期占有并使用该生产设备，且一般来说生产设备应属于服饰公司的核心资产，因此，工商银行有理由认为设定抵押的生产设备应属于丰源公司，其已经尽了一般人的善良注意义务，并无过失。

此外，从促进交易安全与便捷的角度来看，也应认定工商银行与丰源服饰公司的抵押协议有效。交易的安全、便捷是市场经济发展的必然要求。稳定市场经济秩序、促进交易安全与便捷是现代民商法的重要价值取向。在现代市场经济条件下，如果法律要求第三人每签订一个合同都要查实抵押人是否对抵押物享有处分权，那么不仅会增加交易成本，还会妨害市场经济的发展；如果为保护所有人的静态利益而固守抵押人以他人财产设定的抵押无效的原则，将必然使大量已经建立起来的交易关系归于无效或被撤销，最终将使安全、便捷的价值难以实现。在本案中，如果认定工商银行与丰源服饰公司之间的抵押协议无效，明显是有违交易安全与便捷的原则。

预告登记

【法理】

一、预告登记含义

预告登记，又称为预登记、暂先登记或假登记，与本登记相对，是指为保全一项目的在于移转、变更或废止不动产物权的请求权，或不动产权利内容或顺位变动的请求权，或附条件或期限的请求权而进行的登记。预告登记后，未经预告登记的权利人同意，处分该不动产的，不发生物权效力。

预告登记具有以下特征：（1）对抗性。预告登记使被登记的请求权具有物权效力。纳入预告登记的请求权，对后来发生的与该项请求权内容相同的不动产物权处分行为产生对抗的效力，以至于将来只能发生请求权所期待的后果。（2）从属性。预告登记作为请求权的保全手段，从属于不动产物权变动的请求权，并以请求权的有效存在为前提。（3）临时性。虽然预告登记可以使不动产物权变动的请求权得到有效保全，但它本身并不能替代正式的物权变动登记。因此在合同约定的条件成就、期限到来或者其他物权变动的条件具备时，当事人应当办理正式的物权变动登记。如果请求权人届时不积极行使权利致使第三人利益受损，利害关系人可以主张涂销预告登记，使之失去效力。（4）担保性。预告登记用于担保引起不动产物权变动的债权请求权，是对与不动产有固定联系的应当保护的债权请求权赋予物权效力的一种担保方式。①

预告登记的制度价值主要有两点：（1）保护交易安全。预告登记保护交易安全的价值，主要通过以下几个方面予以充分体现。第一，预

①张曼莉：《不动产预告登记制度研究》，《社会科学辑刊》2009年第1期。

告登记请求权的广泛性。可以预告登记的债权请求权基本涵盖了不动产物权取得、变动、消灭、限制。第二，预告登记后再处分不动产的效力。通过对再处分行为效力的限制，达到了排斥其他未进行预告登记的请求权的目的，保护了预告登记名义人的交易安全。第三，预告登记推进为本登记的程序。预告登记并不是目的，确定发生预告登记请求权内容才是目的。而这种目的的实现则通过预告登记推进为本登记的程序实现的。第四，在预告登记名义人交易安全受到保护的同时，法律通过规定预告登记的涂销制度，确保了其他未进行预告登记的请求权人的利益具有实现的可能性。这从另外一个角度体现出预告登记保护交易安全的价值。（2）促进交易效率。预告登记对交易效率的促进是和保护交易安全并列的，而不是只在优先实现交易安全的基础上，才次要地兼顾交易效率。交易效率的促进，主要通过确保合同效力得以最大限度被认可、财产得以最大限度被有效利用以及交易机会被最大限度发现并掌握来实现。预告登记对交易效率的促进主要通过对预告登记后的不动产再处分效力的认定、预告登记的涂销和消灭来实现。[①]

二、预告登记的性质

1. 物权说

持该观点的学者认为，具有了物权效力的预告登记就应该是物权，认为预告登记与物权具有同等地位，有关不动产物权的一般规则均可以适用于预告登记。[②] 比如，在设定时，均需当事人的合意、登记同意和登记；又如，转让一个不存在的预告登记会导致善意取得；等等。

2. 准物权说

持该观点的学者认为，预告登记制度既具有物权性质又具有债权性质，是法律特别规定的使债权物权化以达到保护债权请求权目的的一项制度，是连接物权与债权的“过渡性桥梁”，具有准物权的性质。[③]

---

①吴彬：《预告登记制度的立法价值和制度完善——评〈物权法〉第20条》，《法治论丛》2007年第3期。

②常鹏翱：《比较法视野中的预告登记》，《金陵法律评论》2005年第1期。

③杨景乔：《我国不动产预告登记制度法律思考》，《现代商贸工业》2011年第17期。

买方拥有了请求未来一定时期发生物权的权利，通过履行预告登记的手续，其他人不再拥有该项权利，从而由“对人权”转化为“对世权”，所以预告登记具有准物权的性质。

其主要理由包括：（1）从登记的效力来考虑。预告登记使登记权利人和申请人之间的买卖关系向世人公示，继而具有了普遍公信力。申请人于预售房屋之上的请求权便具有了对抗第三人的效力，任何人特别是房地产开发商不得再对该房屋实施与登记请求权性质一致的处分行为。预告登记已经超出了债权的范围，其作为债权实现的保护神，具有物权的特征。但是预告登记与传统民法上的物权也存在很大的差异，所以把预告登记界定为准物权。（2）从最终目的来分析。预告登记的终极目的是为了保证物权的成立。因此，预告登记是物权成立的有力保证，但是其与物权成立即本登记不可混为一谈，所以把预告登记界定为准物权比较妥当。①

3. 债权物权化说

持该观点的学者认为，从预告登记的性质上讲，其是债权物权化的一种具体表现。所谓债权物权化，是指债权具备了物权的某些效力。从各国法律的规定来看，预告登记的对象基本上限于不动产物权变动的请求权。这种请求权是基于当事人之间的法律行为而产生的，权利人虽有权请求义务人将不动产物权转移给权利人，但并不能完全阻止义务人对不动产物权再行处分。因此，这种请求权应属于债权的性质。但是，如果不对义务人的这种行为予以限制，则权利人的权利就很难得到保障。因此，权利人籍预告登记制度来预防这种危险，使得违反预告登记的债权请求权的处分无效。这种无效使预告登记的请求权具备了对抗第三人的效力，从而使得这种债权请求权具备了物权的排他效力。②可见，预告登记使得债权请求权具备了物权的性质，形成了债权物权化的现象。

国内很多知名学者赞同这一学说。梁慧星教授认为，预告登记的本质特征是使被登记的请求权具有物权的效力，其实质是限制现时登记的权利人处分其权利。孙宪忠教授认为，预告登记是将物权法的规则施

①尹玮玮：《论预告登记制度》，《山东行政学院·山东省经济管理干部学院学报》2008年第1期。
②余能斌：《现代物权法专论》，法律出版社2002年版，第404页。

加于债权法，给予属于债权法的请求权以排他的物权效力，其本质属于物权法向债权法的扩张。房绍坤教授等人认为，预告登记使登记的不动产物权变动的请求权具备了对抗第三人的效力，即具备了一定的物权效力，因此，从预告登记的性质上说，它是债权物权化的一种具体表现。

4. 债权说

持该观点的学者认为，预告登记是一具有担保债权按期望实现的公示手段，而预告登记所承载的“请求权”，经预告登记之后成为一种具有物权排他性的债权，应该明确其本质仍为债权。[①] 因为所谓物权者，作为一种绝对权，对世权，能与债权相区别，不仅在于具有排他性，物权最根本的效力在于权利人对权利客体的直接的支配，并可针对“不特定”的第三人，要求其履行“不作为”的义务。而预告登记所登记之请求权仅仅因为制度安排而具有了“排他性”，却不可能具有物权的其他本质属性。而且，该“请求权”权利的实现，仍然有赖于请求“特定第三人”（债务人/登记名义人）为本登记而实现，因此，本质上讲，该请求权仍为一种“债权”。

有的学者进一步认为，经预告登记后的物权变动请求权具有几个最基本的特征。（1）该请求权的性质为请求权而非支配权，内容为权利人在条件具备时请求现时所有人为本登记以变更物权。（2）该请求权的效力具有对抗第三人的特殊性，所有权人与第三人所为的妨碍该请求权实现的行为具有效力瑕疵。（3）该请求权具有临时性，存在于物权变动条件具备前后的一段时间，且请求权人未来是否可以实际取得物权并不确定。因而经预告登记后的物权变动请求权仍然是债权人与债务人之间的一种相对法律关系，本质仍然是债权，是法律出于保护交易安全的考虑，赋予对抗第三人效力的特殊债权。[②]

5. 特殊担保方式说

持该观点的学者认为，预告登记不是一种独立的权利，其仅仅是能赋予债权请求权得以对抗嗣后欲发生物权变动的第三人之特别效力的手

---

①杨雪飞、申敏：《创设预告登记制度之必要性——从我国实定法上说起》，《兰州交通大学学报》2006年第2期。

②杨立新、宋志红：《预告登记的性质、效力和范围探索》，《法学杂志》2006年第4期。

段，充其量不过是一种登记法上的程序性制度。在现行法上为其定性实属困难，可认为系于土地登记簿上公示，以保全对不动产物权之请求权为目的，具有若干物权效力的制度债权担保手段。[①] 总之，预告登记不是物权登记，而是以保全不动产物权变动为目的的具有物权效力的法律手段，其不是独立的权利，仅仅是一种赋予债权请求权得以对抗以后欲发生物权变动的第三人的一种特别手段。

三、预告登记效力的范围

预告登记的效力问题是预告登记制度的核心所在，决定着预告登记制度的价值能否实现。理论中，预告登记的法律效力有“三效力说”和“四效力说”之分。

1. 三效力说

持该观点的学者认为，预告登记的作用在于限制现实登记人行使处分权，保障预告登记权利人的权益，赋予其预告登记的请求权以物权效力，因此，预告登记具有以下效力：（1）请求保全效力。在一项不动产物权变动的债权行为成立之后或物权变动发生之前，虽然不动产的现时权利人已经承担了未来发生物权变动的义务，但因为合同相对人享有的债权没有对抗第三人的效力，所以相对人的获得物权变动的目的不一定会实现，而这种请求权依预告登记的方式进行登记之后，后来的违背预告登记的不动产物权变动是无效的，因此，相对人及纳入预告登记的请求权的目的就会得到保全。（2）顺位保证效力。预告登记在保全请求权这种实体权利的同时，同时因为登记，还保全了请求权人取得权利的有利顺位，使得其请求权具有排斥后序登记权利的效力。其实，预告登记的本质就是借助顺位制度来实现所保全的请求权的优先地位。（3）破产保护的效力。预告登记可以在不动产物权人陷入破产时对抗其他的债权人而保全请求权的实现。即在相对人破产，但请求权的履行期限尚未届满或者履行条件尚未成就时，权利人可以将作为请求权标的的不动产不

①杨景乔：《我国不动产预告登记制度法律思考》，《现代商贸工业》2011年第17期。

列入破产财产，使请求权发生指定的效果。[①]

2. 四效力说

持该观点的学者认为，预告登记的效力应该包括四个方面，除请求权保全效力、顺位保证效力以及破产保护效力外，还应包括预警效力。预告登记之预警效力与其保全权利之效力以及保全顺位之效力一脉相承，正是因为预告登记具有权利保全和顺位保全之效力，因此预告登记在本登记前对于第三人有预告的意义。第三人不得无视预告登记的存在，相反，其应通过预告登记认识到预告登记权利人日后为本登记的可能性，从而不为妨害预告登记所保全的权利（或权利顺位）之行为，而且，第三人也不能以不知预告登记为由为善意之抗辩。[②]

四、预告登记后处分行为的效力认定

预告登记之后，不动产物权人对不动产所作的处分行为，妨害了已预告登记的请求权的应为无效，这在国内外立法以及学理上均无争议。但对于该无效是绝对无效还是相对无效则有不同看法，各国也存在不同的立法规定。

1. 绝对无效说

持该观点的学者认为，预告登记之后，不动产物权人对不动产所作的处分行为，妨害了已预告登记的请求权的应属绝对无效。这一主张与现行《物权法》的规定相一致。《物权法》第20条第1款规定："预告登记后，未经预告登记的权利人同意，处分该不动产的，不发生物权效力。"该法条很明显采取了绝对无效的态度，即预告登记后的一切处分行为，均不发生物权效力。采取绝对无效的做法，对定纷止争具有一定的积极作用。

2. 相对无效

持该观点的学者认为，对于预告登记后的处分行为采取相对无效原则更为妥当，即预告登记消灭之前，不动产权利人可以为处分并进行登

①吴访非、宇光：《透析〈物权法〉不动产预告登记制度》，《沈阳干部学刊》2008年第1期。
②孙鹏：《不动产预告登记》，《法治论丛》2003年第5期。

记，但所为之处分在与预告登记的内容有妨碍的限度内无效。[①]

其原因有三：第一，从请求权的性质来看，尽管预告登记赋予请求权以一定的物权效力，但不动产的所有权毕竟没有移转，如果由此禁止不动产权利人的一切处分行为，对不动产的权利人显然不公平。第二，在预告登记无效或者被撤销的情况下，如果一味坚持绝对无效的原则，在预告登记消灭之前不动产的权利人不能进行任何的处分，登记机关拒绝其相应的登记，徒然浪费时间和机会成本，此时采用相对无效的原则就是一个符合经济性的选择了。第三，采相对无效的原则并不会有损预告登记防止"一房二卖"的目的。相对无效使得不动产义务人可以将房地产再行让与第三人，或为第三人设定其他物权，登记机关应予受理，不得拒绝。此时第三人可以对抗任何人，但不得对抗经过预告登记的请求权人，请求权人可以向房地产原权利人要求移转所有权的登记，同时向第三人请求撤销其所有权移转登记或他物权的设定登记。[②]

五、预告登记的适用范围

《物权法》中对预告登记的适用范围的规定采用列举与概括的方式，规定买卖房屋和其他不动产物权的协议，可以按约定进行预告登记。多数学者认为，现行规定将预告登记的适用范围局限在买卖不动产这一领域，既不利于保护权利人的利益，也无法充分发挥预告登记的功能。但是，对于预告登记的适用范围应包括哪些，学界还存在不同认识。

有的学者认为，预告登记的适用范围应包括以下几方面：（1）尚未完成的不动产物权的预告登记。具体来说，包括商品房预购及将预购商品房转让的预告登记、以预购商品房或在建工程设定抵押时的预告登记及房屋联建中的预告登记。（2）附条件或附期限不动产物权的预告登记。（3）特殊不动产物权的预告登记，如建筑工程承包人的优先受偿权、优先购买权等。（4）特殊动产物权的预告登记。[③]

①阳高峰：《论我国预告登记制度的完善》，《清江论坛》2009年第4期。

②贾慧姝：《论我国预告登记制度立法之完善》，《中国房地产》2008年第10期。

③刘慧兰：《〈物权法（草案）〉中"预告登记"制度若干问题评析》，《研究生法学》2006年第2期。

有的学者则认为，预告登记应适用于下列情形：（1）不动产物权的设定、移转、变更或消灭的请求权；（2）附条件或者附期限的不动产物权请求权；（3）有关的特殊不动产物权，如建筑工程承包人的优先受偿权、优先购买权等。考虑到我国社会主义公有制的性质及土地所有权归国家与集体所有的现状，对国有土地使用权与农村土地承包经营权的设定、移转、变更或消灭，也可以适用预告登记。①

另有学者认为，我国预告登记制度可从几个方面扩大其适用范围：（1）不动产物权包括不动产所有权和不动产他物权，其设立、转移、变更、消灭不动产物权都属于预告登记制度的范围。（2）预告登记制度应该保护有顺位的不动产物权变更的请求权。实践中经常存在这种情况：同一不动产上设立了多个不同顺位的抵押权，处于前顺位的抵押权人同意将其优先受偿权让与后顺位的抵押权人，这时后顺位的抵押权人享有请求前顺位的抵押权人让与此优先受偿权的请求权，但该请求权是债权性质的请求权，如果前顺位的抵押权人反悔，后顺位的抵押权人的这种权利得不到有力的救济。而预告登记可以完美地解决这个问题，使后顺位的抵押权人轻松摆脱尴尬局面。（3）预告登记制度的适用范围还应包括设定、移转、变更或消灭国有土地使用权、农村土地承包经营权。2008年10月20日发布的《中央推进农村改革发展若干重大问题的决定》中指出：允许农民以转包、出租、互换、转让、股份合作等形式流转土地承包经营权，发展多种形式的适度规模经营。表明农村土地承包经营权流转的方式增多了，这是因为农村土地承包经营权也是一种物权，其变动以登记为要件。这样做的目的就是为了确保取得人的请求权不受侵害，因此必须引入预告登记制度。②

六、预告登记的申请

预告登记能否由单方申请，现行法律对此并未作出明确规定，而且在理论界亦存在不同认识。

---

①房绍坤、吕杰：《创设预告登记制度的几个问题》，《法学家》2003年第4期。

②张珍珍：《我国预告登记制度的不足与完善》，《重庆科技学院学报》（社科版）2011年第5期。

1. 否定说

这种观点认为，预告登记只能在双方有约定的情况下申请，也就是说，必须双方共同申请，不允许单方申请预告登记。因为《物权法》第20条第1款明确规定“当事人签订买卖房屋或者其他不动产物权的协议，为保障将来实现物权，按照约定可以向登记机构申请预告登记”。

2. 肯定说

这种观点认为，预告登记需要有双方约定，这是《物权法》第20条第1款所明确规定的。但是《物权法》并没有规定预告登记必须要双方共同申请，而只是规定“按照约定”向登记机构申请预告登记。双方约定并不等于必须要双方共同申请，如果在双方已经有约定的情况下，一方拒绝共同申请预告登记时，不允许他方单独申请，必将损害债权人的合法权益。例如，开发商在预售商品房时与购房人约定了申请预告登记，但事后又违背约定拒不与购房人共同申请预告登记，如果购房人不能单方申请，必将不利于保护购房人的合法权益。此外，我国在《物权法》颁布之前的一些地方性法规也明确允许在一方未提出登记申请的情况下，另一方可以单方申请。例如，《上海市房地产登记条例》第49条规定：“房屋尚未建成时，有下列情形之一的，当事人可以申请预告登记：（1）预购商品房及其转让；（2）以预购商品房设定抵押及其抵押权的转让；（3）以房屋建设工程设定抵押及其抵押权的转让；（4）法律、法规规定的其他情形。应当由当事人双方共同申请的登记，一方当事人未提出登记申请的，另一方当事人可以单方申请预告登记。”再如，《广州市城镇房地产登记办法》第42条第3款规定：“预售人未在规定或者双方约定的期限内与预购人申请预告登记或者未依预购人委托代为申请预告登记的，预购人提交第一款规定的材料，可以单方申请预告登记。”从实践效果来看，这些规定很好地维护了购房人的合法权益。

3. 折中说

“折中说”认为，当事人中的任何一方均有权依法提起预告登记申请，但在适用范围上亦应有所限制，即只能是预购商品房的情形下，一方当事人方可独自提起预告登记申请。至于以预购商品房设定抵押和房屋所有权转让、抵押的情形下，即便当事人有预告登记的约定，也不能单方申请预告登记。这主要是考虑到以下因素：（1）我国现行法律对预购商品房是有严格规范的，这为预购商品房单方申请预告登记奠定了坚实的法律基础。依据《城市房地产管理法》第45条的规定，只有符合法律规定条件的商品房才能进行预售，而且商品房预售人应当按照国家有关规定将预售合同报县级以上人民政府房产管理部门和土地管理部门登记备案。《城市商品房预售管理办法》第10条还规定："商品房预售，开发企业应当与承购人签订商品房预售合同。开发企业应当自签约之日起30日内，向房地产管理部门和市（县）人民政府土地管理部门办理商品房预售合同登记备案手续。房地产管理部门应当积极应用网络信息技术，逐步推行商品房预售合同网上登记备案。"因此，在预购商品房的过程中，如果双方存在办理预告登记的约定，此时如果预售人不按照约定与预购人共同申请进行预告登记，而仅由预购人单方申请预告登记，登记机构完全能够对该申请进行有效的审查，并办理预告登记。（2）预购商品房的购房人是最需要得到特殊保护的群体，因为在预售商品房的情形下，开发商和购房人存在信息上的不对称，购房人处于弱势地位，实践中开发商一房多售、损害购房人的现象比较常见。但是在其他预告登记的情形下，由于双方地位比较平等，故而没有必要特别规定单方申请预告登记。如果此时，一方违反约定不与债权人共同申请预告登记，债权人完全可以诉诸法院，请求法院作出判决，然后持有法院的判决进行预告登记。[①] 有鉴于此，为使预告登记充分发挥保护业主权利的作用，《房屋登记办法》规定了预购人可以单方申请预购商品房预告登记的特殊情况。

【相关法律法规及司法解释】

《物权法》

第二十条　当事人签订买卖房屋或者其他不动产物权的协议，为保障将来实现物权，按照约定可以向登记机构申请预告登记。预告登记

①程啸：《〈房屋登记办法〉中的预告登记问题——〈房屋登记办法〉研讨之三》，《中国房地产》2008年第6期。

后，未经预告登记的权利人同意，处分该不动产的，不发生物权效力。预告登记后，债权消灭或者自能够进行不动产登记之日起三个月内未申请登记的，预告登记失效。

《土地登记办法》

第六十二条　当事人签订土地权利转让的协议后，可以按照约定持转让协议申请预告登记。对符合预告登记条件的，国土资源行政主管部门应当将相关事项记载于土地登记簿，并向申请人颁发预告登记证明。预告登记后，债权消灭或者自能够进行土地登记之日起三个月内当事人未申请土地登记的，预告登记失效。预告登记期间，未经预告登记权利人同意，不得办理土地权利的变更登记或者土地抵押权、地役权登记。

《房屋登记办法》

第六十七条　有下列情形之一的，当事人可以申请预告登记：（一）预购商品房；（二）以预购商品房设定抵押；（三）房屋所有权转让、抵押；（四）法律、法规规定的其他情形。

第六十八条　预告登记后，未经预告登记的权利人书面同意，处分该房屋申请登记的，房屋登记机构应当不予办理。预告登记后，债权消灭或者自能够进行相应的房屋登记之日起三个月内，当事人申请房屋登记的，房屋登记机构应当按照预告登记事项办理相应的登记。

第六十九条　预售人和预购人订立商品房买卖合同后，预售人未按照约定与预购人申请预告登记，预购人可以单方申请预告登记。

【案例】

案情简介

2008年6月1日，某房地产开发公司所开发的“圣雅居”楼盘开始进行商品房预售，当日，市民李某在该楼盘选中一套三居室，遂与该房地产开发公司签订了商品房买卖合同。2008年11月20日，该房地产开发公司与李某依法办理了商品房买卖预告登记手续。“圣雅居”楼盘开盘后，销售价格一路看涨，尤其是李某所选中的2号楼，由于位置优越、户型合理，在短短的半年时间里，已由开盘时的5000元/每平方米涨到了8000元/每平方米。该房地产开发公司为了追求更高的利润，于2009年1月5日，将李某所购买的三居室再次出售给了市民孙某，并与之签订了商品房买卖合同。李某获知这一消息后，于是找到该房地产开公司理论，要求其依法履行与自己所签订商品房买卖合同，并依法为其办理相应产权手续。该房地产开发公司表示，在未办理产权手续前，该套住房仍属自己所有，因此，其有权将之卖与他人。李某不能接受，2009年1月15日，将该房地产开发公司诉至所在地人民法院，请求法院判定该房地产开发公司继续履行与自己所签订的房地产买卖合同，并及时为其办理房屋产权手续。而该房地产开发公司则表示，该三居室属于自己所有，且已将该房屋卖与他人，因此，只愿承担商品房买卖合同所约定的违约责任。在审理中，第三人孙某参与到诉讼过程中，孙某表示其与该房地产开发公司所签订商品房买卖合同合法有效，请求法院判定该房地产开发公司履行合同。

审理及判决

法院经审理认为，被告房地产开发公司分别与原告李某、与第三人孙某所签订的商品房买卖合同均合法有效，但是，由于被告与原告已依法办理商品房买卖预告登记手续，所以，应由原告李某取得该套住房的所有权，而第三人孙某可以依据商品房买卖合同要求房地产开发公司承担相应违约责任。因此，法院判定，被告房地产开发公司应继续履行与原告李某所签订的商品房买卖合同，并及时为其办理房屋产权手续。

分析

本案是一起关于预告登记适用的典型案例。

在本案中，依据合同法的一般原理，在未办理房屋产权手续前，所诉争的房屋仍属被告房地产开发公司所有，因此，其有权决定将其转售他人。但是，由于被告房地产开发公司与原告李某在商品房买卖合同签订后，又依法办理预告登记手续，由此造成原告李某虽未正式取得所诉争房屋的所有权，但却有权阻止被告房地产开发公司对于该房屋的再行处置。因为，依据现行《物权法》第20条的规定："预告登记后，未经预告登记的权利人同意，处分该不动产的，不发生物权效力"；而《房屋登记办法》第68条也规定："预告登记后，未经预告登记的权利人书面同意，处分该房屋申请登记的，房屋登记机构应当不予办理。"由此可见，正是由于预告登记的独特功能使得房地产开发公司通过“一房二卖”而获取高额利润的目的未能如愿。

但是，需要注意的是，现行法律在赋予预告登记以阻却所有权处分的强大功能的同时，对其适用也进行了相应的限制，其中，最为主要的是，对预告登记的效力只能在一定期限内发挥作用。现行《物权法》第20条第2款规定：“预告登记后，债权消灭或者自能够进行不动产登记之日起三个月内未申请登记的，预告登记失效”。而《房屋登记办法》第68条第2款亦规定：“预告登记后，债权消灭或者自能够进行相应的房屋登记之日起三个月内，当事人申请房屋登记的，房屋登记机构应当按照预告登记事项办理相应的登记”。结合本案例的情况来说，原告李某与被告房地产开发公司办理预告登记手续是在2008年11月20日，发生争议时，该预告登记还未失效，因此，法院的判决是合乎法律规定。除期限限制外，现行法律还对预告登记的申请进行了详细的规定。例如，《房屋登记办法》第70条规定：“申请预购商品房预告登记，应当提交包括登记申请书、申请人的身份证明、已登记备案的商品房预售合同、当事人关于预告登记的约定等相关必要材料”。

物权请求权诉讼时效问题

【法理】

一、物权请求权简述

1. 物权请求权的概念

对物权的民法保护，传统理论认为包括物权方法和债权方法。前者指物权请求权；后者指债权请求权。物权请求权有广义和狭义之分。就狭义而言，物权的请求权是指基于物权而产生的请求权，即当物权人在其物被侵害或者有可能遭受侵害时有权请求恢复物权的圆满状态或防止侵害；就广义而言，物权的请求权除了基于物权而产生的请求权，还包括占有人的占有保护请求权。我国法学界一般认为物权请求权包括返还财产请求权、排除妨碍请求权、消除危险请求权与停止侵害请求权。

2. 物权请求权的特征

（1）物权请求权的目的是为了保护物权权利的圆满状态。这是物权请求权的立法目的，也是物权请求权自罗马法以来得以存在和延续的前提条件。同时也是物权请求权区别于其他形式的请求权的根本原因。由于物权请求权的目的和根本任务是为了保护物权，因此，其在内容、要件、时效等方面都不同于债权请求权。（2）物权请求权是一种请求权。任何权利，无论是相对权还是绝对权，为发挥其功能，或者为了恢复不受侵害的圆满状态，均须借助于请求权的行使。而物权请求权正是具有相对性的请求权的一种。物权的对世性决定了除物权人以外的任何人均有不作为之义务，与物权的对世性不同，物权请求权是当有妨害物权圆满行使的情况或有妨害物权圆满行使之虞的情况发生时，即当个别人违反了不作为的消极义务时，物权人得以依据的一种相对权，针对具体的违反义务的人的行为行使请求权，同时保证了物权对世性的真正作用的发挥。（3）物权请求权是基于物权产生的一种请求权。物权请求权本身是为了保护物权权利行使的圆满状态，其产生是基于物权的支配性和绝对性的，物权请求权的存在离不开物权，随着物权的变动、消灭，而变动、消灭。可见，物权请求权从某种意义上说是从属于物权的。物权请求权是保证物权发挥作用，在异常情况下仍然保持相对的稳定性和完整性的重要权利。

3. 物权请求权的性质

关于物权请求权的性质，主要的代表性学说包括以下几种：（1）纯债权说。认为物权请求权是请求特定人为特定行为的独立权利，为行为请求权，属于纯粹的债权。[①]（2）准债权说。认为物权请求权从属于基础物权，物权请求权伴随着物权的产生、转移或消灭而发生物权的产生、转移或消灭，因而物权请求权是一种准债权的特殊请求权。（3）非纯粹债权说。认为物权请求权系对人之请求权，故非物权本身，而系独立之权利，然其命运与物权同，于物权存续期间内不断滋生，故不偕于消灭时效，但于破产之情形，却有利于普通债权之强力地位。（4）物权作用说。认为物权请求权为物权的作用，不是一种独立的权利，它依附于物权的存在而存在，随物权的消灭而消灭。（5）物权效力所生请求权说。认为物权请求权是基于物权的效力所生，与物权不可分割，物权如有转移，该请求权也随之转移。（6）物权请求权派生请求权说。认为物权请求权是由物权所派生，依附于物权而存在。（7）物权上的独立请求权说。认为物权请求权为物权所派生，依附于物权，基本物权转移、消灭，物权请求权也随之转移、消灭，但物权请求权是独立于基本物权的权利，而非基本物权本身或其内容之一。[②]

二、物权请求权适用诉讼时效的理论争议

1. 肯定说

持该观点的学者认为，与债权请求权一样，物权请求权应当适用于

①参见尹田：《物权法理论评析与思考》，中国人民大学出版社2004年版，第157页。

②陈华彬：《物权法原理》，国家行政学院出版社1998年版，第100页。

诉讼时效。其理由在于：

（1）物权请求权适用于诉讼时效，有助于督促权利人积极主张权利，避免权利滥用。物权请求权虽不是纯粹的债权，但其毕竟为特定人之特定给付为标的的独立请求权而非物权。时效制度创设的目的在于确保法律秩序的安定，并禁止“睡眠于权利上之人”滥用权利导致举证的困难，如果物权请求权不能脱离基本物权而适用消灭时效，等于承认物权人并不负依诚实信用的观念而妥善行使物权及物权请求权的义务，这就会导致滥用权利的后果，也不符合时效制度的精神。①

（2）物权请求权适用于诉讼时效，是由物权请求权的独立性所决定。物权请求权具有一定的独立性，不能因为物权不适用诉讼时效而认定其不适用诉讼时效。物权请求权作为独立的请求权，并非物权的一部分，而是在物权受到侵害时才显现出来并发挥对物权的保护作用。因此，它不是物权的内容，而是物权的保护手段，与物权属于不同的层次，其适用诉讼时效不会导致物权本身的消灭，且一般立法在将请求权定为时效客体时，并未区分其产生的依据。物权请求权与物权本身内容不同，是以特定人之给付为标的的独立的请求权，既然民法规定消灭时效适用于请求权，则自然应包括物权请求权。②因此，尽管基本物权虽不因时效而消灭，但因其所生的物权请求权则应认为依时效而消灭。

（3）物权请求权与债权请求权性质同一，自然应与债权请求权一并适用诉讼时效制度。物权请求权与债权性质同一或类似，仍是以特定人之给付为目标的独立请求权，当然适用诉讼时效。虽然物权为支配权，其权利不因时效而消灭，但对于物权的侵害，所产生的请求权是以特定人一定的行为或者不作为为内容的，与债权请求权没有实质性区别。物权请求权若不因诉讼时效而消灭，容许有多年不行使的权利继续存在，同样有害于交易安全，除非有重大的价值考量，不应厚此薄彼。③

2. 否定说

该说以史尚宽教授、王利明教授为代表，否定说认为物权请求权不

①洪逊欣：《中国民法总则》，三民书局1992年版，第565页。

②陈华彬：《物权法原理》，国家行政学院出版社2000年版，第102页。

③王轶：《物权请求权与诉讼时效制度的适用》，《当代法学》2006年第1期。

应适用诉讼时效。其依据包括：

（1）物权请求权适用诉讼时效与物权请求权的性质不相符。物权请求权与物权不可分离，它与物权同命运，既然物权不适用诉讼时效，则物权请求权亦不能适用之。实际上，物权请求权是物权效力的具体体现，其包含在物权权能之中，只要物权存在，物权请求权就应该存在。物权本身作为支配权，不适用诉讼时效的规定，因此作为物权的一部分的物权请求权，也不应当因时效届满而消灭。"不动产所有人之所有物返还请求权，仅能因占有人取得时效之完成而消灭，不宜再适用消灭时效之规定。"[①] 物权请求权的主要功能是保证对物的圆满支配，是保护物权的一种特有方法，如物权请求权因时效届满而消灭，但物权继续存在，这将使物权成为一种空洞的权利。[②] 物权请求权性质上是保障物权实现的从属性权利，其作用在于对抗他人的非法侵害，确保物权人权利的实现，所以，其应当与物权本身共始终。否则，缺少物权请求权保护的物权将成为一个卸去防卫的、无法获得有效保护的裸体权利，物权人对物进行独占性支配的目标因此也将难以实现。

（2）物权请求权权利持续发生的特质决定其也不存在适用诉讼时效的可能。由于物权请求权通常适用于各种持续性的侵害行为，对这些侵害行为非常难以确定其时效的起算点，因此物权请求权难以适用诉讼时效。以物权为支配权的本质而论，若物权请求权适用诉讼时效，则必然造成物权失去其支配权之实质，也徒增社会生活之困扰。在不动产或动产物权被他人无权占有的情况下，物权人因返还原物请求权消灭，所享有的物权成为有名无实的权利；在妨害物权或可能妨害物权的情况下，物权人因排除妨害请求权或消除危险请求权得不到保护，物权人对物的支配肯定受到影响。总之，即便立法规定物权请求权应适用诉讼时效而消灭，在司法实践中也会因为缺少可操作性而流于形式，无法实际运作。

（3）取得时效制度的建立，使得物权请求权适用诉讼时效没有必要。正如有的学者所论述的那样，物权请求权虽不适用诉讼时效，但由

①郑玉波：《论所有物返还请求权》，《民商法问题研究》（三），台北三民书局1982年版，第80页。

②陈华彬：《物权法原理》，国家行政学院出版社2000年版，第102页。

于取得时效可适用之，依然可以发挥防止权利上的睡眠、推动财产流转及维护经济秩序的作用。

（4）过短的诉讼时效期间决定物权请求权不宜适用诉讼时效。我国一般诉讼时效期间为二年，其远低于其他国家和地区，对于作为一定社会的财产所有和支配关系的法律表现形式的物权来说，如果仅以《民法通则》确定物权请求权适用二年诉讼时效期间太短，与《物权法》宗旨“明确物的归属，发挥物的效用，保护权利人物权”不一致，与物权的本质属性相悖，不利于物权人对物的支配，有损物的客观经济价值和权利实现，如果以二年诉讼时效设置主张物权请求权的期间，会助长妨害物权行为的发生，不利于民众对物尽所能、物尽其用的期待。[①] 因此，我国现行过短的诉讼时效期间决定不存在物权请求权适用诉讼时效的制度基础。

（5）物权请求权的特质决定不能适用诉讼时效。物权的请求权与债权的请求权虽同为请求权，却大异其趣。债权具有积极性，即权利人须主动地请求对方给付，以实现其利益，而物权恰恰相反。众所周知，物权具有消极性，即物权的享有不须积极地请求对方为给付行为，仅在其圆满状态受到破坏时才产生其请求权，以除去妨害等。债权请求权适用诉讼时效制度，有利于督促债权人积极行使权利，而物权请求权若适用诉讼时效制度，则可能会激起侵害物权的投机激情。[②]

3. 折中说

该说以梁慧星教授及陈华彬教授为代表，折中说认为应对物权请求权予以细化，是否适用诉讼时效，应进行区别对待。就哪种物权请求权应该适用诉讼时效，哪种不应适用诉讼时效，持折中说观点的学者并未达成统一意见，主要有以下两种主张：

（1）根据物权请求权的具体内容，来确定各类型的物权请求权是否适用诉讼时效，代表学者为梁慧星先生。持该观点的学者认为，应当根据每一类型物权请求权的具体内容，与诉讼时效制度的本质价值结合来进行讨论。其原因在于，虽然法律体系有其内在的逻辑性，但每一法律制度都

①梁远：《关于物权请求权是否适用诉讼时效问题的探析》，《法制与经济》2011年第9期。
②王轶：《物权请求权与诉讼时效制度的适用》，《当代法学》2006年第1期。

有其价值目标，因此确立法律制度的具体内容时不能仅仅考虑内部逻辑，而应兼顾考虑此法律制度的价值目标以及可能带来的社会效果，然后再确定其是否应适用诉讼时效。物权请求权制度的价值在于保持物权所有人物权支配的完满状态，而诉讼时效的价值在于维护既定的社会经济秩序。财产与正义、自由、秩序等法的基本价值相比，其地位只能次之。所以，如果行使某一类型的物权请求权将可能破坏已经形成的社会经济秩序，那么就应当引入诉讼时效以限制该物权请求权的适用。

持该观点的学者虽均认为，物权请求权是否适用诉讼时效应依据其具体内容而定，如一般认为恢复原状请求权应当适用诉讼时效，而返还原物请求权、确认物权请求权则不应当适用诉讼时效，但对于有些物权请求权是否应适用诉讼时效问题还未达成一致性意见。其中，争议比较大的就是排除妨害请求权、消除危险请求权是否适用诉讼时效。持肯定观点的学者认为，排除妨害请求权、消除危险请求权应适用诉讼时效，原因在于，这两种请求权的消灭不会导致出现权利真空，物权本身依然存在。具体来说，从价值衡量的角度看，这两种请求权的消灭一般也不会给权利人的财产自由造成根本损害，只不过会给其带来一些不便或局部损失而已，而且，物权的自我救济手段除了物权请求权之外，还有物权人的自力救济权，后者不受诉讼时效拘束，如果物权的行使遭到妨害，即使排除妨害请求权消灭，物权人依然可以行使自力救济权以排除妨害，从而避免遭受损失或者尽可能减少损失。另外，物权人如果长期不行使这两种物权请求权，将会损害社会经济秩序的稳定或者造成举证困难。物权的行使遭受妨害或者有被妨害之虞，这种妨害在很多情形中是由相对人对其自身财产进行利用的活动引起的。这种财产利用活动持续一段时间后，就会形成一个稳定的经济秩序，并产生一定的效益。假如物权人在经过较长时间后突然行使排除妨害请求权，势必破坏这种良性的经济秩序。而恢复原状请求权长期不行使将会使认定标的物之毁损是否由相对人造成的这一事实的难度变大，从而增加诉讼成本，影响诉讼效益。[①] 而持否定观点的学者则认为，排除妨害请求权、消除危险

---

①李建华、杨代雄、赵军：《论我国物权请求权诉讼时效制度的立法选择——兼评〈中华人民共和国民法（草案）〉的相关规定》，《法学评论》2003年第5期。

请求权不应适用诉讼时效。尹田教授认为，持续性侵害行为无论发生多长时间都不能允许其在法律上具有合法性，权利人可以在任何时间行使权利，如果适用诉讼时效，将会发生物权人必须容忍他人持续对其行使物权进行侵害的结果，显然对权利人不公平，同时这种现象的合法亦在昭示法律允许违法行为存在，显然不合理。有的学者则认为，这两项请求权并不涉及到诉讼时效涉及的目的问题，不适用诉讼时效不会影响到诉讼时效目的的实现。[①] 设定诉讼时效的一个重要目的是维护交易安全和经济秩序，但无论经过多长时间行使这种权利，一般不会影响到交易安全和秩序问题，因为在造成妨碍和危险情况下，只是对某个特定的权利人造成了损害或者将来可能造成损害，但一般不会影响到第三人的利益，也不会影响到交易安全。诉讼时效设定的另一目的是贯彻物尽其用的原则，即通过促进权利人行使权利，以促进财产的流通和有效的利用财产，然而在行使排除妨碍和消除危险请求权的情况下，只存在一方对另一方的损害和危险行为，而通常并不涉及到对物的有效利用问题，也不会就物的利用而发生争议，权利人即使不适用诉讼时效，使权利人躺在权利上睡眠，也不会影响到物的利用。

（2）根据物权公示方式不同而确定物权请求权是否适用诉讼时效。陈华彬老师认为，已登记不动产物权所生的物权请求权不适用诉讼时效，但未登记不动产物权所生的物权请求权和由动产物权所生的物权请求权则应适用诉讼时效。理由是：首先，已登记的不动产和动产的权利归属状态已经很明确，物权的公示公信不会使第三人产生相应的物权请求权不存在的状态，排除了保护信赖第三人的必要，也就不会发生社会经济秩序混乱的情况；其次，如果物是已登记的不动产或需要登记的动产，因为要以登记为要件才能取得物权，所以，无论义务人对物占有多长时间，由于没有办理也不可能办理登记手续，所以物权还是归属于权利人的；此外，已登记的不动产或动产本身就具有证据保全的功能，在涉诉时也不会发生举证困难的问题。在此情况下，诉讼时效没有适用的必要。而未登记的不动产或动产，由于没有物权公示公信的保障，很容

---

①蔡小娥：《浅谈我国物权请求权的诉讼时效》，《学习月刊》2009年第16期。

易向第三人呈现相应的物权请求权不存在的状态，第三人也就很容易产生信赖利益，就有可能出现秩序混乱的情况；同时在此情况下证据灭失的可能性也越大，如果没有诉讼时效，权利人长时间拖延，就会导致诉讼成本的增加，不利于效率的实现，因此未登记的不动产或动产应该适用诉讼时效制度。[①]

【相关法律法规及司法解释】

《物权法》

第三十二条　物权受到侵害的，权利人可以通过和解、调解、仲裁、诉讼等途径解决。

第三十三条　因物权的归属、内容发生争议的，利害关系人可以请求确认权利。

第三十四条　无权占有不动产或者动产的，权利人可以请求返还原物。

第三十五条　妨害物权或者可能妨害物权的，权利人可以请求排除妨害或者消除危险。

第三十六条　造成不动产或者动产毁损的，权利人可以请求修理、重作、更换或者恢复原状。

第三十七条　侵害物权，造成权利人损害的，权利人可以请求损害赔偿，也可以请求承担其他民事责任。

《民法通则》

第一百三十五条　向人民法院请求保护民事权利的诉讼时效期间为二年，法律另有规定的除外。

第一百三十七条　诉讼时效期间从知道或者应当知道权利被侵害时起计算。但是，从权利被侵害之日起超过二十年的，人民法院不予保护。有特殊情况的，人民法院可以延长诉讼时效期间。

---

①陈娟娟：《物权请求权与诉讼时效制度的适用性》，《法制与社会》2010年第18期。

【案例】

案情简介

1990年8月，某县工业局与该县对外贸易总公司合资建成一座三层办公楼，根据双方约定，该楼一层归县工业局所有，该楼二、三层归县对外贸易总公司所有，双方均依法办理了相关产权登记。1995年，县工业局将其所有的一层楼房卖给了该县顺风烟酒销售公司，1998年，县对外贸易总公司将该楼的二、三层卖给了该县个体工商户刘某。自该楼建成之后，一楼过道一直为原所有人县工业局和县对外贸易总公司共用，自县工业局将其一楼出卖于顺风烟酒销售公司后，曾因一楼过道的使用，与县对外贸易总公司发生过纠纷。1998年，刘某取得二楼、三楼所有权后，遂将其改建为招待所，为避免与一楼顺风烟酒销售公司就一楼楼梯的使用发生纠纷，刘某在该楼的楼后自建了一条简易楼梯，供其上下楼使用。刘某自建楼梯后不久，顺风烟酒销售公司遂将一楼过道封堵，改成仓库。

2005年，在该县违章建筑治理行动中，刘某自建的楼梯被认定为违章建筑，遂被拆除。于是，刘某找到顺风烟酒销售公司交涉，要求其对一楼过道恢复原状，以供刘某上下楼使用。顺风烟酒销售公司对刘某的要求表示拒绝，刘某无奈只得将顺风烟酒销售公司起诉至该县人民法院。在法理审理中，被告顺风烟酒销售公司辩称：一方面，1998年刘某自建楼梯的行为说明其已经放弃了对一楼过道的使用权；另一方面，刘某的请求已过诉讼时效，因此，法院应对其诉讼请求予以驳回。

审理及判决

该县人民法院经审理认为，从该楼的权属登记来看，该楼的一楼过道应属于原被告双方共同所有，双方均享有使用权。顺风烟酒销售公司的擅自改建行为，不仅侵犯了原告的使用权，而且侵犯了原告的所有权。1998年刘某自建楼梯的行为并不能说明其已经放弃了对一楼过道的所有权和使用权。因此判决：被告顺风烟酒销售公司应对一楼过道恢复原状，以供原告使用。

分析

从法院的判决结果来看，该判决是符合社会公理和民法公平原则的。在本案中，被告顺风烟酒销售公司的行为实际上是对原告刘某物权的侵犯，而1998年刘某自建楼梯的行为也并未说明其已经放弃了对一楼过道的所有权和使用权。

但本案中所需探讨的最为关键的问题就是，物权请求权是否适用诉讼时效的问题。1998年刘某自建楼梯的行为虽并未说明其已经放弃了对一楼过道的所有权和使用权，之后顺风烟酒销售公司对一楼通道的改建行为也确实是对刘某权益的侵犯，但问题的关键在于，刘某对此并未及时主张权利，而是直至2005年其自建楼梯被依法拆除后，才向被告及法院主张其所有权和使用权。如果依照现行法律关于诉讼时效的规定，很有可能是已经超过了诉讼时效。如果适用《民法通则》第135条的规定，刘某的起诉实际上超过了二年的诉讼时效期间；如果适用《民法通则》第137条的规定，虽其请求并未超过20年的最长保护期，但其与诉讼时效适用的前提相冲突，即“诉讼时效期间从知道或者应当知道权利被侵害时起计算”，因为刘某在1998年就已经知道其权利被侵害。在本案中，该县人民法院实际上就诉讼时效的适用问题进行了回避。如果非要说刘某的请求没有超过法定诉讼时效，那么唯一的解释就是适用《民法通则》第137条第3款的规定，即“有特殊情况的，人民法院可以延长诉讼时效期间”。但是，从目前的司法实践来看，在特殊情况下，延长诉讼时效期间一般是由最高人民法院作出的。总的来说，本案给人的启示是，物权请求不适用诉讼时效制度，这有利于保护物权权利人的合法权益；从一定意义上讲，物权请求权不适用诉讼时效是对民法公平原则的充分体现。

“招拍挂”土地出让制度

【法理】

一、“招拍挂”土地出让制度内涵解读及功效分析

1. “招拍挂”土地出让制度的内涵

2002年，国土资源部出台《招标拍卖挂牌出让国有土地使用权规定》，标志着我国正式实施土地“招拍挂”制度。至此，国有土地使用权出让形成了由行政划拨、协议出让和“招拍挂”出让组成的完整体系。行政划拨主要针对公益性用地，基本无偿；协议出让主要针对工业用地，采取半市场化方式；“招拍挂”出让则是针对“四类”经营性用地（商业、旅游、娱乐和商品住宅等），实行完全的市场出让，价高者得。2007年国土资源部颁布的《招标拍卖挂牌出让国有建设用地使用权规定》规定：“工业、商业、旅游、娱乐和商品住宅等经营性用地以及同一宗地有两个以上意向用地者的，应当以招标、拍卖或者挂牌方式出让。”这一规定进一步把“招拍挂”的范围扩大到了工业领域。

所谓招标出让国有土地使用权，是指市、县人民政府土地行政主管部门发布招标公告，邀请特定或者不特定的公民、法人和其他组织参加国有土地使用权投标，根据投标结果确定土地使用者的行为；所谓拍卖出让国有土地使用权，是指市、县人民政府土地行政主管部门发布拍卖公告，由竞买人在指定时间、地点进行公开竞价，根据出价结果确定土地使用者的行为。所谓挂牌出让国有土地使用权，则是指市、县人民政府土地行政主管部门发布挂牌公告，按公告规定的期限将拟出让宗地的交易条件在指定的土地交易场所挂牌公布，接受竞买人的报价申请并更新挂牌价格，根据挂牌期限截止时的出价结果确定土地使用者的行为。

2. “招拍挂”土地出让制度的功效

“招拍挂”制度被认为是我国国有土地使用权出让制度的重大创新，10余年的实践证明，其功效重大，具体来说主要体现在以下几个方面：

（1）提高了土地出让的公开透明性。“招拍挂”制度产生之前，我国对于土地的出让使用采用的是协议转让的形式。由于协议转让的非公开、非透明，存在着大量的寻租空间，使得对于土地出让的监管非常困难。尽管“招拍挂”不能完全杜绝在土地出让的过程产生寻租行为，但相比之前的形式，“招拍挂”制度要公开透明很多。

（2）能够更加科学准确地衡量出让土地价格。协议转让时，对于土地价格的评估往往是在非充分竞争的环境下进行的，不容易反映出土地真实的市场价值。实行“招拍挂”制度，真正的在土地出让中引入了竞争机制。通过市场竞争，使土地的真实价格得到体现。

（3）有利于房地产行业的整合。“招拍挂”制度的实施，使得那些没有足够实力，只靠寻租等不正当方式拿到“一手地”的开发商逐渐淡出市场，而那些有实力、有竞争力的企业能够更加合理地获取土地，得到更好的发展，并以此促进整个房地产行业之间的企业进行并购整合，规范我国的房地产市场。①

（4）有利于实现土地资源的优化配置。土地资源是稀缺的全社会公共资源，市场经济的发展规律表明：要实现资源的最优利用，必须通过市场的手段进行配置，而且配置过程必须受到全社会监督。实行“招拍挂”制度，正是建立土地市场的竞争机制方式，通过市场竞争，使土地的真实价格得到体现，有利于实现土地资源的优化配置。②

二、“招拍挂”土地出让制度的弊端

1. “招拍挂”土地出让制度的弊端

“招拍挂”实行十年之后，特别是在房价不断高涨的今天，理论界和实务界的人士开始对“招拍挂”制度进行反思，部分理论研究者与实

①张永成：《从房地产福利属性探讨土地“招拍挂”制度》，《合作经济与科技》2011年第23期。
②王成信：《房价疯涨，是招拍挂的错吗？》，《城市开发》2010年第8期。

务工作者认为，“招拍挂”制度存在以下弊端：

（1）在一定程度上推高了房价，加重了居民生活负担。“招拍挂”制度“上不封顶”的“最高价”模式确实导致地价不断高涨。尤其是以“价高者得”为指导方针的土地拍卖方式，更容易导致需求者恶性竞争稀缺的土地资源，使个别土地价格“失真”，对市场带来了很多影响。[①] 从历史数据看，实行“招拍挂”前的15年，我国的房价平均年增长率为5.1%，低于收入增长和GDP增长。而实行“招拍挂”后，从2004年到2010年的6年间，平均房价每年上涨10%左右。在缺乏适当的政策配套时，“招拍挂”会将土地价格一再推高，在一定程度上抬高了房价。作为房价的重要构成要素之一，土地的价格提高了，房价也会在这个基础上节节攀高，使得许多本可以购到住房的民众买不到房子，最终影响民众的居住需求。[②]

现任中国城市发展与环境工程办公室主任、中国人居文化创新示范工程办公室主任的陈运高先生认为，低地价不一定意味着低房价，但高地价一定意味着高房价。尽管昂贵的地价成本增加了开发商的风险，[③] 但只要内外环境尚未危及它的生存，哪怕再高的地价都会被作为成本计入房价，最后统统由购房者买单。[④] 全国人大代表、娃哈哈集团公司董事长宗庆后认为，“招拍挂”制度造成工业用地价格的飙升，加重了企业经营的负担，许多中小企业拿不到地；房地产市场投机泛滥、炒房盛行，一方面普通老百姓买不起住房，另一方面却出现大量住房闲置的现象；高额拆迁补偿刺激了部分被拆迁人不劳而获的心理，引发了大量的拆迁矛盾，不利于社会稳定团结。[⑤]

（2）一定程度上使地方政府依赖土地财政现象日益严重。从1994年至今，土地出让金不再上缴中央财政，全部留归地方。地方政府财政

---

①陆岷峰、高攀：《从地价比视角看“招拍挂”制度改革》，《青海金融》2011年第5期。

②张永成：《从房地产福利属性探讨土地“招拍挂”制度》，《合作经济与科技》2011年第23期。

③地价提高给开发商带来的风险除开发成本相应提高外，主要是市场预期风险，因为从拿地到开发出售一般需要几年时间，如果房价在此期间下跌（甚至是增长缓慢），将会给开发商带来直接的经济损失。

④喻莲：《土地“招拍挂”拍了谁又挂了谁？》，《中国改革报》2010年3月25日。

⑤谢宝康：《土地“招拍挂”制度改革亟需推进》，《中国经济时报》2011年3月6日。

预算外收入一般由行政事业性收费、政府性基金和土地出让金三部分构成。近年来，随着中央对政府收费的管理越来越规范，行政事业性收费在预算外收入中的重要性减低，相比之下，土地出让收入的地位处于举足轻重的地位，逐渐成为地方政府预算外收入的主要来源。[①]而“招拍挂”的土地出让方式则进一步加剧了这种趋势。国土部资料显示：2008年全国“招拍挂”出让土地面积为11.53万公顷，总价款达到9551亿元，占到当年全国土地出让总收入的80%。“招拍挂”带来的土地出让收入不仅总量较高，占全国土地出让总收入的比例也较高。一旦“招拍挂”制度的必要措施未被制定执行，则会对依赖土地财政现象日益严重的地方政府带来财政上的麻烦。

（3）在一定程度上助长了房地产行业的虚假繁荣，不利于房地产市场的健康发展。从经济特性上讲，土地是有限的不可再生自然资源，稀缺性决定了其供给弹性小。在土地上追加投资效益具有持续性，而且随着人口增加和社会经济发展，对土地投资具有显著的增值性。事实上，许多房地产投机的实质是土地投机。一方面许多房地产企业竞拍到土地以后不予开发，坐等土地升值，以获取暴利；另一方面也有许多房地产企业通过增发、配股、公司债，在资本市场上获得更多金融支持。“招拍挂”在一定程度上导致了地价上涨，进一步助长了房地产市场中的投机活动，在一定程度上形成恶性循环，不利于房地产市场的理性发展。“招拍挂”土地出让制度在一定程度上助长了中国房地产行业的虚假繁荣，极不利于房地产市场的健康发展。“招拍挂”制度令“地王”频现，地价的不断推高，给了开发商不断提高房价的借口，也给了投机购房者高位接盘的信心，其结果是全国各地房价大幅攀升。从房价收入比来衡量，我国许多热点城市存在房地产泡沫，这是不争的事实。而“招拍挂”的土地出让制度在一定程度上助长了房地产经济出现虚假繁荣的发展势头，不利于房地产市场的理性发展。[②]

（4）给我国的经济健康发展造成了一些其他不利影响。首先，“招

①李智强、吴诗曼：《“招拍挂”土地出让方式的完善和调整》，《中国房地产金融》2010年第6期。

②同上。

拍挂”制度吸引了大量资金从实体经济的其他领域流向房地产行业，造成企业不安心、也不甘心从事其他行业的实业发展，地方政府则不愿意供地发展其他实体经济行业；其次，工业用地价格的飙升，也加重了企业经营的负担，造成许多中小企业拿不到地，企业发展缺乏后劲；再次，“招拍挂”制度造成房地产市场投机泛滥、炒房盛行，一方面普通老百姓买不起住房，另一方面却出现大量住房闲置的现象，从而带来引发金融危机的隐患；最后，高额的土地使用权出让金带来的高额拆迁补偿，刺激了部分被拆迁人不劳而获的心理，既养了一批懒人，又引发了大量的拆迁矛盾，不利于社会稳定团结。①

2. “招拍挂”与高房价无关

持该观点的学者不认同“招拍挂”批评者的主张，认为以上问题的存在与“招拍挂”制度并无本质上的联系，尤其反对是“招拍挂”制度造就了现在的高房价，认为地价与房价上涨无必然关系，其理由在于：

（1）“招拍挂”对地价的影响具有双向性。“招拍挂”垄断模式通过改变供应影响价格，具有双向性。地价上涨阶段，“招拍挂”交易方式具有强化房地产价格上升预期的效果。“地王”频现责任不在“招拍挂”制度。房地产需求的持续增加是造成地价上涨的根本原因。②

（2）“招拍挂”引起土地价格的上涨实质上是显化了土地的真实价格，使因协议出让而扭曲的市场价格得以矫正，通过市场机制实现了土地价格回归。而这一结果正符合为显化土地价值，防止国有资产流失而进行土地资源配置方式改革的初衷，是推行“招拍挂”的重要成效之一。③因此，不能以此来否定“招拍挂”制度。

（3）在房价的构成中，地价所占的比重并不大，地价提高并非是当前房价高涨的主要原因，因此，不能以高房价来否定“招拍挂”制度。④此外，地价的下降也并不一定引起房价的下降，这也说明高房价

①宗庆后：《关于改革现行土地使用权出让“招拍挂”制度的建议》，《中华工商时报》2011年3月2日。

②何芳：《“招拍挂”制度与地价》，《西部论丛》2010年第4期。

③刘禹麒、熊华、罗伟玲：《论“招拍挂”对地价房价的影响》，《国土资源》2005年第9期。

④邱晨：《“招拍挂”不是高房价的“替罪羊”——驳高地价造成高房价论》，《中国房地产金融》2005年第10期。

并非是“招拍挂”所导致的。

三、“招拍挂”土地出让制度的完善

由已掌握的资料来看，就“招拍挂”土地出让制度而言，无论是严厉的批评者，还是坚定的拥护者均认为，实行多年的“招拍挂”土地出让制度亟需进行相应改革。除很少一部分人主张废除该制度外，绝大多数人认为应在坚持该制度的基础上对其予以完善，概括而言，主要有以下几种思路：

1. 改变价高者得的单一模式

持该观点的学者认为，对“招拍挂”土地出让制度进行完善，关键是要改变目前“价高者得”的土地出让机制。其原因在于，我国的土地公有性质决定不能把土地“招拍挂”与基本的土地制度割裂开来，不能只谈“一缕阳光”和“价高者得”的市场法则，不能一味坚持“价高者得”的土地使用权出让机制，尤其是防止价格因竞争不充分而造成的扭曲。[①] 具体来说，在“招拍挂”土地出让中，“价高者得”不应是唯一的标准，对经济适用房、中低价商品房，宜采取限价倒拍卖做法；对特定历史文化区域需要强调建筑风格品位的，则宜采用带方案挂牌出让方式；在房价上涨过快时，对竞争激烈的地块，可采用最接近中价者得的办法等。[②]

2. 平衡“招”“拍”“挂”三种方式

持该观点的学者认为，完善“招拍挂”土地出让制度的一个重要内容，就是要明确规定三种方式的平衡适用，可根据不同的土地用途来采用相应的出让方式，或者根据不同的土地级别来采取不同的出让方式。[③] 目前亟需改变的就是要实行少“拍”多“招”，突出“招标”的作用。[④] 其原因在于，招标是大家公认的一种比较科学合理、更能促进

---

①吴学安：《“招拍挂”不应成高房价推手》，《城市开发》2010年第10期。

②陈运高：《土地“招拍挂”期待完善之举》，《中国改革报》2010年4月1日。

③汪小兰、殷跃建：《“金融危机”背景下完善土地“招拍挂”机制的必要性》，《知识经济》2009年第15期。

④高舒畅、赵玉梅、杨凤英：《让招拍挂制度更加严谨》，《中国国土资源报》2011年4月23日。

土地资源得到最优利用的出让方式。招标的原则是“合适者得”，能促进土地资源得到最优利用。具体来说，可以采用“综合评标”方式，按照“综合条件最佳者得”原则确定中标人，即设定合理的地价区间，并将资金能力、开发建设周期、建筑设计、企业经济实力、以往出让合同履约情况、配建保障房和承担公益性设施建设等因素作为评标条件，而不是把土地价格作为土地竞得的唯一或重要标准。

3. 引入“捆绑限价”机制

持该观点的学者认为，在“招拍挂”土地出让中应引入“捆绑限价”机制，即将商品房用地与保障房用地捆绑在一起推出，在明确出让土地中保障性用房的比例和价格的基础上进行“招拍挂”，待开发完成后，由政府按约定的数量和价格向开发商回收保障性用房。

4. 引入“限房价竞地价”机制

持该观点的学者认为，应在“招拍挂”土地出让中引入“限房价竞地价”的机制，在保留“价高者得”原则的同时，增加“超限流拍”原则。[①] 具体的作法就是，不设评标委员会，限定地块未来市场销售价格，以价高者得的方式进行地价拍卖，同时设定拍卖上限，若开发商投标金额超过预设拍卖上限则土地流拍。

5. 增加土地出让预申请程序

持该观点的学者认为，应在“招拍挂”土地出让中增加预申请程序，即由国土资源部门提前明确出让宗地的出让条件，发布出让预申请公告。用地意向者根据预出让公告信息提出预申请，国土资源部门适时组织宗地出让，这种制度可以在充分披露土地信息的前提下，通过政府与开发商的沟通，有助于开发商掌握全面的信息，不至于因“缺地恐慌”而盲目抢地。[②] 土地出让预申请应包括三个环节：国土部门提前明确相关地块的出让条件和参数，发布预申请公告；用地意向者提出预申请；国土部门适时安排宗地出让。

---

①胡能灿：《土地招拍挂制度改革要善做“加减乘除”》，《资源与人居环境》2010年第15期。

②高舒畅、赵玉梅、黄淑钰：《如何完善招拍挂出让制度》，《中国土地》2011年第4期。

【相关法律法规及司法解释】

《物权法》

第一百三十七条　设立建设用地使用权，可以采取出让或者划拨等方式。工业、商业、旅游、娱乐和商品住宅等经营性用地以及同一土地有两个以上意向用地者的，应当采取招标、拍卖等公开竞价的方式出让。严格限制以划拨方式设立建设用地使用权。采取划拨方式的，应当遵守法律、行政法规关于土地用途的规定。

第一百三十八条　采取招标、拍卖、协议等出让方式设立建设用地使用权的，当事人应当采取书面形式订立建设用地使用权出让合同。建设用地使用权出让合同一般包括下列条款：（一）当事人的名称和住所；（二）土地界址、面积等；（三）建筑物、构筑物及其附属设施占用的空间；（四）土地用途；（五）使用期限；（六）出让金等费用及其支付方式；（七）解决争议的方法。

《招标拍卖挂牌出让国有土地使用权规定》

第二条　在中华人民共和国境内以招标、拍卖或者挂牌方式出让国有土地使用权的，适用本规定。本规定所称招标出让国有土地使用权，是指市、县人民政府土地行政主管部门（以下简称出让人）发布招标公告，邀请特定或者不特定的公民、法人和其他组织参加国有土地使用权投标，根据投标结果确定土地使用者的行为。本规定所称拍卖出让国有土地使用权，是指出让人发布拍卖公告，由竞买人在指定时间、地点进行公开竞价，根据出价结果确定土地使用者的行为。本规定所称挂牌出让国有土地使用权，是指出让人发布挂牌公告，按公告规定的期限将拟出让宗地的交易条件在指定的土地交易场所挂牌公布，接受竞买人的报价申请并更新挂牌价格，根据挂牌期限截止时的出价结果确定土地使用者的行为。

第四条　商业、旅游、娱乐和商品住宅等各类经营性用地，必须以招标、拍卖或者挂牌方式出让。前款规定以外用途的土地的供地计划公布后，同一宗地有两个以上意向用地者的，也应当采用招标、拍卖或者挂牌方式出让。

【案例】

案情简介

2007年6月，某省会城市土地使用权出让拍卖现场上演了疯狂的一幕。某房地产公司经过200多轮的竞价，最终以总价2.15亿元“击败”了数家知名房地产开发企业，获得了位于该市黄金地段的约40亩的住宅开发用地，该竞价远远高出1.1亿元的拍卖底价。该住宅用地每亩土地的单价超过500万，其楼面价格超出周边房价约1200元，将该省会的土地价格“拔高”了一大截，因此成了当年名副其实的“地王”，由此受到社会广泛关注。根据当时签订的出让协议的规定，该地块应于2007年12月1日前开工建设，但是，在取得土地后，该房地产公司迟迟未动工进行建设。2012年初，在闲置四年之后，该地块悄然开工建设，不过据工地的施工公示牌显示，该地块的规划已做了巨大修改：（1）该地块的容居率由原来1.7提高到2.8，原定的9栋高层住宅楼也增加为11栋；（2）该地块的绿化率由原来的40%降低至32%；（3）增加了一栋临街商业楼。据内部人士透露，该房地产公司2007年取得该地块的价格已经远远超出了其预算，但是，迫于当时激烈的竞争态势，不得以作出如此决定。该地块之所以未按出让协议规定期限动工建设，根本的原因就在于，根据当时的房价，按期动工建设将很有可能会造成亏损。随着房价的上涨，推迟至2012年动工，并对原有规划进行调整之后，此时的开发将会使开发商获得比较优厚的回报。

分析

目前理论界和实务界对“招拍挂”土地出让制度的利弊得失、完善路径等问题还存在很大争议，但就本案而言，至少能反映出了以下几个问题：

首先，现行的“招拍挂”制度，尤其是“拍卖”和“挂牌”，遵循“价高者得”的原则，确实在很大程度上加剧了土地使用权出让的争夺程度。在“拍卖”“举牌”现场，开发商容易冲动，在很大程度上推高了土地使用权价格，从而使得“地王”接二连三地产生。本案就印证了这一点。

其次，作为一个商人，开发商是绝不会做亏本买卖的，在高价拿地之后，其会想尽办法将获得土地使用权的“预算外”成本，折算进房价之中，而高地价以及由此导致的高房价的最终买单者实际上只能是购房者。

再次，“招拍挂”制度虽然在土地使用权的出让环节实行了公平、公开、公正，但是，相关制度的缺失，在一定程度上抵消了其功效。例如，依据现行《城市房地产管理法》第25条的规定，“以出让方式取得土地使用权进行房地产开发的，必须按照土地使用权出让合同约定的土地用途、动工开发期限开发土地。超过出让合同约定的动工开发日期满一年未动工开发的，可以征收相当于土地使用权出让金百分之二十以下的土地闲置费；满二年未动工开发的，可以无偿收回土地使用权；但是，因不可抗力或者政府、政府有关部门的行为或者动工开发必需的前期工作造成动工开发迟延的除外。”在本案中，该房地产公司在取得住宅用地四年之后才开工的行为，显然已经违反了上述法律规定，但其却并未受到应有惩罚。此外，依据我国法律规定，对于房地产开发规划的调整是有着严格的条件限制的，该地块规划调整背后，很难说没有权钱交易的腐败行为。而本案例实际上也是当前房地产开发市场的一个普遍现象。

再次，“招拍挂”制度不断推高地价，并进而推高房价的背后，实际上隐含着巨大的经济风险。大约从2000年开始，在房产价格不断上涨的背景下，我国房地产业进入了一个比较长的黄金发展期。但是，2008年金融危机的短暂影响亦说明，如果房价不再保持较高速度的增长，甚至进入下降轨道，那么房地产商会如何处理其高价获得的土地？可能只有一个答案，破产倒闭，形成烂尾楼。这种结果是十分可怕的，而这种结果的造成，很难说和“招拍挂”制度没有一点干系。

一物一权原则

【法理】

一、一物一权原则的界定

1. 一物一权原则的解释

尽管“一物一权”是物权法上的耳熟能详的名词，但关于其要旨如何，学界尚未有一致理解，而是各有侧重，概括而言，大致有三种见解：

（1）物权客体特定论。持此论者认为，所谓一物一权主义，又称为物权客体特定主义，是关于物权客体的原则或者说是对物权客体的基本要求。此种观点着重用“一物”的理解来概括一物一权原则，认为一物一权原则，主要是关于物权客体的原则，亦可称为物权客体特定原则。对于其涵义，有的学者认为：“系指一物上仅能成立一所有权，一所有权之客体，以一物为限而言。推而言之，一物只能有一权，故物之一部分，不能成立一物权，一物就有一权，故数个物不能成立一物权，物权之计算以一物为单位”。[①]“依此原则，一个物权之客体，应以一个物为限，在一个物上只能成立一个所有权”。[②]也有的学者认为：一物一权主义“是指一个物权的客体应以一物为原则，一物之上不能同时并存两个以上互不相容的物权。”或者表述为“一个物权客体应以一物为原则，一个所有权或他物权不能存在于数个物之上”。以物权客体特定主义来认识一物一权，莫如将其倒置而称为“一权一物”更为贴切。

（2）物权效力排他论。持此论者认为，一物一权是物权的绝对效

①谢在全：《民法物权论》（上），中国政法大学出版社1999年版，第18~19页。
②钱明星：《论我国物权法的基本原则》，《北京大学学报》（哲社版）1998年第10期。

力或者排他效力的表现，是对物权排他性的形象表述。[①] 此种观点着重用“一权”的理解来概括一物一权原则之内涵。认为一物一权是物权绝对效力或排他效力的体现，是对物权排他性的形象表述。一物一权是指“一物之上当然不可存在两个以上的所有权，也不可存在两个以上种类一致、效力相同的用益物权或担保物权”。依此，一物一权之“一权”是仅限于所有权抑或其他物权，由此形成两种不同的观点：一种观点认为，一物一权原则所谓之一权仅以所有权为限。所有权的本质，为所有人的自由处分力。所有人虽于其物上设定他物权，将物的收益、使用完全委与他人，仍不失为所有人。此时他物权的支配，乃为所有权全面支配之一种作用。故一物上唯有一所有权之成立，此为一物一权主义。另一种观点认为，一物一权原则之一权不仅限于所有权，而是包括他物权在内的整个物权。认为一物一权原则是指同一标的物上不得设立内容和效力不相容的两个以上的物权，尤其是一物之上只能存在一个所有权。

（3）折中论。折中论是将物权客体特定论与物权效力排他论加以综合，来理解一物一权原则，既强调“物”又强调“权”。也就是说，一物一权并不单单强调物权客体的特定性或物权效力的排他性，而是将两者兼顾，一个物权的客体原则上应为一物，在一物之上只能存在一个所有权，且不能同时设定两个内容相抵触的其他物权。有学者将其表述为：“一物之上只能设定一个所有权，一个所有权的客体仅为一物，一物之上不得设立两个以上内容相冲突的物权。”所以，依此观点，一物一权原则实际上包括物权客体特定与物权效力排他，以其中之一来代替一物一权原则，均有不妥。不少学者在解释一物一权原则时，并不单独强调其是指物权的客体特定性或者是效力上的排他性，而是两者兼顾。在王利明教授主持拟定的《中国物权法草案建议稿》第4条中将一物一权原则表述为：“一物之上只能设定一个所有权。一物之上不得设立两个以上内容相冲突的物权。”

2. 一物一权存在理由

一物一权主义的真正价值在于对所有权的制度的定位与塑造，从而

---

①温世扬：《物权法要论》，武汉大学出版社1997年版，第25页。

支撑起物权体系的整个大厦。对于一物一权主义的存在理由，可以概括为三点：（1）对财产的静态归属关系予以确认的需求，并确定所有权支配的客体范围，使其支配的外部范围明确化，便于法律对其支配予以保护。（2）满足财产的动态流转的需要，使交易得以实现和顺畅。（3）维护物的经济价值，使物的价值得以充分发挥和利用。从总体上讲，一物一权主义的宗旨主要把所有权塑造为一种符合商品经济规则的权利形式。一方面为市场经济的形成与发展提供前提和条件；另一方面为整个物权法体系的构建与协调提供坚实的基础，达到物尽其用的效用。①

3. “一物”“一权”的界定

（1）一物的界定。学界对于“一物”的理解存在不同认识，概括而言，主要有以下三种观点：①物理观念上的一物论，即客观的一物论。持这种观念的学者认为，“无论不动产还是动产均为有体物”，看不见、摸不着的权利当然不可能成为一物。这种认识实际是坚守了罗马法中“有体物”的理论，认为“实体存在于自然界之物质，而为人之五官所可觉及者也”。持这种观点的学者一般单纯地从形势判断将一物纯粹地理解为有体物，而将近代以来出现的集合物上的设定物权以及高层建筑物区分所有权等特定现象作为一物一权原则的例外情况进行解释。②法律观念上的一物论。持此种观点的学者认为，是否为物权之客体，不应单纯从形式去判断，应以具体的交易情形和是否独立满足人们的需要为标准。因此，一物是包括各种可支配的财产利益，分为有体物和无体物。有体物即物理观念上的一物，无体物则是罗马法学家盖尤斯所称的“法律上拟制之关系”，是指“没有实体，而仅由法律所拟制的物（即权利），如地役权、用益权等”。③动态理念的一物论。持此种观点的学者认为，应当将一物一权之物从动态的角度来加以界定，并赋予其新的时代意义。换言之，就是在现代生活中及法律观念与法律实践上，一物的衡量标准也应发生巨大变化，即应从社会观念、交易观念及法律观念将一物界定为：在“法律观念上”具有特定性与独立性的一物。据此，客观上的一个独立物，自可成为一物；客观上、物理学意义上的一

①冯永军：《论一物一权主义》，《河南省政法管理干部学院学报》2003年第2期。

物，在法律观念上被分解为或者被视为数物（如建筑物之区分所有权、土地通过登记的观念区分等），在法律上当然也可成为一物；客观上或物理上独立的数物，在法律观念上也可视为一物，而在其上设定一个物权（如集合物的抵押权、财团抵押等）；物之部分或成分，若与物之整体分离或具备独立的经济价值而有排他的可能性（如取自土地之砂石、地上及地中之空间），亦可为一物。

（2）一权的界定。针对何谓一权，主要存在两种观点：①所有权说。该说认为一物一权之“权”以所有权为限，“一物上仅能成立一所有权，一所有权之客体，以一物为限”。一物之上存在两个或两个以上的他物权的情形是在不违背财产的私有属性的前提下，允许所有权人在自己所有的物上设定或以使用为目的的用益物权或以担保为目的的担保物权，则正是所有权人行使所有权的方式和实现所有权价值的途径，一物之上存在数个他物权是普遍的情形，所以一物一权原则中的“权”并不包含他物权，而应当仅指所有权。[①] ②物权说。该说认为，一物一权原则之“权”为物权，不以所有权为限，同时还包括他物权。与此相应，一物一权原则的含义也就不再拘泥于一物之上只能有一个所有权，而是扩大到强调一物之上不得并存两个以上内容、性质相抵触的物权。

4. 一物一权原则的内容界定

一物一权原则的界定应包含以下内容：

第一，物权的客体必须是独立特定的。所谓独立物是指能够单独存在的物。根据一物一权原则，只有在作为物权的客体的物具有独立性和特定性的情况下，才能明确物权的支配范围，使物权人在客体之上形成物权并排斥他人的干涉。所谓特定物是指以物单独所具有的特征所确定的物。特定物既包括物理性质上独一无二的物，也可以是特定化了的种类物。物权的客体不特定化，物权人就难以对其进行直接支配。独立性和特定性的判断标准应随社会经济的发展而有所变化，故而“一物”一般依照社会观念、交易观念及法律观念加以确定：只要从法律角度看，在交易中可以认为具有特定性和独立性之物，法律即可确定其为物权的

①赵略池：《论物权法的基本原则》，《行政与法》2005年第11期。

客体。因此，一物既可以是单一物，也可为集合物或合成物，而不仅限于客观事实上的一个独立物。

第二，一物之上不能同时并存数个互不相容的物权。物权的排他效力决定了一物之上绝不容许存在两个以上内容上互不相容的所有权或物权，申言之，即：①在同一物上不能有两个所有权。同一物上的所有权，其后为他人善意取得（或时效取得）时，前一个所有权消灭。[①] ②在同一物之上可以并存数个内容并不矛盾的物权，所有权与其他物权可以同时并存。如前所述，同一物之上可以设定数个担保物权，这在我国《担保法》上也有相关规定；一物上也可以同时设立用益物权与担保物权。对于这种情况，物权法中有明确的处理规则，即后成立的物权不得妨碍先成立的物权，例如所有人先将其房屋租赁给他人使用，从而在此基础上产生租赁权，然后又在该物之上设置抵押权。因此，抵押权不得妨碍租赁权的行使，当事人另有约定的除外。③对于用益物权，同一物之上不得设定相互矛盾的两个用益物权，如将某房屋出租给他人，在其上设定租赁权以后，不得再在该物之上设立典权。因为租赁权与典权都要移转占有，即由出租人或出典人移转占有给承租人或典权人，如果承租人占有了该房屋，则典权人不能再占有该房屋，所以租赁权和典权是相互矛盾的。但可以成立数个内容不同（如用水、通行），或内容相同但互不排斥的地役权。[②]

第三，一物的部分或成分一般不得作为物权的客体。这是按照一物一权原则，一物只能在整体上成立一个所有权，而一物的部分如尚未与该物完全分离，则不能成为单独所有权的客体。最为典型的是我国成套建造的单元楼房（以下简称套房）。在我国现行的法律制度下，套房是由各起居室、客厅、阳台、厨房、卫生间等组成的一个整体，其存在的目的是为了满足套房所有人的居住需要。分割套房违反物权法一物一权基本原则。一物一权即一个物上原则上只能有一个所有权，当事人可以共有一物，但共有所指向的也只是一个所有权。成套建造的单元楼房如果由两个以上个人分别所有该套房屋内不同房间，不仅每个所有权的范

---

①王泽鉴：《民法物权·通则·所有权》，中国政法大学出版社2004年版，第60页。

②同上。

围和界域无法确定，而且所有权人对物的直接支配和排他的权利也无法实现。[1]

二、一物一权原则的存废

由于现代社会"多物一权"、"一物多权"的现象大量出现，一物一权原则也广受责难。一物一权原则作为物权法的基本原则的地位是否依然坚实，尤其是我国物权法应否规定一物一权原则，对此，学者们甚有争议，大致形成坚持、修正、舍弃、重新定位等四种主张。

1. 坚持说

持该观点的学者认为，尽管一物一权原则因"物"与"权"之膨胀而受到责难，但一物一权与物权法定主义在统一及确定物权支配的内
上相互呼应，对维护社会交易安全及社会稳定有不可替代的作用，
本原则的地位不可动摇。其理由：

（1）坚持一物一权原则系确保物权绝对性的需要。物权的绝
物权的最本质特性，这一特性使物权具有直接支配标的物并排
涉的效力。物权作为一项可以排斥任何他人的支配权，它支配
须明确肯定。一物一权原则能使物权客体外部范围明确，
绝对性原则。 知，物

（2）坚持一物一权原则是商品经济发展的客观需要交换过程
权的客体物是商品，而现代的经济是商品经济，在反术功能。从
中，静态规定每个交换过程的起点和终点，是物权能去支配属于
商品生产的角度讲，特定的主体只有能按自己的意 关系的归属明
自己的财产，才能使商品的生产顺利地进行；而 出，商品经济的这
确、具体，商品的等价交换才能发生。[2] 由此
一客观要求也只有一物一权主义才能满足。 易安全。可以排除就物

（3）坚持一物一权原则便于公示，有利 如果不采用一物一权主义
之部分成立物权或者就数个物成立一个物

①张泽义：《论一物一权原则》，《滨州学院学报》2009年第4期。
②申政武：《论现代民法中的诚信原则》，《临 师范学院学报》2003年第2期。

原则，在实践中会出现物权关系的复杂化，出现一物数权或数物一权的法律无法调整的混乱状况。同时，因物权的本质特性决定了物权关系不仅涉及当事人的利益，而且也常常要涉及国家、社会及第三人的利益。因此，物权的发生、变更及消灭，以进行公示为必要，才能确保交易安全。一物一权主义原则正是有助于物权关系向社会进行公布。[①] 反之，若不采用一物一权主义原则，而一物之上可有多个所有权关系，则绝不利于物权向社会进行公示。

（4）一物一权具备物权法原则的基本属性。具体表现在以下几个方面：其一，一物一权原则反映了物权支配性的本质特征。其二，一物一权原则是物权的排他性效力的前提。其三，一物一权原则与物权的优先效力联系密切。其四，一物一权原则也是物权请求权制度适用的前提。其五，一物一权是构建整个物权法体系的基础。[②]

（5）坚持一物一权原则有利于实现定纷止争，使物权的内容得以实现。从物权人对标的物的支配来看，如果一物之上存在多个所有权，各物权人支配的方式不同，支配在时间上冲突，就会纷争不断。一物一权能保障物权内容的顺利实现。一物一权的价值，不在于指导人们定一物，而在于指导人们在达成有关一物的共识后如何认识和安相冲突的物权，预防和解决内容相冲突的物权并存于一物的情[③]

总

不可替代学者认为，一物一权原则对于维护财产秩序和效益有着
正。对于一，但应随着社会经济的变化，对物的观念作出相应的修
标准，以及克原则中出现的矛盾，关键是要更新对“一物”的判断
有体物为物权客物权法中所有权中心论的思维定式。传统物权法以
的边界应突破传统的体物有其物理边界，但随着经济技术的进步，物
式、在消费中的利用形边界的窠臼，而体现出财产在生产中的投入形
一物不仅包括实体存在的一物（即物理概念

①陈华彬：《物权法原理》，国家行政……出版社1998年版，第55页。
②王利明：《一物一权原则探讨》，《法……科学》2009年第1期。
③马俊驹、余延满：《民法原论》（上），……律出版社1998年版，第347页。

上的一物），也包括法律为便利财产关系而创设的、以其他形态存在的物。[①] 修正说的核心观点就在于，要对一物一权主义作广义上的理解，赋予其新的涵义，以适应现实情况。

其理由在于：一物一权原则应当成为物权法的基本原则，物权法实行一物一权主义是符合效率原则的。

（1）一物一权原则有利于贯彻物权的支配性、排他性，以确保权利主体能够独占地对物使用收益，刺激权利主体创造财富价值的生产性努力，有助于定纷止争，建立稳定的财产秩序。

（2）一物一权原则也是物权法诸多领域的理论基础。正因为一物一权原则，所以在添附制度中对于添附物只能有一个所有权存在，需要重新确定所有权之归属；正因为一物一权原则，无权占有他人动产或不动产经过一定期间，原权利人的所有权消灭，占有人取得所有权；因为一物一权原则，一物数卖中，只有一个买主可被确定为所有权人。

（3）一物一权原则还具有更深层次的存在基础，这个基础就是维护物的经济价值。[②] 所有权的客体之所以以一物为限，物的一部分不能成立一所有权，就是因为如果允许一物之一部分成立一所有权，势必造成一物的肢解，从而损害物之经济价值。在通常情况下，某一特定独立的物往往具有其独立价值存在，尤其在当今工商业社会，物以商品形式存在，整体的统一的存在具有独立的使用价值与交换价值，而如果物的某一部分一旦与物的整体发生分离，或独立之物一旦被肢解，不但使物的整体独立价值遭到毁损，而且各组成部分的独立存在也将毫无价值可言。

（4）确立“一物一权”的基本原则是由所有权的核心地位所决定的。在现代社会，尽管存在“以物的所有为中心”向“以物的利用为中心”移转之趋势，但所有权仍处于整个物权制度的核心与灵魂地位，是任何他物权的基础与前提。只有在物之归属关系确定的前提下，方有他物权设定可言。正是由于所有权的这种核心地位，才衍生出他物权制度，以及关于所有权的一系列原则，其中之一便为一物一权原则。时至

---

①周林彬：《物权法新论》，北京大学出版社2002年版，第232~234页。

②冯永军：《论一物一权主义》，《河南省政法管理干部学院学报》2003年第2期。

近现代，所有权的此种地位依然如故，依然坚固。[①]

3. 废弃说

持该观点的学者认为，解决一物一权原则问题的方法是取消一物一权原则在物权法中基本原则的地位。其理由在于：

（1）一物一权不过是物权排他效力的体现，不足以成为物权法的基本原则。所谓物权法的基本原则，就是物权法的制定、解释、适用、研究的最基本的规则。这些基本原则在物权法中并不是一些抽象、空洞的教条，而是集中体现了物权法的总体精神，是物权法规则体系的总概括。它具体地体现在物权法条文中，并且是有关物权的民事活动必须遵循的法律准则。因此，物权法的基本原则是物权法的最基本的问题之一。一物一权原则的本质为物权的排他效力，排他效力是物权本身具有的效力，因而其不能成为物权制度的基本原则。[②] 梁慧星先生认为，"本建议稿没有采纳人们熟知的'一物一权原则'，因为该原则只不过是物权绝对效力，或者物权排他效力的表现"。[③]

（2）废弃一物一权原则是由其尴尬现状所决定。若是在字面意义上理解一物一权，而对一物多权、多物一权现象以"例外情况"来作解释，则因例外情况实在是太多，足以动摇其"基本原则"的地位；若以"宽泛解释论"或"修正论"者的主张赋予一物一权新的涵义，着实已游离其原有旨趣，有削足适履之嫌，而且，寻出种种理由来解释多物一权、一物多权现象，不仅解释上颇费周折，而且也与一物一权的浅显、直观、练达的字面意义相去甚远，既无必要和实益，也难以使人信服（初学者还可能产生迷惘），且容易引起歧义，在实践中产生误导。而若是在"严格意义上"坚持一物一权原则，虽然解释上符合其原本涵义，且逻辑明晰，堪值信服，但由于其适用对象的限定性，恐怕只宜降格定位为所有权制度的原则，而非整个物权法的基本原则。

（3）一物一权原则的有限功效也决定应对其进行废弃。自用益物

---

①翟春雪：《论一物一权原则》，《大连海事大学学报》（社科版）2010年第4期。

②刘申：《一物一权原则新论》，《大连大学学报》2006年第3期。

③梁慧星：《中国物权法草案建议稿——条文、说明、理由与参考立法例》，社会科学文献出版社2000年版，第99页。

权和担保物权产生之后，所谓的“一物一物权原则”在历史上长期以来只能适用于所有权制度，只能作为所有权的原则，而不能适用于整体的物权制度，不能作为物权法的基本原则。一物一物权的说法只是在罗马法时代才适合，自中世纪建立地上权制度之后，一物一物权原则就不适用了。即使是在当代所有权制度中，由于公寓化住宅的兴起，法律上产生了建筑物区分所有权这种特殊的所有权，所以，一物一权的原则就彻底过时了。一物一权原则只适用用益物权或担保物权，而不适用于所有权。现代建筑物区分所有权就是一物上存在多个所有权的表现。在早期物权法上，系以所有权为核心来构筑物权制度，所有权具有绝对重要的地位，故当时承认一物一权为物权法的基本原则，尚属允当。而今日之物权法制度，已“从所有为中心转向以利用为中心”，他物权成为物权法中最为活跃和重要的内容，如此，仍使仅适用于所有权而并不适用于他物权的“一物一权”居于整个物权法的基本原则之地位，显有不妥。①

4. 重新定位说

持该观点的学者认为一物一权主义不是物权制度的基本原则，而应当是物权制度的基础。其理由在于：

（1）一物一权主义的基础开始动摇。一物一权主义存在的基础为所有权客体的有体性。绝大多数学者认为传统一物一权主义存在的基础是物权客体的有体性和维护交易安全的需要，但这两个基础都开始动摇。在现代经济条件下，物权的客体已不限于有体物，有价证券等无体物已经得到很大发展，并且成为社会中的重要财产，以物的有体性作为一物一权主义存在的基础的观点在物越来越超出有体物的范围的情况下，其理论基础不能不说受到动摇。一物一权主义只是说明一物之上不能有两个以上的所有权，而并没有明确该所有权属于何人，确定物的归属并不能通过一物之上只有一个所有权来确定，而是必须通过物权的公示来明确告知，从而得以维护交易的安全。因此，维护交易安全的需要并不是一物一权主义存在的基础。

（2）一物一权主义的作用下降。一物一权主义是罗马法时期

①刘保玉、李燕燕：《一物一权原则质疑——兼论关于物权性质的物权绝对原则》，《政法论丛》2004年第3期。

以所有权为中心的法律观念的产物，而在现代社会中，对物的利用使得在许多情况下他物权与所有权密不可分，所有权作用的发挥离不开他物权。作为以物的所有为中心的法律观念产物的一物一权主义，其与现代社会“以物的利用为中心”的现实已严重不符，其作用已严重下降，因此，不宜将一物一权定位于物权制度的基本原则。

（3）一物一权主义应为物权制度的基础。物权客体的有体性向无体性发展及一物一权主义自身涵义的不足，使一物一权主义的基础动摇。同时，以物的支配为中心转向以物的利用为中心使所有权在物权制度中的地位下降，不复为其中心，导致一物一权主义的作用下降，使其已不具有作为物权制度基本原则的能力，因此，将一物一权主义列为物权制度的基本原则，是不符合实际的。一物一权主义本身不具有作为物权制度基本原则的性质，物权制度的基本原则应当是基于物权的性质而从外部规制物权，以保证物权的社会作用得以发挥的制度。一物一权主义的本质为物权的排他效力，是物权本身具有的效力，因而其不能成为物权制度的基本原则。但是一物一权主义最终确定了所有权的归属，而所有权的归属明确，是一切对物的利用活动的前提，也是发生争议时定纷止争的基础，否则社会交易活动根本无法进行，用益物权、担保物权也成了无本之木。用益物权与担保物权所起的作用与所有权的作用是不分轻重的，后者是前者的基础，是物的静态归属，后者是前者的发挥，是物的动态运动。[①] 因此，虽然一物一权主义不能作为物权制度的基本原则，但其归根到底是确定所有权归属的原则，应作为物权制度的基础。

【案例】

案情简介

张丽与张杜因感情不和于2005年办理了离婚登记。离婚协议第三项约定：双方婚后有住房一套，系两居室，房主是女方，离婚后带阳台的一间归男方所有、北面的一间归女方所有。2007年1月8日，张丽起诉至区人民法院，要求依法确认二人签订的离婚协议书中第三项无效，依照

①胡晓薇：《试论一物一权主义的舍弃与替代》，《新疆社会科学》2003年第3期。

婚姻法照顾女方的原则对房屋依法分割，房屋归张丽所有，张丽给付张柱房屋折价款。张柱辩称，1997年张丽、张柱结婚时，张丽只是对房屋享有承租权，房屋是用双方共同存款及张柱的工龄购买的。2002年9月9日才取得房屋所有权证，房屋所有权取得的时间是在双方婚姻存续期间，故争议房屋是双方的共同财产。2005年离婚时，双方已对房屋作出明确的约定，协议约定两人分别享有争议房屋的所有权，带阳台的房屋归张柱所有。张丽提出的诉讼请求也已超过诉讼时效。请求法院驳回张丽的诉讼请求。

审理及判决

一审法院经审理后作出判决：（1）张丽、张柱于2005年3月14日签订的离婚协议第三项关于住房安排的内容无效；（2）住房一套归张丽所有，张丽于判决生效后30日内给付张柱房屋折价款人民币12万元。张柱不服一审法院判决，向上级法院提起上诉。

二审法院经审理认为：物权是权利人依法对特定的物享有直接支配和排他的权利。权利人要实现其对物的直接支配和排他的权利，须以国家公权力的保护为后盾。而国家公权力要实现对物权的保护，必须以确定物的范围和界域为前提。一套房屋的范围和界域内只能确定一个所有权，国家对不动产实行的统一登记制度中，不允许对同一套房屋登记两个以上的所有权。故不动产虽然可以由两个以上个人共有，但成套建造的单元楼房不得由两个以上个人分别所有该套房屋内的不同房间。张丽与张柱在离婚协议中约定房屋带阳台一间归张柱所有、北面一间归张丽所有，违反了一物一权（所有权）原则，该约定无效。张丽起诉要求确认离婚协议中的该约定无效，符合物权法的相关规定，应予支持。

分析

本案涉及的理论问题比较多，如除斥期间问题，即本案是否超过一年除斥期间？再如，夫妻共同财产认定问题，即夫妻一方婚前购买房屋，婚后是否属于夫妻共同财产？同时，本案还是涉及一物一权原则在我国的适用问题。具体来说，就是原、被告双方离婚协议中就分别所有一套房屋中的不同房间进行的约定是否有效？

根据《物权法》的规定，所谓物权，就是指权利人依法对特定的物享有直接支配和排他的权利，包括所有权、用益物权和担保物权。依物权的定义可知，特定性、支配性和排他性是物权的基本属性。物的特定性就是物权理论上的一物之上只能设定一个所有权，就是物权理论上的一物一权原则。传统意义上的一物一权原则中的"一权"仅指所有权。现代法意义上的一物一权原则中，除了包括一物之上只能设定一个所有权外，还包括一物之上不能同时存在两个以上种类一致、效力相同的用益物权或者担保物权。

除法律规定权利作为物权的客体外，物的特定性，一方面是指作为物权的客体，必须是特定物或特定化了的种类物；另一方面，作为物权的客体，必须有明确的范围和界域。只有这样，物权的支配性和排他性才能得以实现。正如本案二审判决中表述的那样：权利人要实现其对物的直接支配和排他的权利，须以国家公权力的保护为后盾。而国家公权力要实现对物权的保护，必须以确定物的范围和界域为前提。

通常情况下，一定范围和界域内客观上独立的特定物，只能设定一个所有权。而物权法以专章规定了业主的建筑物区分所有权，允许在一栋楼的范围和界域内，设立多个区分所有权。建筑物区分所有权是针对现代社会的新情况，对一物一权原则所作的发展。这一发展是将"客观上的一物"划分为多个"法律上的一物"，"法律上的一物"的最小单位由法律规定，不能任意划分。住宅楼中"一物"的最小单位是套，一套房屋内的不同房间，不能单独设立所有权。如果住宅楼中的一套房屋以房间为单位进一步划分为多个"法律上的一物"并分别设定所有权，会因共同使用的大门、门厅、厨房、卫生间等部位难以分割，而造成每个所有权的实际范围和界域无法确定，进而所有权人对物的直接支配和排他的权利也难以实现。因此，在国家对不动产实行的统一登记制度中，不允许对同一套房屋登记两个以上的所有权。夫妻协议离婚时，如约定分别所有一套房屋中的不同房间，显然是为一套房屋设定了两个所有权，这样的约定违背了一物一权的物权原则，因而是无效的。

综上可见，基于一物一权原则的制度宗旨和物权的基本特性，本案中原、被告双方离婚协议中就分别拥有一套房屋中不同房间所进行的约定应属无效，一审、二审法院的判决并无不妥之处。

典权制度性质及立废考辨

【法理】

一、典权简述

典权是我国历史上特有的一项财产法律制度，是指一方支付典价，占有他方的不动产而享有的使用、收益的权利。对于典权的态度，自物权法起草以来，在中国法学界即引发较大争论，关于典权的抛弃还是保留，双方各执一词，亦提出了相应的理由。物权法草案前两稿均设典权之制，而在2005年3月审议并于同年6月公布的第三稿，却删除了典权制度，第四、五、六、七稿中亦未出现，但官方并未给出具体理由。直至2007年3月16日物权法出台，典权制度最终未能在物权法中得以规定。

典权具有以下法律性质：（1）典权不具有变价受偿性。担保物权的变价受偿性是指当债务人不履行债务时，债权人得将担保物变价，以优先清偿其债权。变价受偿性是担保物权为价值权的集中表现。在典权关系中，典权人在典期届满，出典人不回赎典物时，典权人并不是将典物变价，以使典价得到补偿，而是直接取得典物的所有权，因而，典权不体现为价值权。（2）典权不具有不可分性。担保物权的不可分性是指担保物权的效力就债权的全部及于担保物的全部，即债权人在债权没有全部清偿前，可对于担保物整体上主张担保物权；担保物的部分变化或债权的部分变化均不影响担保物权的整体性。在典权关系中，如果典物部分丧失，则典权范围相应减少。（3）典权不具有物上代位性。担保物权的物上代位性是指担保物权的效力及于担保物的代替物，也就是可以从担保物的代替物中实现债权清偿。典权不具有物上代位性。典物灭失，典权便不复存在；典物部分灭失，除重建修缮外，典权就典物灭失部分消灭。典权之所以不具有物上代位性，是因为典权是以获取典权的使用价值为目的，是一种使用价值权。如果典物不存在，其使用价值就无法实现，自为其他物所无法代替。（4）典权不具有从属性。担保物权的从属性是指担保物权的发生与存在必须以一定的债权关系为前提，即担保物权从属于其所担保的债权，它们之间形成主从关系。典权的发生与存在不具有从属性。典权人与出典人之间不存在债权关系。出典人接受典价并非借款。因而典权并无担保之对象，而是一种独立存在的权利。①

二、性质厘定

1. 用益物权说

用益物权说系目前学界的普遍观点，持该观点的学者认为，典权属于用益物权。其理由包括：

（1）典权的内容决定其属于用益物权。典权是典权人的权利，典权人获得的是典物的使用收益权，即典权人通过支付典价而占有他人的不动产，进而为使用收益之权；而使用收益权属用益物权范畴，所以典权属于用益物权。②

（2）典权的独立性决定其不属于担保物权。典权是主物权，不似担保物权必须从属于债权而存在。典权始终因物的关系而存在，是一种独立存在的物权，显然与为了担保债权法律关系而存在的担保物权不同。担保物权具有从属性，其存在必须以主权利的存在为前提，而典权本身就是主权利，不存在从属性。与担保物权不同，典权不具有不可分性、从属性、物上代位性等属性。

（3）典权的设定目的决定其属于用益物权。典权人设定典权的目的是为了使用收益典物，绝不是保证其典价的收回，即使有的典权人设定典权的目的，是为了取得典物的所有权，但只具有可能性，而无必然性。而使用收益典物，则是典权设定的目的。

（4）典权行使的特性决定其属于用益物权。典权到期，典权人不能

---

①石诚：《传统典权制度的法律分析以及重构》，《法制与社会》2009年第2期。

②白保玉：《典权：一种具有融资功能的用益物权》，《中国国土资源报》2008年1月18日。

请求出典人偿还典价，出典人如抛弃回赎权，即可使典权关系消灭。如典物价值低于典价，出典人对于不足部分不负清偿责任。相反担保物权消灭或不足清偿债务时，债务人仍负有清偿责任。两者明显不同。典价不是借款，回赎亦非清偿。典权人与出典人之间不存在债权债务，典物也不是担保之物。[①] 出典人在典物价格低落时，只需要抛弃回赎权，就可以对不足部分的典价不负清偿责任，而这也与担保物权的主债务人在担保物的价值不足清偿债务时，仍负清偿的责任不同。

2. 担保物权说

持该观点的学者认为，典权在性质上属担保物权。其理由包括：

（1）从实际生活来看，典权属于担保物权。典权的发生，多数由于出典人为融通资金而以典物作为借贷之担保。民间设定典权多因经济困难而到典当行融通资金，出典不动产作为借款的担保物，所以就社会作用来说，典权应该是担保物权。民间运用典权，实际上多是因经济窘迫，通融金钱而出典田宅，有借贷关系的存在，这是不可否认的事实。

（2）从制度功能上看，典权属于担保物权。典权人支付典价，不仅仅取得对典物的使用收益权，而且在出典人放弃行使回赎权时，享有获得典物所有权的权利。如果典价仅为取得典物使用收益权的对价，那么在典期届满时典权人应当无条件返还典物，而不能取得典物所有权来代替典价，可见典权有担保功能。从设立目的上看，设定典权是期待取得典物的所有权，使用收益仅为此项目的的附产品，换言之，典物的使用收益只与典价的使用收益相对应，典物的回赎才与典价的返还相对应。从经济价值来看，典权若仅是使用收益之权，那么典价就只应与租金相仿，而与典物的价值无关，但典价的多少显然是由典物的价值决定的。[②] 由上可知，典权的核心功能是担保而非用益，故典权应定性为担保物权为宜。

（3）从历史沿革上来说，典权属于担保物权。在法制史沿革上，典、质、当、押均有债务担保之含义，并无明显区别。

（4）典权的回赎特性，决定其属于担保物权。如果认为典权是用益

---

①赵峻：《典权制度重建之探析》，《商业经济》2004年第8期。

②徐洁：《典权存废之我见》，《法学》2007年第4期。

物权，那么典权的回赎又作何解释？因为如果以典价作为设定典权的对价，那么典权灭失时，应该没有返还对价的义务，所以，于回赎时令出典人支付原典价，实际上具有清偿债务的性质。典权的取得与返还，依存于典物，典物的提供不能说没有担保的作用。出典人虽然没有义务提出典价回赎典物，但这只是法律赋予出典人任意选择回赎与否的权利，并不否认出典人有偿还典价的义务；何况出典人不为回赎的时候，乃是以典物的所有权代替典价，将其所有权移归给典权人，作为偿还典价的方法，并不是说出典人没有偿还典价的义务。再就典价作为金钱而且需要偿还的关系来说，实质上出典人所负的金钱债务，无论名称如何，跟金钱债务并无不同，可见典权具有担保物权性质。

3. 特种物权说

持该观点的学者认为，典权为兼具担保物权及用益物权性质的特种物权。其理由在于：如果认为典权仅是用益物权，那么典权人支付的典价应该是其占有、使用、收益典物的对价。当典期届满，典权人返还不动产，无须出典人返还原典价即可达到典权消灭的结果，而在典权制度中，出典人行使回赎权须提出原典价，只有回赎的意思表示而不提出原典价，不发生典权消灭的后果，这使用益物权说陷入困境。如果将典权定性为纯粹的担保物权，当典物价格低于典价时，出典人抛弃回赎权的，应补充典物价格不足的部分，而在典权制度下，出典人则可以任意抛弃回赎权，并可以不负清偿不足部分的责任，这又使担保物权说难以自圆其说。[①] 所以，典权既不是纯粹的用益物权，亦非纯粹的担保物权，而是兼具双重性质的特种物权。若将典权作为特种物权单列一章，可避免将其置于用益物权抑或担保物权中可能引起的理论上的混乱，又可彰显典权自身的特点。

4. 复合性质说

持该观点的学者认为，以单纯的用益物权或者担保物权来界定典权制度的性质，都未免失之片面，无法准确揭示我国典权制度的性质及功能，究其本质，典权制度是一种横跨物权与债权两大领域，糅合多种法

---

①周琳静、殷继国：《我国传统典权制度的存废之辩》，《中国矿业大学学报》（社会科学版）2007年第1期。

律关系特征，具有多种功能和动态性的民事交易方式，而非单一的民事权利。其理由在于：（1）典权具有物权中他物权的属性，学术界对此并无异议。（2）典权具有债权的属性。一方面，在典权关系中典权人可以因找贴、留买、抛弃、作绝等原因取得典物所有权；另一方面，典权关系中的回赎、找贴、留买、费用求偿具有相对性，只能向特定的人员主张，具有债的性质。（3）典权是法律关系的集合。典权关系包含借贷关系、担保关系、用益关系、买卖关系等诸多法律关系。典权关系集多种法律关系于一体，是一种复杂的交易方式，无法用单一的权利模式进行界定。①

三、立废之争

1. 废止说

持该观点的学者认为，应废除典权制度。主要理由包括：

（1）典权的传统功能已经丧失。传统典权关系中由于典权人有取得典物所有权的期待，因而可能愿意设定典权。但如今物权法不再宣扬所有权神圣的观念，而有从“归属到利用”的趋势。国外近年出现的“有期限所有权”“分时度假”等制度即是这种趋势的体现。物尽其用、充分发挥物之功效既能满足个人追求经济利益之最大化，也能促进社会整体财富之增加。单纯强调所有权之取得对于典权人的意义并不大，而且，由于典价一般相当于买价，而典物的价格（如房屋）并不稳定，可降可升，典权人完全可以出资购买房产而不必设立典权，进而受制于出典人之回赎权。②

（2）典权制度本身存在诸多弊端。具体表现在以下几个方面：第一，典权有失公平。典权虽然以双方的权利义务为内容，但难以达到两者利益的均衡。其过多地偏向保护出典人，实际上是违反了民法之公平原则。第二，典权制度本身的弱点决定了其容易发生纠纷。第三，降低了资产的利用效率。在典权制度漫长的回赎期，典物实际上并没有被最

①生青杰：《论典权的性质》，《平顶山工学院学报》2005年第1期。

②谢玉美：《对典权存废论的再思考》，《南昌高专学报》2005年第2期。

有效的利用，而是处在一种不稳定状态。①

有的学者则认为，实践中，由于规范典权关系的法律规范缺失，而民间习惯又没有统一规范效力，因而容易发生各种各样的纠纷。当前我们国家禁止企业间的借贷，对于非法集资更是严厉打击，直至追究违法者的刑事责任。典权制度的确立可能为企业间的非法借贷提供合法的外衣，纵容了部分地方存在的所谓“地下钱庄”，从而不利于我国金融秩序的稳定。②

（3）典权制度具有可替代性。在全球经济一体化的时代，金融机构众多，融资业已非常发达，甚至进行全球融资。与此同时，相关的法律制度已逐渐健全，如抵押、质押、留置、让与担保等等，这些均使得拥有不动产而又急需资金者，很容易通过多种渠道取得融资。③例如，即使有人拘于传统习惯，就房屋设定典权，虽因违背物权法定主义而不能发生物权效力，但仍可通过准用债法关于附买回条款的买卖的规定，而使当事人利益获得保护，不致影响法律关系的稳定，④因此，废止典权于实际并无害处。

（4）典权制度所依赖的社会观念已经改变。典权之所以兴起，在于我国传统观念认为变卖祖产尤其不动产属于败家子，足以使祖宗蒙羞，并受人耻笑。而现今市场经济发达，人们观念改变，将不动产抵押、出卖以获取资金，为正常的经济行为。更为关键的是，于急需资金时有多种法律方式可供选择。因此无保留典权的必要。

（5）物权法的国际化趋势决定应废止典权制度。物权制度与一国民族传统、经济体制关系密切，具有各自特点，因此物权法最具有固有法色彩。但随着国际贸易的发展，一国之国内市场与国际市场沟通，导致现代各国民法物权制度的趋同，甚至称为物权法的国际化趋势。典权制度是我国特有制度，现代各国民法无与之相同者，为适应物权法的国际

①朱佑法：《试析典权废除的必然性》，《内蒙古电大学刊》2008年第12期。

②张新宝：《典权废除论》，《法学杂志》2005年第5期。

③谢玉美：《对典权存废论的再思考》，《南昌高专学报》2005年第2期。

④中国社会科学院法学研究所物权法研究课题组：制定中国物权法的基本思路，《法学研究》1995年第3期。

化趋势，宜废止之。

（6）典权制度的适用空间有限。典权已经走向没落。从当前我国大陆和台湾地区的情形来看，典权已经走向没落。从世界范围看，其他国家的物权法中虽没有典权之制，但物权制度明确完备，公民融资亦十分发达，并没有因为缺少典权而造成融资不便。当今我国的物权法律制度基本上为舶来品，刻意排斥或者寻求所谓传统文化的标签均不适宜；而保留体现中华文化特质之典权制度无疑与整个用益物权体系不相吻合。①

2. 保留说

持该观点的学者认为，应对典权制度予以保留，并在物权立法中加以明确。理由：

（1）典权制度是与我国的文化传统相符合的特色法律制度。典权制度是我国独有的民事物权制度，历史悠久，具有深厚的习惯基础。典权是中国民法中保持下来的最具特色的传统法制，充分体现了中华民族尊崇祖先和济弱扶贫的道德观念及社会思想，为现代民法物权编中最具中华文化特色的部分，保留典权制度也可以说是中华传统生命力的一种表现。物权立法应兼顾民族传统性和国际趋同性，既保留固有法的特色，又容纳继受法的借鉴。典权作为我国土生土长的民事制度，充分体现了我国传统文化上的整体观念，具有和谐性价值，最具中国传统特色，因此，应从中国国情和民族传统出发，充分吸收中华法系的优秀文化法律成果，使物权法在固有与趋同的双向选择中与社会发展同步。典权所体现出的中国国情民情难以割裂。典权制度所体现出的中国人的家族观念以及好“面子”的做法，无可厚非，制定法律应当反映民族习惯和心理特征，而不能被眼前的功利心态和暂时的得失所左右，为外国民法理论所左右，给中国民众的生活带来长远的不利影响。

（2）典权制度具有重要功能。典权这一特有的民事法律制度，得以在频繁的朝代更迭、制度变迁中持续保留下来，是因为其具备特有的功能。第一，典权具有融资功能。历史上，解决资金的需要而动用祖宗

---

①张文举：《试论典权制度的历史沿革》，《中国矿业大学学报》（社科版）2002年第3期。

遗留之财产时，采用典权，一则可避免“败家子”之恶名，二则可很好地解决融资之需求。而目前典权制度已不再局限于个人融资需求上，而是面向公司法人、中小企业、个体户等众多主体，特别是对处于弱势地位、急需资金运作的中小企业和个体户，其可以提供一种可能的融资渠道。第二，典权具有用益的功能。典权在设立后，出典人必须将其出典的不动产移转给典权人所占有，典权人因而对出典的不动产有权进行使用和收益，而不付租金。第三，典权具有借贷担保功能。在典权期限届满时，典权人没有收到原典价的返还，则可拒绝返还典物，即典权人可以留置典物以确保典价得以回收。第四，典权使典权人具有了取得典物所有权的期待功能。典权于典契订立之时已暗附“绝卖”条款，典权双方可在典契中直接规定出典人到期不赎，典物则归典权人所有，换言之，典权人拥有取得典物所有权的期待权。①第五，典权具有扶弱济贫的功能。一直以来典权都因有这项优点而备受称赞，因为现阶段乃至今后无论出典人还是承典人的经济状况不同以往，而一般来说“出典人多经济上的弱者，使其与典物价格低减时，抛弃回赎权，即免负担；于典物价格高涨时，有找贴之权利，有道德上济弱观念之优点。”②

（3）典权制度具有不可替代性。作为一种特殊的物权制度，典权能够同时满足典权人占有使用收益不动产的需要和出典人对于资金的需要，典权功效的全面性为其他权利形式所不及。现代社会对物的利用以及担保功能，虽可通过租赁、借贷、抵押等制度体现，但它们的功能均显单一，要么只能对物进行利用，要么只能实现物的担保功能。而典权不仅能实现对物的使用价值的支配，还能实现对物的交换价值的支配。同时，在认识上必须明确，典权是实现物的利用及满足人们融资的一种方式或途径。不论是典权、抵押权，它们都是实现物的利用价值的方式，是物权内容实现的不同形式，它们之间并不存在矛盾，不能从用益物权、担保物权的形式和功效上去否定对方。③因此典权的存在无疑为人们交易融资提供了更多的途径和选择，更有利于资源的灵活利用。

---

①谢玉美：《对典权存废论的再思考》，《南昌高专学报》2005年第2期。

②李春华：《我国〈物权法〉应保留典权制度》，《山东农业大学学报》（社科版）2005年第3期。

③陈静忠：《关于典权制度承继与制度构建的思考》，《湖北社会科学》2007年第3期。

（4）典权制度在当前具有坚实的社会经济基础。典权制度是我国商品经济发展的实际需要。随着市场经济的发展和住房制度的改革，私有房屋大量增加，房屋所有人可以通过设立典权获取资金以解燃眉之急，待经济状况好转时再赎回，或者因各种原因长期不使用房屋，而又不愿出卖时，通过设定典权可以避免出租或委托代管的麻烦。此外，我国地域辽阔，各地经济发展不平衡，传统观念与习惯之转变不可能整齐划一，小农经济、贫富差距等典权存在的社会条件还存在，典权有其存在的社会经济基础。纵然只有少数人拘于传统习惯设定典权，物权法上也不能没有相应规则予以规范。①

（5）在立法技术上，废除典权有悖于物权法定原则。立法上废止典权，并不能从实际生活中消灭典权关系，一旦发生典权纠纷，对其性质应如何确定，如以其为物权，则违背物权法定原则；如以债权定之，则不利当事人利益的保护和法律关系的稳定。典权，作为一种既有其存在的物质基础，又有悠久的历史根源，还有客观存在的事实的财产关系，不能以其适用范围的广泛与否决定其存废，法律在内容上应尽可能追求完整和全面。②

【相关法律法规及司法解释】

【案例】

案情简介

1998年11月12日，恒通公司与李某签订两份商品房购销协议。发票在房款未付前开出，恒通公司协助李某办理了产权产籍手续，办证费用双方承担。房证办理完毕10日内，李某分期支付房款，余款需在1999年5月前付清。如房款未到位，恒通公司无条件收回房产。当日恒通公司为李某开出两张商品房销售（结算）专用发票。李某没有付款。1998年11月13日，李某以购房协议、销售发票和恒通公司出具的商品房准住通

①郭华炜、杨峰：《从典权制度本身看其存废》，《中国水运》（学术版）2006年第7期。
②陈静忠：《关于典权制度承继与制度构建的思考》，《湖北社会科学》2007年第3期。

知等材料，向某市房产局申请颁发私有产权证书，某市房产局当日为李某颁发了两处房屋的李某领名的私有产权证书。1999年3月15日和4月26日，李某先后和兴科典当行签订房屋典当协议书，将两处私有房屋以抵押形式借款人民币140万元人民币。典当期分别为1999年4月26日至1999年10月26日和1999年6月9日至1999年12月9日各6个月。协议约定，典当期满之日起10日内不赎当不续当，典当物归典当行所有。协议签订后，兴科典当行先后支付了人民币130万元，并扣押了李某领名的两处房屋的产权证。1999年4月23日和6月8日，某市房产局分别行文批准典当成立及典当款额。1999年7月1日，恒通公司以李某未支付房款为由诉至某市中级人民法院，要求李某返还房屋、赔偿损失。

审理及判决

某市中级人民法院于1999年8月4日作出一审判决，解除恒通公司与李某签订的购房协议，李某已办理私有产权证的两处房屋由恒通公司收回。李某不服上诉至某省高级人民法院，上诉理由中有两处房屋已抵押给兴科典当行，一审漏列第三人的请求事项。兴科典当行也在二审期间以第三人身份提出了书面申请。省高级人民法院二审认为，双方所签协议（第二份）除少写价款违反有关法律规定无效外，其余各项内容均有效；李某与兴科典当行建立的抵押借款关系与本案没有直接的法律关系，不予合并审理，驳回李某的上诉，维持原判。2001年3月20日，兴科典当行向省高级人民法院申请再审，其理由，一是李某与兴科典当行签订的房屋抵押典当协议，经市房产局确认并进行了典当抵押登记，程序合法有效。二是李某取得私有房屋产权后，与恒通公司之间存在的是债权债务关系，不能对抗兴科典当行具有的抵押权法律关系。三是兴科典当行主张的抵押权和恒通公司主张的债权涉及同一标的物，兴科典当行为有独立请求权的第三人，有权要求参加诉讼。省高级人民法院审判委员会在讨论兴科典当行申请再审一案时存在分歧，多数人认为应当驳回，少数人认为应再审。最高人民法院的意见是，只要典当合同真实存在，兴科典当行就具备有独立请求权第三人的主体资格，其申诉符合《中华人民共和国民事诉讼法》有关规定，应予再审立案。

分析

本案的关键问题是：兴科典当行与李某之间的典当合同是否有效以及兴科典当行是否是本案适格的第三人。

就兴科典当行与李某之间典当合同的效力而言，其应为部分有效。虽然1996年4月3日中国人民银行制定的《典当行管理暂行办法》中规定“典当行是以实物占有权转移形式为非国有中、小企业和个人提供临时性质抵押贷款的特殊金融企业”，但其中并没有规定典当行不能从事房屋抵押业务的条款，辽宁省人大常委会1995年1月20日通过的《辽宁省城镇房地产交易管理条例》中也允许房屋典当。根据1996年10月27日《国务院办公厅秘书二局关于典当业管理整顿协调的三点建议》，该建议在肯定了《典当行管理暂行办法》的同时，又承认该办法存在不足，针对全国各地大量存在典当行以房屋等不动产抵押贷款的情况，建议人民银行从典当行的实际情况出发，在执行中变通处理。在对典当行的监管及司法实践中也一直认可房屋抵押典当，最高人民法院《关于金德辉诉佳木斯市永恒典当商行房屋典当案件应如何处理问题的复函》中答复：“房屋典当实质上是以房屋作抵押向典当行借款的合同，故定为抵押借款合同为宜。”针对经济生活中普遍存在的房屋典当业务，当时典当业的主管机关中国人民银行2001年9月5日《关于对典当行从事房屋抵押贷款业务有关问题的复函》中也表明态度：中国人民银行于1996年发布的《典当行管理暂行办法》规定，典当行的业务范围为质押贷款业务。但在实践中，鉴于房屋抵押贷款业务对典当行的生存与发展至关重要，同时典当行也大多从事此项业务，从历史情况和典当行发展的需要出发，中国人民银行在监管工作中不禁止典当行从事房屋抵押贷款业务。我们认为，考虑到国家政策和我国典当业发展的实际情况，地方法院对典当行可从事房屋抵押贷款业务的认定，是比较妥当的。2001年8月8日典当行新的主管机关国家经贸委发布《典当行管理办法》，使这一问题得到最终解决：“本办法所称典当，是指当户将其动产、财产权利作为当物质押或者将其房地产作为当物抵押给典当行，交付一定比例费用，取得当金，并在约定期限内支付当金利息、偿还当金、赎回当物的行为。”基于以上理由，从有利于市场经济发展和促进新兴的典当业健康发展的角度出发，应认定本案典当行有从事房产抵押贷款业务的主体资格，可以从事房屋抵押贷款业务。本案中双方签订的抵押贷款协议是双方真实意思的表示，且沈阳市房产局行文予以批准，应认定为有效。在双方的《典当协议书》第5条第4款："自典当期满之日起十日内，当户既不赎当，又不续当的，视为死当。所当物品归典当行所有"的内容违反我国《担保法》第40条的规定："订立抵押合同时，抵押权人和抵押人在合同中不得约定在债务履行期届满抵押权人未受清偿时，抵押物的所有权转移为债权人所有"的规定应为无效。因此，当事人之间的典当合同应认定为部分有效的合同。

就兴科典当行第三人主体资格而言，兴科典当行与李某所签房屋典当合同有效，兴科典当行作为抵押权人，对恒通公司与李某争议的房屋可以提出权利主张，具备有独立请求权第三人的主体资格。兴科典当行与李某所签房屋典当合同除个别条款无效外，属于有效合同，兴科典当行作为抵押权人对抵押房屋享有抵押权，相对于一般债权人有优先受偿权。李某已经取得房屋的产权证书，无论恒通公司与李某之间购房合同的效力如何，恒通公司在李某未按时付款的情况下请求收回房屋，都属于债权性质的请求权，是一般债权。因此兴科典当行的抵押权相对于恒通公司的债权具有优先性，兴科典当行对于争议的房屋具有独立的请求权，具备有独立请求权第三人的主体资格。

综上可见，在本案中，兴科典当行与李某之间的典当合同应为部分有效。且兴科典当行是本案适格的第三人，就本案诉讼标的具有独立请求权。因此，省高级人民法院应依法启动再审程序。

承租人优先购买权与按份共有人优先购买权的竞合

【法理】

一、是否会发生竞合

依据我国现行法律规定，所谓按份共有人优先购买权，是指按份共有人在共有财产被转让时，就可以转让的不动产或动产份额，作为按份共有人享有同等条件下优先购买的权利；而承租人优先购买权，则是指房屋所有权人在转让其出租房屋所有权时，该出租房屋的承租人在同等条件下享有优先购买的权利。按份共有人优先购买权制度的功能在于保护已经存在的共有关系，维护共有关系稳定和所有共有人的利益，并避免和减少共有人之间纠纷的发生；而承租人优先购买权意在保护承租人的居住权，以维系其生存条件，并有维护租赁关系稳定的功能。按份共有人优先购买权与承租人优先购买权共同指向出租房屋这一特定物时，二者是否会发生竞合？在理论界，目前还存在不同认识。

1. 不发生竞合说

在理论界，目前有部分学者认为，按份共有人优先购买权与承租人优先购买权竞合是一个“伪命题”，二者不可能发生竞合。其理由在于：

（1）两者的客体性质不同。在按份共有人转让其份额时，只能由其他按份共有人行使优先购买权，在出租人转让租赁物时，只有承租人才能行使优先购买权，因为按份共有人优先购买权的客体是共有权的份额，而不是共有物，承租人优先购买权的客体是具体的物，份额与实物非属同一，故这两种优先购买权无法竞合发生冲突。[①]

（2）二者适用的前提条件不同。依《民法通则》的规定，共有份额的处分可径自行使，而共有物的处分须征得全体共有人同意。若全体共有人同意转让共有物，此时共有人均作为出卖人，就不存在共有人的先买权问题，自然只能由承租人行使先买权。即便适用“多数决原则”，其立法目的在于解决共有人对共有物的处分意见不一致影响共有物的价值利用的问题。在多数共有人要求转让共有物，而少数共有人愿意承购的情况下，多数共有人完全没有行使“多数决原则”下的处分权将共有物转让给他人的必要。因为出让共有份额还是出让共有物，对共有人在利益上没有任何区别。因此，应对多数共有人行使“多数决原则”下的处分权规定必要的限制条件，当多数共有人要求转让共有物时，少数共有人有权基于对共有份额的先买权收购多数共有人的共有份额，以解决按份共有人先买权与承租人先买权的权利冲突问题，[②] 而无按份共有人优先购买权与承租人优先购买权竞合的适用空间。

2. 发生竞合说

大部分学者认为，按份共有人的优先购买权与承租人的优先购买权完全可能发生竞合。王利明教授曾就此问题进行举例说明：“甲乙双方共有一栋房屋，各享有一半的份额，双方将该房屋出租给丙使用。在甲出售该房屋时，乙作为共有人享有优先购买权，而丙作为承租人也享有优先购买权。如果双方都主张优先购买权，则发生优先购买权竞合问题。”

持发生竞合说的学者认为，不可否认，共有份额与共有物存在实质差别，但是在理论上过于细致地追究两者差别，势必忽略实践需求。按份共有人优先购买权的客体确为共有份额，但须看到共有份额并非凭空想象之物，其所附载体依然是共有物。换言之，按份共有人优先购买权之行使亦指向物之所在，共有份额只是从中充当了媒介而已。[③]

---

①王利明：《共有中的优先购买权》，杨立新主编，《民商法前沿》（第1–2辑），吉林人民出版社2002年版，第87~88页。

②魏小星、乔默之：《房屋承租人优先购买权的立法完善》，《湖北第二师范学院学报》2008年第5期。

③李晓丽：《承租人优先购买权性质分析及纠纷审理》，《青海社会科学》2004年第6期。

二、发生竞合时应如何处置

按份共有人的优先购买权与承租人的优先购买权完全可能发生竞合，此为目前学界普遍的观点，但对于两项优先购买权发生竞合应如何处置，却存在不同认识，且争论颇多。

1. 承租人优先购买权优先说

持该观点的学者认为，当按份共有人优先购买权与承租人优先购买权发生竞合时，承租人的优先购买权效力优先于共有人的优先购买权。其理由在于：

（1）共有的内部关系不得对抗第三人。共有人优先购买权，仅系共有人间之权利义务关系，并无对抗第三人之效力，当出卖人违反通知义务，将标的物移转于第三人时，其他共有人仅得向该出卖人请求损害赔偿。因此共有人优先购买权仅具债权性质。而承租人优先购买权具有排他性和追及力，当两者发生竞合时，后者优先于前者。

（2）有利于提高租赁房屋的利用效率。从发挥租赁房屋的利用效率考虑，应该认定承租人的优先购买权更为优先。效率是在判定当按份共有人优先购买权与承租人优先购买权发生竞合何者优先的首要价值目标，即优先适用的那一方必须要带来社会资源的高效利用。一般来说，房屋使用比闲置更加符合高效利用的目标。一方面，如由共有人取得优先购买权，其可以获得整个房屋的所有权，但是在原已让渡使用价值惯性的驱使下，共有人对房屋的闲置几率可能会偏高。而如果由承租人取得优先购买权，其能够将物的所有和利用充分紧密结合在一起，闲置几率相对前一情形自然会低很多。另一方面，如果由承租人因取得优先购买权，进而成为共有人之一，房屋的所有和利用部分地合而为一，必然也减少了两者分离所导致的不经济。综合以上两点，为有效提高租赁房屋的利用效率，最佳选择无疑是应选择承租人优先购买权优先于共有人优先购买权的立法模式。[①]

2. 按份共有人优先购买权优先说

持该观点的学者认为，当按份共有人优先购买权与承租人优先购买

①李晓丽：《承租人优先购买权性质分析及纠纷审理》，《青海社会科学》2004年第6期。

权发生竞合时，按份共有人的优先购买权优先于承租人的优先购买权。其原因在于：

（1）从权利属性差异角度看，按份共有人的优先购买权应当优先于承租人的优先购买权。从权利属性上讲，承租人主张的优先购买权是基于租赁权，租赁权本质上是一种债权，虽然法律赋予了租赁权一定的类似于物权的效力，如“买卖不破租赁”，但并不能从根本上改变其债权的性质。共有人主张的优先购买权是基于共有权，共有权是一种物权。按照民法原理，当物权与债权同时并存时，物权的效力应优于债权。

（2）从法律效力和社会效果上看，共有人的优先购买权应当优先于承租人的优先购买权。对于房屋，无论是按份共有还是共同共有，一旦当有的共有人出卖时，其他共有人均有优先购买权。因为房屋通常是在结构上相连的一间或几间，是不易分割的一个整体，让其他共有人享有优先购买权，有利于对房屋进行管理、修缮、使用，也方便群众生活，符合情理。反之，如果使承租人优先购买共有的房屋，那么承租人和原共有人很可能分割房屋以明确权利归属，双方对不易分割的部分又必然形成新的共有关系。在这种复杂的区别所有和共有的情况下，势必容易引起矛盾和纠纷。

（3）从权利的设置目的来看，共有人的优先购买权应当优先于承租人的优先购买权。房屋承租人的优先购买权虽然有保护承租人生存条件的目的，但这是建立在所有权人向另外他人出售房屋前提下的。财产所有权人并无保障他人人身、财产权益的积极义务，所以法律不能要求所有权人为他人的人身、财产权益承担义务。因为保障所有权的最根本目的也是为了保障所有权人的生存条件。

（4）从简化民事法律关系、稳定既有财产关系上考虑，应当认定共有人的优先购买权优先于承租人的优先购买权。共有人行使优先购买权后，可以减少共有的人数，符合多数共有人——往往也是多数份额持有人——的意愿；并且，其他共有人行使优先购买权后，承租人仍然受到买卖不破租赁规则的保护，可以继续租赁转让份额所及的标的物。而且，共有人将来如果转让共有份额或共有物时，处于承租期内的承租人仍然可以行使承租人的优先购买权。反之，如果承租人优于其他共有人行使优先购买权，则会出现承租人和原其他共有人共有租赁的不动产且租赁自己和他人共有不动产的复杂局面；还可能因为多数共有人或多数份额持有人的主张自己优先购买、阻止承租人优先购买的意思表示无效而导致共有关系的存续危机或解体。①

（5）从租赁房屋价值的综合利用上看，共有人的优先购买权应当优先于承租人的优先购买权。共有人作为共有财产的所有权人，其与争议财产的利害关系较之于承租人更为密切，让其享有优先购买权更能让财产归于整体和一个产权人，更有利于物权的行使和更有效地利用物的价值；同时法律上规定共有人对争议的共有财产比承租人负有更多的义务，让其优先行使购买权，更能体现权利与义务相对等的原则。② 此外，共有是一种较为复杂且效率低下的所有权关系，不利于物的流转。共有人行使优先购买权可消除共有关系，使所有权归于单一，将大大方便物的流转、变动，进而能够充分发挥物的使用价值。③

（6）从权利的救济上看，共有人的优先购买权优先并不会损害承租人的根本利益。共有人的优先购买权是为了保护共有人的财产而设立的，承租人的利益在于使用租赁物。依据“买卖不破租赁”原则的保护，租赁物转移给共有人，不影响承租人对租赁物的利用。因此，无须再赋予承租人更优于共有人的优先购买权，使之得到额外的保护。但如果共有人不享有优先购买权，其权利则难以获得其他保护。④

（7）从权利义务协调角度看，共有人的优先购买权应当优先于承租人的优先购买权。共有人作为整个共有财产的权利人，其与共有财产的利害关系较之于承租人更为密切，其对共有财产的关注较承租人更为尽心，其对共有财产所负的维护义务和责任较承租人更为重大，因此，根据权利与义务相一致的原则，共有人的优先购买权比承租人的优先购买权应更为优先。⑤

---

①周林章：《按份共有人的份额转让权和份额先买权——兼析物权法第101条》，《社科纵横》2010年第10期。

②范益民：《按份共有人的优先购买权探析》，《安徽商贸职业技术学院学报》2008年第2期。

③孙青：《承租人与共有人优先购买权的竞合及其处理》，《江苏经济报》2006年1月25日。

④韩晓艳：《共有人的优先购买权制度探析》，《经济视角》2011年第8期。

⑤甘晓琳：《房屋优先购买权及其竞合在房屋登记中的处理》，《中国房地产》2011年第23期。

（8）从情理上看，共有人的优先购买权应当优先于承租人的优先购买权。共有大多是基于某种特定人身关系的共有，共有人之间大多有某种血缘或亲属关系，而作为租赁法律关系主体的出租人和承租人则一般不具有这种关系。因此，一方共有人处分其共有财产时往往会首先考虑和照顾其他共有人的利益，由此明确共有人的优先购买权优先于承租人的优先购买权，也是符合情理更能令人接受的。①

3. 折中说

持折中说的学者认为，在共有人的优先购买权和承租人的优先购买权发生竞合的情况下，不宜一概认为共有人的优先购买权优先于承租人的优先购买权。其原因在于，优先购买权的对抗性和优先性根本上来源于第三人知晓该权利的存在，优先购买权是基于债权关系而产生还是基于物权关系而产生均不是优先购买权对抗第三人效力的基础。

在共有人的优先购买权和承租人的优先购买权发生竞合的情况下，除非享有优先购买权的当事人另有约定，应采用如下标准来判断哪项优先购买权优先：（1）需考察知晓按份共有优先购买权的当事人（按份共有优先购买权人及出让人）和知晓承租人优先购买权的当事人（承租人及出租人）之间谁更早告知第三人优先购买权的存在。先通知者将使所通知的优先购买权产生优先的效力。（2）在知晓按份共有优先购买权的当事人和知晓承租人优先购买权的当事人均未做通知的情况下，需考察按份共有关系和租赁合同关系中哪项法律关系登记公示在先。公示在先的法律关系将造成以其为基础的优先购买权产生优先效力。（3）在当事人既没有向第三人通知优先购买权的存在，又没有公示该权利产生基础的法律关系的情形下，一般应认为第三人为善意，按份共有人和承租人均无权行使优先购买权，除非他们能证明存在合同双方当事人恶意串通损害第三人利益的情况，或者证明第三人虽然没有被告知优先购买权的存在，但实际上已经明知该权利存在或由于重大过失而不知晓他人有优先购买权。只有在根据按份共有关系和承租关系进行交易的第三人均有主观恶意或因重大过失不知晓他人有优先购买权的情况下，才可能发生

①曹萍、狄蕾、陈柏安：《承租人和共有人优先购买权竞合之效力探讨》，《江苏经济报》2006年10月11日。

按份共有人和承租人优先购买权的竞合。在这种情况下，应需考察按份共有人和承租人之间谁更早向出让人或第三人主张优先购买权，根据优先购买权人主张权利时间的先后顺序来确定共有人的优先购买权和承租人的优先购买权之间哪项权利优先。①

【相关法律法规及司法解释】

《物权法》

第九十七条　处分共有的不动产或者动产以及对共有的不动产或者动产作重大修缮的，应当经占份额三分之二以上的按份共有人或者全体共同共有人同意，但共有人之间另有约定的除外。

第一百零一条　按份共有人可以转让其享有的共有的不动产或者动产份额。其他共有人在同等条件下享有优先购买的权利。

《合同法》

第二百三十条　出租人出卖租赁房屋的，应当在出卖之前的合理期限内通知承租人，承租人享有以同等条件优先购买的权利。

【案例】

案情简介

李甲与李乙二人系兄弟关系。2008年5月16日，其父去世，遗留下三间临街商铺。由于在使用功能上无法进行分割，因此，李氏二兄弟达成协议，由二人共同拥有该三间临街商铺，兄弟二人各占50%，此后，兄弟二人依法将该临街商铺的所有权变更为其二人所有。2008年10月2日，经协商，二人将该商铺出租给了王某，由其用以经营饭店，租期为10年。2011年8月，李甲的女儿要去英国留学，为筹集足够的学费，李甲拟将该临街商铺中的自有份额出售。8月5日，李甲将这一想法告诉了其弟李乙，李乙问其份额打算出售多少钱，李甲说应该能卖25万，李乙表示愿意以25万元的价格购买其份额，李甲没有明确表态。8月10日，李甲将

---

①张礼洪：《按份共有人优先购买权之实现——〈物权法〉第101条的法解释和适用》，《法学》2009年第5期。

这一想法又告诉了承租人王某，王某当即表示愿意以35万元的价格购买李甲所拥有的房产份额。李甲后找到某房产中介机构咨询，房产机构给出的估价是40万，李甲于是决定在该房产中介挂牌出售其财产份额。8月25日，张某找到该房产中介，表示愿以38万的价格购买李甲所拥有的房产份额。房产中介立即将该信息通知了李甲。后经双方的进一步讨价还价以及房产中介从中斡旋，李甲与张某最终达成共识以39万元的价格成交，二人在房产中介机构的见证下，于8月27日签订了买卖协议。8月30日，在李甲与张某前往该县房管局办理房产过户手续时，其弟李乙获知此信息，于是找到李甲理论，指责其为何未征求其意见而直接将房产份额卖与张某。李甲则表示，其首先是将出卖事宜告知李乙，但李乙所出的价格与张某差距过大，所以，其才决定将该房产份额出卖于张某的。李乙对此解释不满意，于是将李甲起诉至该县人民法院，要求撤销李甲与张某的房产买卖协议，并主张行使共有人优先购买权。此后，该商铺承租人王某亦将李甲诉至该县人民法院，同样要求撤销李甲与张某的房产买卖协议，并主张行使其承租人优先购买权。

审理及判决

该县人民法院依法将李乙与王某的诉讼进行了合并审理。在审理过程中，审判人员一致认为，依据现行法律规定，李甲与张某的房产买卖协议应予撤销。但是，在应优先保护哪种优先购买权的问题上，审判人员形成了两种不同意见：一是主张应优先保护共有人李乙的优先购买权；二是主张应优先保护承租人王某的优先购买权。最后，根据院审委会讨论所形成的建议，该案审判人员采信了第一种意见，即优先保护共有人的优先购买权。法院因此判定，撤销李甲与张某的房产买卖协议，共有人李乙有权以39万的价格购买李甲所拥有的房产份额。

分析

本案例是一起关于按份共有人优先购买权与承租人优先购买权竞合的典型案例。这一案例也证实按份共有人优先购买权与承租人优先购买权确确实实存在发生竞合的可能，这与理论界大多数学者的认识是相一致的。

首先，在本案中，主审法院所作出的撤销李甲与张某的房产买卖协议的判决是准确的。依据《合同法》第230条以及《民法通则适用意见》第118条的规定，出租人出卖出租房屋，应提前三个月通知承租人，承租人在同等条件下，享有优先购买权；出租人未按此规定出卖房屋的，承租人可以请求人民法院宣告该房屋买卖无效。《物权法》虽在按份共有人优先购买权的行使上未就合理期限作出明确规定，但亦应类推适用以上规定。在本案中，李甲的行为明显违反了这一规定，李甲在2011年8月27日与张某达成房产份额买卖协议的时候，未能在法定合理期限内履行其应有的“通知义务”。至于2011年8月5日李甲将房产份额出卖事宜通知李乙的行为，以及2011年8月10日李甲将房产份额出卖想法告诉了承租人王某的行为，并不属于法律规定的“通知”行为。此外，由于在上述两次告知行为中，李甲也未对李乙和王某的报价行为予以明确回应，因此，上述两种行为也不能认定为李甲与李乙和王某二人达成买卖协议。综上，因李甲未履行法律规定义务，所以，李甲与张某二人所达成房产份额买卖协议应依法予以撤销。

其次，在本案中，主审法院所作出的优位保护按份共有人李乙优先购买权的判定亦是合乎情理的。第一，这将有利于民事法律关系的简化及财产的高效利用。实践证明，共有是一种较为复杂且效率低下的所有权关系，其不利于物的便捷流转与高效利用。在本案中，由按份共有人李乙优先购买所争议的房产份额，将使该房产所有权归于一人，是对民事法律关系的一种简化，进而有利于财产的高效利用。第二，这更能体现权利与义务对等原则。实践证明，在绝大多数情况下，共有人作为整个共有财产的权利人，其与共有财产的利害关系较之于承租人更为密切，其对共有财产的关注较承租人更为尽心，其对共有财产所负的维护义务和责任较承租人更为重大，让其优先行使购买权，更能体现权利与义务相对等的原则。第三，这也符合社会情理。在实践中，共有关系的形成多基于特定的人身关系，共有人之间往往具有某种血缘或亲属关系，本案亦是如此，原告李乙与被告李甲就是兄弟关系。因此，由按份共有人李乙优先购买李甲所售房产份额更符合一般社会情理，有助于兄弟和睦、亲情延续。

让与担保

【法理】

一、让与担保概述

让与担保存在广义与狭义之分，广义的让与担保是指当事人通过转让作为担保的财产来达到信用授受目的的担保制度。它包括两种类型：一为让与式担保，二为买卖式担保。让与式担保，亦称“让渡担保”，是指债务人或第三人为担保债务，将担保标的物所有权转移给债权人，在债务得到清偿后，标的物权利返还给担保设定人；债务届期未受清偿时，债权人得就该担保标的物变价并优先受偿的一种担保方式。买卖式担保，亦称“卖渡担保”，即通过买卖的形式来达到信用授受的目的，债权人没有请求返还价金的权利，债务人则可以通过支付一定的金额而请求返还自己所让与的标的物的权利。狭义上的让与担保，仅指前者，而本专题所研究的让与担保也是狭义意义上的。

概括而言，让与担保具有以下特点：（1）让与担保是一种非典型担保。让与担保不是成文法规定的法定物权类型，相反，此种方式主要是通过判例、学说肯定其合法性从而确立起来的新型担保方式。它是当事人意思自治的产物，其产生也是对物权法定主义的一种冲击，所以也被称为“非典型担保”。①（2）具有从属于被担保债权的属性。让与担保是为担保债权的受偿而设定、以移转担保物的所有权为内容的担保形式，具有从属于被担保债权的属性。② 与所有的担保物权一样，动产让与担保的设立必须以当事人之间事先存在的债权债务关系为基础，并

①谢玉美：《对让与担保的商榷》，《中共南昌市委党校学报》2004年第3期。
②杨德明：《让与担保制度的发展及对我国的启示》，《亚太经济》2002年第6期。

不得与主债权相分离，其效力亦受到主债权的效力的影响。（3）事先移转担保物的权利。让与担保正是以移转所有权达到担保债权的目的，其事先移转了担保物的所有权，债权人基于占有改定的方式间接占有担保物，比一般的担保物权更有利于保护担保权人的权利。[①] 因为具有所有权移转的事实，债权人就标的物享有所有权，具有物权的支配性、对世性、排他性、优先性、追及性、物上请求权等效力。（4）不以转移占有为必要。为克服设定质权必须转移占有从而造成质物利用率低下的缺陷，动产让与担保仅要求转移所有权，并不要求以转移占有为公示要件，担保物仍然由担保人占有并使用。（5）让与担保的标的物十分广泛。从理论上说，包括动产或不动产、其他物权、债权、无体财产权或尚在形成过程中的权利。（6）让与担保所有权的行使具有不可分性。让与担保并不因担保物的分割或者让与、被担保债权的部分清偿、分割或者让与而变化，担保权人仍对担保物的全部行使权利以担保债权的实现。

二、让与担保的法律构成

1. 所有权说

该学说源于罗马法上的信托行为理论，侧重于从形式上对让与担保的行为定性。认为让与担保设定人为担保目的将标的物权利转移给了让与担保权人，至少在对外关系上，让与担保全人是标的物的所有权人，设定人不得以所有人的名义对第三人主张权利。持该观点的学者认为，让与担保的目的在于担保债务的清偿，将担保物的所有权移转于债权人，“以债权人取得担保物的所有权，担保债权的取偿”。债权人取得让与担保的担保物之所有权，仅以担保债权取偿为目的，并仅得以担保债权取偿为限行使其对担保物的所有权。[②] 在对第三人的效力上，持该观点的学者认为，让与担保设定后，因担保物的所有权已经转移于担保权人，因此，在债权期限届满前，担保权人处分担保物的，与担保权人

①陆燕：《让与担保制度之优劣与构建》，《江苏法制报》2006年5月30日。

②梁慧星：《中国物权法研究》，法律出版社1998年版，第1062页。

发生交易的任何第三人，均取得担保物的所有权或他物权；而设定人并非担保物的所有人，不得处分担保物，设定人处分担保物的，属于无权处分，不发生担保物权利变动的效力，但第三人可善意取得动产担保物之所有权。① 又有学者认为，担保权人的债权人对于标的物为强制执行时，因标的物在法律上属于担保权人所有，故设定人无从依第三者异议之诉，排除强制执行；而设定人之债权人对之申请强制执行时，担保权人既为法律上的所有人，故自得本于所有权提起第三人异议之诉，以排除强制执行。②

所有权构成说又可以进一步划分为相对所有权转移说和绝对所有权转移说。相对所有权转移说认为，让与担保中标的物的所有权分为形式所有权和实质所有权。在转让过程中仅发生形式所有权的转移，即债权人享有的仅为形式所有权；而绝对所有权转移说则认为，所有权通过信托完全转移给了债权人，但受托人（即债权人）受到“不能在信托目的之外利用标的物”的债权约束。③

2. 担保权说

该学说侧重于从实质意义上对让与担保行为定性，认为让与担保实质上就是担保权的行使，但该权设立后，担保权人所享有的并非是绝对的所有权，设定人对该所有权是有保留的。持该观点的学者认为，担保权人的经济目的只在担保债权，如果认为担保权人从这时取得所有权，将使之获得过大的权利。实际上，担保人只享有在被担保债权的范围内，支配标的物价值的物权地位。④ 梁慧星老师将让与担保纳入其《中国物权法草案建议稿》，并将其作为担保物权的一种。从该建议稿规定的内容看，该建议稿两方面的规定较为充分地展示了其担保物权的定性：（1）该建议稿第411条规定：“让与担保的登记，采取通知登记或者设定合同登记的形式。”依物权变动理论，物权变动必须进行公示，

①梁慧星：《中国物权法研究》，法律出版社，1998年版，第1068~1070页。
②邹海林、常敏：《债权担保的方式和应用》，法律出版社1998年版，第408~410页；陈本寒：《担保法通论》，武汉大学出版社1998年版，第336页。
③杨先正：《论让与担保法律制度的构建》，《襄樊职业技术学院学报》2008年第1期。
④李灵：《对让与担保制度的再思考》，《辽宁公安司法管理干部学院学报》2011年第3期。

依此，公示方式的确立可以反证该项权利的“物权性”。上述建议稿将“通知登记”或者“设定合同登记”规定为让与担保的登记形式，意在使让与担保具有担保物权的特性。（2）该建议稿第416条规定：“无论采取何种实行方式，让与担保权人均负有清算义务。”清算义务的确立，也是担保物权构成的重要标志。换言之，无论是归属清算型还是变价清算型让与担保，担保权人均负有清算义务，均应以其债权额为限，将超过债权额的估价或变价所得价金返还给设定人，从而从根本上杜绝了流质担保契约，使让与担保从转移所有权的形式特征回归到担保权设立这一本质特征上来。

还有其他一些学者持此观点。如有学者认为，“我国不宜采纳信托行为说及其代表的所有权构成理论，而应当大胆突破陈规，进行理论创新与制度创新，肯定让与担保作为一种独立的新型担保物权的合法地位，并及时借助立法予以有效规制，克服其公示性的缺陷和流质契约化的弊端。”[①] 另有学者认为，“虽然让与担保采取转移所有权的外观形式，但由于其并非真正地转移标的物的完全所有权，所以也就没有必要将它作为所有权人的权利来对待，而应当将让与担保权限制物权化以完善其法律构成，即直接将让与担保确定为担保物权制度之一种，将让与担保权确定为一种担保物权，一种与抵押权或质权相并列的约定担保物权，而没有必要将其视为质权或一种抵押权”。[②]

3. 折中说

折中说在让与担保定性的实质方面坚持担保权说，但同时也认为，所有权转移在让与担保的设定和实行方面并非仅具有形式意义，而且根据担保权实行时担保物所有权整体转移所具有的优越性，认为不应当完全否定所有权转移说的价值。[③] 持该观点的学者认为，“在肯定担保权论合理性的同时，也必须考虑形式上所有权转移在让渡担保设定时的灵

①王利明：《动产让与担保若干问题研究》，《民商法研究》（第6辑），法律出版社2004年版，第315页。

②王闯：《让与担保法律制度研究》，法律出版社2000年版，第189页。

③顾长浩：《论日本的让渡担保制度》，梁慧星：《民商法论丛》（第10卷）法律出版社1999年版，第539页。

活性和实行上的便利性。所有权转移在让渡担保债务清偿期间仅具有外在形式意义，但在让渡担保权实行时不完全是外在形式，而具有实质意义，即担保权人可凭此直接取得担保标的物，虽然必须进行价值清算。在许多场合标的物整体获得与其处分后价值获得是具有不同意义的，至少根据整体大于部分之和原理出发，有的标的物完整转移比分割处分具有更大的价值，也有利于物之利用和社会经济活动的平稳进行。”①

折中说又可以进一步划分为设定人保留说和附解除条件说。设定人保留权说认为在让与担保的设定上发生了观念上的所有权的变动，体现在两个方面：其一，标的物的所有权先由设定人转移于担保物权人；其二，担保权人在拥有标的物的担保权能的同时，将所有权扣除该担保权能之后所残存的权利即设定人保留权，再转让给设定人。附解除条件说则认为，标的物的所有权是附解除条件地转移于债权人，在担保权人违反契约时，其所取得的标的物根据物权的效力当然复归于设定人。因此，设定人拥有以回复担保物权所有权为内容的物权的期待权。②

三、让与担保立废

1. 否定说

持该观点的学者认为，在我国物权法中不应设立让与担保制度。其理由：

（1）让与担保理论本身存在瑕疵。让与担保制度从内在逻辑、技术设计本身看依然存在现阶段自身难以克服的缺陷：第一，让与担保法律构成理论不足。第二，让与担保的有效公示问题尚待解决。具体来说，动产让与担保由于客体的广泛性而很难建立统一的公示方法，动产让与担保的公示方式的缺陷是构成了其实行中的大障碍。③ 第三，让与担保权实行方面存在一些争议，动产让与担保由于其实现权利的直接性而容易沦为变相的流质契约。让与担保理论本身准备不足，显然现阶段我国

①顾长浩：《论日本的让渡担保制度》，梁慧星：《民商法论丛》（第10卷）法律出版社1999年版，第539页。

②杨先正：《论让与担保法律制度的构建》，《襄樊职业技术学院学报》2008年第1期。

③吴逶：《公证与动产让与担保——对一起公证案件的深层思考》，《中国司法》2005年第12期。

创设让与担保的立法技术问题尚严重存在。[①]

（2）让与担保难以溶于《民法典》。从法律技术角度看，无论采取何种立法体例，让与担保均无法溶于《民法典》。众所周知，《民法典》乃是形式理性在立法中的最高体现，其本身要求有逻辑上的自洽性和周延性。若将让与担保制度纳入到《民法典》中必然会引起法典本身的逻辑混乱，而使法典失去其应有的功能和魅力。因为：其一，让与担保制度在形式上要求将用作担保的财产权移转给担保权人，而实质上却不允许担保权人处分担保财产，不仅如此，即便在债务人不履行债务时债权人也不得直接就担保财产而受偿，这一点完全与所有权的本质相违背。[②]其二，如果将让与担保规定于民法典上，与其他典型的担保物权相并立，不仅会使以"担保权人对担保标的物不享有所有权"为根本特征的"定限物权"的概念趋于崩溃，而且也会从根本上动摇"典型担保"与"非典型担保"的划分界限。[③]此外，随着经济社会的不断发展，各种特殊的、非典型的担保形式还将不断涌现。将这种具有变动性和开放性的担保类型规定于民法典上，不仅难以应付其不断变动带来的修改难题，而且即使进行增补，也将难以穷尽其种类。

（3）让与担保的制度优势有待商榷。其一，让与担保所起的主要作用是将抵押权的标的物范围扩大到动产之上，从而实现动产担保的非移转占有化以兼顾债权之确保的需求和担保提供人对担保物用益之需求。对于这一功能我国已经通过动产抵押制度得以实现，已经没有必要再进行重复设计。其二，物权法规定的担保制度其适用范围已有一定的覆盖度，足以满足我国目前实务界的需要，至于新的不断产生的特殊权利可以通过司法扩大解释加以适用，更能及时、有效调整新的担保法律关系。其三，由于让与担保的公式制度尚不完善，让与担保并不能阻止善意第三人取得当事人转让的让与担保的标的物而绝对保障担保权的实

①李祖军、张旭明、宋毅：《刍论让与担保立法的不可取性——从法哲学和法律技术的视角》，《长沙大学学报》2009年第6期。

②张长青、席智国：《让与担保之妥适性研究——我国物权法是否应当确立让与担保制度》，《政法论坛》2005年第2期。

③陈祥健：《关于让与担保权立法的争议与思考》，《福建论坛》（人文社科版）2004年第4期。

现。[①]

（4）从让与担保制度的历史沿革和客观实践来看，我国无需引入该制度。让与担保是在特定历史条件下为了解决特定的问题而产生的一种法律制度，由于在我国并不存在这一特殊的社会问题，因此也无需创设或引进为解决这一问题而演化出来的制度。强行引进该制度势必使该制度难以发挥作用，而且还可能产生一系列问题。[②] 此外，由于我国不承认判例法为法律渊源，由此决定让与担保在我国以判例法形式存在这一途径的不可取性。

2. 肯定说

动产让与担保制度在我国尚未获得立法的认可，但在实践中有较大的应用空间，为了规范其在实践中的应用，在物权法的制定和担保法的修改过程中应充分考虑其现实意义，给予其作为非典型担保方式的合法地位，将其纳入法律的调整框架内。[③] 其理由：

（1）确立让与担保制度，缘于市场经济发展之需。任何法律制度的产生均有其深刻的社会根源和经济基础，市场经济得到空前发展，市场中的诸多不确定因素引发的潜在风险以及为对抗风险而产生的信用制度，使得市场经济成为一种典型的风险经济和信用经济。伴随市场经济的蓬勃发展，市场主体的融资需求逐步膨胀，仅依不动产担保融资已远远无法得到满足，因而动产担保的需求空前提升。[④] 具体来说，其一，让与担保制度能满足市场经济高度风险性与经济主体高度融资之间的需求；其二，让与担保制度能满足经济主体的融资要求与担保物占有、用益之间的需求；其三，让与担保制度能满足现代市场经济所催生的新型财产权之担保化的需求。[⑤]

---

①李祖军、张旭明、宋毅：《刍论让与担保立法的不可取性——从法哲学和法律技术的视角》，《长沙大学学报》2009年第6期。

②石水根、曹亚峰、胡志清：《关于让与担保在我国物权法中地位的思考》，《法律适用》2006年第9期。

③齐秀梅：《动产让与担保制度之可行性探讨》，《长春理工大学学报》（社科版）2007年第4期。

④向逢春：《德日动产让与担保制度构建比较研究及借鉴》，《兰州大学学报》（社科版）2011年第2期。

⑤谢玉美：《对让与担保的商榷》，《中共南昌市委党校学报》2004年第3期。

（2）确立让与担保制度，有利于实现“物尽其用”。让与担保最大限度体现了物尽其用的原则。让与担保相当重要的一个机能是无须将担保标的物交付债权人占有，设定人可以继续占有并利用标的物，从而显著扩充了动产的担保及用益功能。①

（3）让与担保制度体现了法律的效率价值。动产让与担保因事先已经转移了标的物的所有权，实现时担保权人直接占有标的物即可，减少了手续，节约了交易成本。② 详言之，让与担保制度的适用可以避免质权及抵押权实现程序的呆板、繁琐、依当事人之意思定其标的物之变价方法，弥补在一般担保变价过程中拍卖程序繁琐、耗费时间金钱反而不能真实体现物的原本价值的弊端。③

（4）让与担保强化了对债权的保护，更加贴近担保法律制度的创设旨趣。让与担保比任何一种现存担保方式更有利于债权人利益的保护，因为让与担保的权利内容在于取得标的物的所有权，相对于传统担保物权，所有权的效力最为充分全面。首先，与保证相比，债权人直接享有担保标的的所有权，避免了保证人先于债务人破产的风险以及于一般保证场合债权人须先向债务人主张权利，不足部分方可向保证人主张。其次，与抵押权、质权等限制物权相比，债权人以所有人身份主张权利，不必受担保物权顺位的限制。④

（5）让与担保拓宽了传统担保物的范围，扩大了融资担保的可能性。依据我国现行法律规定，担保物的范围较窄，抵押标的主要是不动产，可以抵押的动产或权利十分有限，这明显不能满足现代市场经济对资金融通和商品流通的实际需求。而让与担保可以弥补之，“凡是具有转让性的权利，无论其是物权、准物权、债权、还是股票、无体财产等具有财产价值的权利，均可以成为让与担保之客体。”⑤ 因此，让与担

①杨洁、崔聪聪：《论让与担保》，《广西社会主义学院学报》2003年第2期。

②吴逶：《公证与动产让与担保——对一起公证案件的深层思考》，《中国司法》2005年第12期。

③王伟：《论让与担保——兼析我国物权立法采用让与担保制度的可行性》，《山东工商学院学报》2005年第3期。

④汪渊智、陈敏：《略论让与担保制度在我国的确立》，《山西省政法管理干部学院学报》2005年第2期。

⑤杜丽媛：《让与担保制度比较研究》，《合作经济与科技》2007年第11期。

保通过拓展传统担保物的范围，而扩大了融资担保的可能性。

（6）让与担保可同时实现物的用益功能和担保价值。现代物权法发展之趋势即物权客体范围和种类的逐步扩大，担保物权从单纯价值控制型向物权利用型转变，让与担保恰可顺应这一发展趋势。

四、让与担保的立法模式

我国在成文法上创设让与担保法律制度，其应当采取何种立法模式，在学界有不同的意见，主要有三种：

1. 纳入到《物权法》模式，采物权法模式

持该观点的学者认为，应将让与担保纳入到我国现行《物权法》中的担保物权中，使之与典型的担保物权，即抵押权、质权、留置权相并列。根据让与担保法律构成学说的不同，不同的学说会得出不同的性质，不同的性质可以将其纳入到不同的法律制度中。全国人大法工委所拟的《物权法草案》和梁慧星教授主持所拟的《中国物权法草案建议稿》在我国《物权法》生效之前都规定了让与担保制度，但是，法工委的草案是将其作为抵押权的一种形式，规定在抵押权之下，而梁慧星教授主持的专家建议稿是将其作为一种非典型担保规定在抵押权、质权、留质权之后，与抵押权、质权、留置权相并列，对让与担保制度的各方面作了较为详细的规定，我国《物权法》并没有采用这一建议，让与担保并没有被规定在我国《物权法》中。

但反对者则认为，让与担保不宜规定在物权法中，其理由：（1）让与担保的性质并非单纯的担保物权。让与担保的性质是复杂的，既有担保物权的性质，也有担保债权的性质，将这样一种性质复杂的担保权规定在物权法中，从逻辑上是难以讲通的。（2）让与担保的公示方式难以解决。一项担保物权如果不能解决其公示方式问题，则将难以运作，难以保持长久的生命力。（3）在物权法中规定让与担保还存在现行法制上的障碍。尽管对让与担保是否为流质契约有不同的认识，但是，从实质上来看，让与担保的确存在流质契约问题。[①]

2. 纳入到《合同法》的框架内，采债权法模式

持该观点的学者认为，让与担保是指以担保债权为目的让与一定财产，在债务人不履行债务时，债权人得就标的物优先受偿，债务人履行债务的，债权人应返还标的物的一种担保方式；但是，这种担保方式并不是在标的物上设定另一物权，当事人之间的关系属于债的关系，因此不能在物权法律制度中规定让与担保。让与担保当事人间是一种依契约自由原则确立的“债的关系”，当事人间设定让与担保，并没有创设担保物权。既然当事人之间并未创设担保物权，自然也就不应该将其纳入担保物权范围中。让与担保的调整实际上是以私法自治为原则，运用《合同法》的规则进行调整。故应当将让与担保制度放在债权法的框架内进行规制。在我国实践中存在着较多的类似于让与担保的按揭制度，大部分是运用《合同法》规则进行调整，并且已经取得了良好的效果。

反对者认为，将让与担保规定在我国《合同法》中并不妥当，首先，这同让与担保的性质也不符，实际上，让与担保权为担保物权，不宜纳入到《合同法》中。其次，目前，我国没有这一制度，让与担保没有纳入到《合同法》中，但是，解决我国实践中大量存在的类似于让与担保的按揭制度，也同样能够取得了好的效果，因而无需纳入到《合同法》中。再次，即使将让与担保定性为所有权让与而规定于债法中，仍然面临如何解决其公示的问题，公示的问题仍将是立法和实践的难以很好解决的问题。

3. 民事特别法模式

持该观点的学者认为，为了维护物权法体系乃至民法体系的完整性，即使将让与担保制度成文法，也只能采取特别法的形式，这样，传统的物权法定主义原则才不会被削弱。[②]其理由在于，在大陆法系中，传统物权法理论是以所有权为基础，在所有权基础上建立了各种限定物权，从担保物权的角度来看，这些限定物权就是传统大陆法系国家在其

①季秀平：《物权法确认让与担保制度的几个疑难问题》，《烟台大学学报》（哲社版）2002年第3期。

②陈本寒：《担保物权法比较研究》，武汉大学出版社2003年版，第357页。

民法典中所规定的抵押权、质押权、留置权等典型担保方式；如果将让与担保这一传统上被视为非典型的、于交易中出现的特殊的担保方式也规定于民法典上，将会使大陆法系已形成传统的“典型担保”与“非典型担保”的划分变得没有意义，都被共同规定在一部法典中，会破坏传统的“典型担保”与“非典型担保”的划分的经典的体系，在一定程度上削弱传统物权法中严谨逻辑的体系。

4. 折中模式

持该观点的学者认为，可以在《物权法》中对让与担保作出原则性的规定，而其具体内容仍由民事特别法加以规定。其理由在于，作为一种担保物权，物权法对此理应予以规制，但是由于让与担保许多制度设计与抵押权、质权有很大的不同，具有一定的特性，与传统的担保物权存在着一定的差异，基于让与担保的复杂性与特殊性，目前有不宜笼统地把让与担保全部内容写进物权法，基于物权法定原则，我国《物权法》中可以只规定让与担保的原则性的内容，即只规定让与担保的种类与内容，虽然比较简约，但可以保持传统物权法中严谨的体系，也不会削弱物权法定原则。而让与担保的具体内容，则由民事特别法予以规定。此外，若将让与担保的全部内容规定在物权法中，也会使让与担保过于僵化，也不利于其优势的发挥。①

【案例】

案情简介

睢宁县某商场（以下简称商场）欠原告王某借款本息6.5万元，于2000年8月经法院调解，商场定于2000年10月20日前一次付清。然而，履行期满后，商场没有履行法定还款义务，2001年3月，原告王某向法院申请强制执行。执行过程中，商场与王某于2001年5月达成了和解协议，约定：“商场自愿将其商场的两个‘橱窗’过户给王某所有，折抵欠王某的款项。如果商场于2001年10月30日前归还借款本息、执行费等计人民币4.75万元，那么商场有权将该‘橱窗’赎回，王某必须返还；逾期

①郭振勇、朱晓达：《我国让与担保制度的立法模式分析》，《法制与社会》2009年第16期。